U1009926

公安学研究丛书

治安行政法学

章昌志　著

WUHAN UNIVERSITY PRESS
武汉大学出版社

图书在版编目(CIP)数据

治安行政法学/章昌志著．—武汉:武汉大学出版社,2018.11
公安学研究丛书
ISBN 978-7-307-20537-6

Ⅰ.治…　Ⅱ.章…　Ⅲ.治安管理—行政法—中国—高等学校—教材
Ⅳ.D922.14

中国版本图书馆 CIP 数据核字(2018)第 211173 号

责任编辑:田红恩　　　责任校对:李孟潇　　　整体设计:汪冰滢

出版发行:**武汉大学出版社**　(430072　武昌　珞珈山)
(电子邮件:cbs22@whu.edu.cn 网址:www.wdp.com.cn)
印刷:湖北民政印刷厂
开本:787×1092　1/16　印张:16.5　字数:419 千字　插页:2
版次:2018 年 11 月第 1 版　2018 年 11 月第 1 次印刷
ISBN 978-7-307-20537-6　定价:58.00 元

版权所有,不得翻印;凡购买我社的图书,如有质量问题,请与当地图书销售部门联系调换。

作者简介

章昌志

男，1963年生，汉族，湖北武汉人，中南财经政法大学刑事司法学院副教授，硕士生导师，主要研究方向为治安学、警事法学。著有《治安行政法通论》专著，参与主持编写(副主编)《应用治安学》等著作2部，参编《治安处罚法新论》等著作2部；发表《论对治安行政强制措施权的控制》《法治治安：法治国家视野中的治安管理》 等论文20余篇。主持“治安战术学案例教学改革与实践”“治安秩序价值研究”等省部级课题8项，参与“社会治安治理的理论与实践”“公安机关社会管理创新中存在的难点问题研究”等国家社科基金及省部级课题5项。

目　录

第四篇　治安行政处罚法篇

第五篇　治安行政程序法篇

第六篇　治安行政救济法篇

第一篇
治安行政法绪论篇

第一章　治安行政法概述

第一节　治安行政法的概念与特征

作为部门行政法或者特别行政法重要组成部分的治安行政法，简单地说，是指与治安行政相关的法律规范。因此治安行政便成为治安行政法的核心和逻辑起点。

一、治安行政的概念

治安行政是指公安机关为维护国家安全和社会治安秩序，保护公民的合法权益，对社会治安事物进行决策、组织、管理和调控的活动及其过程。

1. 治安行政的主体

治安行政的主体是指治安行政行为的实施者，是依宪法和法律依法设立的国家公安机关，包括中央公安机关和地方各级人民政府公安机关及专门公安机关。如公安部、省（自治区、直辖市）公安厅（局）、市（地、州）公安局、县（市、区）公安局（分局）、铁道、交通、民航、林业、海洋专门公安局等。

2. 治安行政的客体

治安行政的客体是指治安行政主体所指向和作用的对象，或者说是影响社会治安秩序的诸种因素①，包括人、地、物、事等因素。

可能影响社会治安秩序的人员包括被判处管制、拘役、剥夺政治权利的罪犯和监外执行的罪犯、被宣告缓刑、假释的罪犯，劳改、劳教解释人员，吸毒人员，有闹事行凶报复苗头、可能铤而走险的人员、流动人口等。

可能影响社会治安秩序的场地包括公共交通场所、游览场所、娱乐场所、商贸场所，群众性文化体育活动场所，特种行业场所，私房出租屋，互联网营业服务场所，重点治安保卫企事业单位等。

可能影响社会治安秩序的的物品包括枪支、弹药，管制刀具、弩等器具，危险化学品，民用爆炸物品，剧毒物品，放射性物品，毒品，淫秽物品，非法出版物，机动车和非机动车等。

可能影响社会治安秩序的事包括扰乱治安秩序、危害公共安全的行为、事件、事故等。

3. 治安行政的手段

治安行政的手段是指治安行政主体作用治安行政客体的方法和措施。包括以治安行政许可和巡逻防控为核心的行政手段，以治安行政处罚和治安行政强制措施为核心的法律手段，以教育与处罚相结合为核心的教育手段，以治安承包、有偿服务为核心的经济手段，以主管

---

① 参见万川著：《治安行政管理学》，中国人民公安大学出版社 2001 年版，第 9 页。

负责制为核心的综合治理手段，以复议、诉讼、国家赔偿为核心的救济手段等。

4. 治安行政的范围

治安行政的范围是指治安行政的外延空间。划定治安行政的范围应以治安行政主体的行政职权为标准，无论哪一类治安行政主体，只要其行使的是治安行政职权，便属于治安行政的范围。公安机关是既行使作为司法权的侦查权，又行使治安行政权的行政机关，每一个部门可能会交叉行使这两种不同性质的权力，如公安机关行使侦查权的部门刑侦部门，当其行使治安行政权时，也属于治安行政的范围；公安机关行使治安行政权的部门治安管理部门，当其行使治安管理中涉及的刑事案件的侦查权时，便不属于治安行政的范围。因此范围的划分不是以主体的名称为标准，而是依主体行使的实际职权为标准。

二、治安行政法的概念和特征

治安行政法，是调整因治安行政主体行使治安行政职权而发生的各种社会关系的一系列法律规范和原则的总称。治安行政法除具有一般行政法的特征外，对一般行政法的特征表现更为鲜明。

1. 范围的广泛性

由于治安行政主体和治安行政职权的范围的广泛性，使得调整治安行政主体行使治安行政职权关系的治安行政法的范围也具有广泛性。从治安行政执法的实践来看，公安机关的治安行政人员人民警察约占政府行政人员的三分之一，治安具体行政行为约占政府具体行政行为的三分之一，因此，治安行政法的调整范围比任何一个其他部门行政法调整的范围都要广。其内部又可再生为若干分支领域，如治安秩序行政法、户政行政法、道路交通安全行政法、消防行政法、出入境行政法、计算机信息系统安全行政法、企事业单位内保行政法等。

2. 内容的易变性

由于治安行政法涉及范围广，又针对的是国家安全、社会治安秩序和公民权保护的领域，随着破坏国家安全、扰乱社会治安秩序和侵犯公民合法权益行为的不断变化和增多，随着社会治安形势的越来越严峻，治安行政职权、手段和方法必须不断调整变化，才能适应、协调影响社会治安秩序的诸种因素的变化。因此治安行政法的内容也须不断调整变化。如我国道路交通安全治安行政管理经历了管理中央及大行政区直属城市的交通及车辆，管理省、市、自治区人民政府驻地城市、开放的旅游城市共计 105 个城市的交通及车辆，到全国城乡道路交通由公安机关负责统一管理的过程，其治安行政法律规范也经历了 1955 年的《城市交通规则》，到 1988 年的《道路交通管理条例》，再到 2003 年的《道路交通安全法》的变化过程。

3. 形式的多样分散性

治安行政法的法律规范形式、法律文件的数量多样而且分散，居部门行政法之首。这是其同刑法、民法等部门法显著区别的地方，也是其同其他部门行政法区别的地方。刑法、民法等基本法律规范只能由最高立法机关全国人民代表大会制定和修改，法律形式单一，法律文件数量有限。而治安行政法则有多种、多级的立法主体，除立法机关可以制定外，治安行政机关自己也可以制定，这就使得治安行政法律规范的形式、数量繁多，法律、行政法规、地方性法规、部门规章和条约协定都可以成为治安行政法的法律渊源。因此行政法不可能像刑法、民法那样制定一部系统、完整的法典刑法典、民法典，治安行政法莫不如此。治安行政法的多头、多级立法体制是其内容的广泛性、技术的复杂性和专业的细致性决定的，是适应治安行政管理的必然要求。如道路交通安全行政法、消防行政法、计算机信息系统安全行政法等，涉及道路交通工程、汽车工程、物质燃烧化学反应、计算机科学技术等领域的技术和专业问题。

4. 效力的特别强制性

由国家强制力保证实施是法的基本特征①。但治安行政法的强制效力强度同其他行政法相比要严厉得多，具有特别强制性。治安行政法是唯一设定限制人身自由的行政处罚和行政强制措施的部门行政法，如行政拘留处罚、强制传唤、继续盘问、对醉酒的人和精神病人的强制约束等强制措施。因此治安行政法同公民权的联系要比其他部门行政法紧密的多。

5. 规范的交融合体性

就法律的分类而言，从其规范的内容范围来讲，可分为实体法和程序法，如刑法、刑事诉讼法，民法、民事诉讼法等，并且可以单独制定法典。这是因为，该类法律关系中的当事人如民事法律关系中的当公民、刑事法律关系中的罪犯的行为具有意志自治和随意性，其程序性的行为规范只能限于诉讼领域。而在行政法律关系中，作为当事人之一的行政机关不仅应当依照职权范围行使行政行为，而且应当依照一定的步骤、次序、方式、时限等行使行政行为，行政行为的实体性规范和程序性规范很难截然分开。这就使得行政法的实体性规范和程序性规范相互交融，而且两类规范通常可以合体共存于一个法律文件中。这在具有效力的特别强制性特征的治安行政法中更应有鲜明的体现，如《治安管理处罚法》《禁毒法》《道路交通安全法》《消防法》等都是实体性规范和程序性规范的合体，都充分体现了两类规范的交融合体性特征。

第二节　治安行政法的渊源

治安行政法的渊源是指治安行政法律规范和原则的载体或表现形式，是包含治安行政法内容的法律文件或其他法的形式。根据治安行政法的制定主体、效力层级和制定程序，可以分为以下几种形式：

一、宪法

宪法规定了国家的根本制度和根本任务，是国家的根本法，具有最高的法律效力。一切国家机关都必须以宪法为根本的活动准则。宪法中确立的一系列行政法的原则和规范，对整个治安行政法体系具有基础性、纲领性和指导性作用，因此，宪法是治安行政法的重要渊源。宪法中涉及治安行政法的主要内容包括：

1. 治安行政权力的来源和取得

如国家行政机关都由人民代表大会产生，对它负责，受它监督。国家维护社会秩序，镇压叛国和其他危害国家安全的犯罪活动，制裁危害社会治安、破坏社会主义经济和其他犯罪的活动，惩办和改造犯罪分子。县级以上地方各级人民政府依照法律规定的权限，管理本行政区域内的公安等行政工作。

2. 治安行政机关的法律地位和活动原则

如地方各级人民政府是地方各级国家权力机关的执行机关，是地方各级国家行政机关。

① 参见沈宗灵主编：《法理学》，北京大学出版社2000年版，第34页。

国家机构实行民主集中制的原则。

3. 治安行政机关的设立程序、体制、职责权限等制度

如一切国家机关实行精简的原则，实行工作责任制，实行工作人员的培训和考核制度，不断提高工作质量和工作效率，反对官僚主义。

4. 治安行政权力与公民权利的关系

如一切国家机关和国家工作人员必须依靠人民的支持，经常保持同人民的密切联系，倾听人民的意见和建议，接受人民的监督，努力为人民服务。公民对于任何国家机关和国家工作人员，有提出批评和建议的权利；对于任何国家机关和国家工作人员的违法失职行为，有向有关国家机关提出申诉、控告或者检举的权利。

二、法律

法律是由国家最高权力机关即全国人民代表大会及其常务委员会制定的规范性法律文件，它包括由全国人民代表大会制定的涉及刑事、民事、国家机构的和其他的基本法律以及由全国人民代表大会常务委员会制定的除基本法律以外的其他法律。根据《立法法》的规定，涉及各级人民政府的产生、组织和职权、限制人身自由的强制措施和处罚、诉讼制度等事项只能制定法律。涉及治安行政法内容的法律包括：

1. 关于治安行政权的设定及权限范围的法律

主要有《国务院组织法》《地方人民代表大会和地方人民政府组织法》《人民警察法》等。

2. 关于治安行政权的行使及运用的法律

主要有《行政处罚法》《行政强制法》《行政许可法》《治安管理处罚法》《禁毒法》《道路交通安全法》《消防法》《集会游行示威法》《枪支管理法》《户口登记条例》《居民身份证法》《公民出境入境管理法》《外国人入境出境管理法》《全国人民代表大会常务委员会关于严禁卖淫嫖娼的决定》《全国人民代表大会常务委员会关于维护互联网安全的决定》等。

3. 关于对治安行政权的监督及对受侵害人予以救济的法律

主要有《行政复议法》《行政诉讼法》《国家赔偿法》等。上述法律规定的内容有的可以单独分类，有的则相互交叉，如《治安管理处罚法》《道路交通安全法》《消防法》等，既包含有治安行政权的设定及权限范围的内容，也包含有治安行政权的行使及运用的内容，同时包含有治安行政权的监督及对受侵害人予以救济的内容。

有的法律是从整体上具有治安行政法性质，如《地方人民代表大会和地方人民政府组织法》《行政处罚法》《行政许可法》《行政复议法》《行政诉讼法》《国家赔偿法》等；有的是专门以治安行政法为主要内容，如《治安管理处罚法》《道路交通安全法》《消防法》《集会游行示威法》《枪支管理法》《户口登记条例》《居民身份证法》《公民出境入境管理法》《外国人入境出境管理法》等。还有一种情形是以其他部门法为主要规制对象，同时涉及治安行政法内容，如《军事设施保护法》规定了数种违法行为比照《治安管理处罚条例》的规定处罚。

三、行政法规

行政法规是国务院根据宪法和法律制定的规范性法律文件。行政法规可以规定的事项包括为执行法律的规定需要制定行政法规的事项和宪法规定的国务院行政管理职权的事项。其文件形式有条例、规定、办法和实施细则等。涉及治安行政法内容的行政法规包括：

1. 国务院制定并发布的治安行政法规

主要有《大型群众性活动安全管理条例》《居住证暂行条例》《禁止传销条例》《娱乐场所管理条例》《卖淫嫖娼人员收容教育办法》《集会游行示威法实施条例》《印刷业管理条例》《报废汽车回收管理办法》《民用爆炸物品管理条例》《危险化学品安全管理条例》《易制毒化学品管理条例》《放射性同位素与射线装置放射防护条例》《计算机信息系统安全保护条例》《计算机信息网络国际联网管理暂行规定》《互联网上网服务营业场所管理条例》《企业事业单位内部治安保卫条例》《道路交通安全法实施条例》《公民出境入境管理法实施细则》《外国人入境出境管理法实施细则》《中国公民因私事往来香港地区或者澳门地区的暂行管理办法》《中国公民往来台湾地区管理办法》《出境入境边防检查条例》《人民警察使用警械和武器条例》《看守所条例》等。

2. 经国务院批准由公安部发布的治安行政法规

主要有《旅馆业治安管理办法》《废旧金属收购业治安管理办法》《印铸刻字业暂行管理规则》《对部分刀具实行管制的暂行规定》等。治安行政法规作为治安行政法的一种渊源与其他治安行政法渊源相比，更集中地规定和体现了治安行政法的内容，在治安行政法表现形式中占重要的地位。

四、地方性法规

地方性法规是省、自治区、直辖市的人民代表大会及其常务委员会根据本行政区域的具体情况和实际需要，在不同宪法、法律、行政法规相抵触的前提下制定的规范性法律文件以及省、自治区的人民政府所在地的市、经济特区所在地的市和经国务院批准的较大的市的人民代表大会及其常务委员会根据本市的具体情况和实际需要，在不同宪法、法律、行政法规和本省、自治区的地方性法规相抵触的前提下，制定后报省、自治区的人民代表大会常务委员会批准后施行的规范性法律文件。

涉及治安行政法内容的地方性治安行政法规数量非常多，几乎每一个治安行政法律、治安行政法规颁布施行后，都有根据本行政区域的具体情况和实际需要制定的有关具体实施的地方性治安行政法规。

五、自治条例和单行条例

自治条例和单行条例是民族自治地方的人民代表大会依照当地民族的政治、经济和文化的特点，制定后报全国人民代表大会常务委员会或者报省、自治区、直辖市的人民代表大会常务委员会批准后生效的规范性法律文件。

自治条例和单行条例可以依照当地民族的特点，对法律和行政法规的规定作出变通规定，但不得违背法律或者行政法规的基本原则，不得对宪法和民族区域自治法的规定以及其他有关法律、行政法规专门就民族自治地方所作的规定作出变通规定。

六、部门行政规章

部门行政规章是国务院各部、委以及具有行政管理职能的直属机构根据法律和国务院的行政法规、决定、命令，在本部门的权限范围内制定的规范性文件的总称。

部门行政规章规定的事项仅限于属于执行法律或者国务院的行政法规、决定、命令的事项。涉及两个以上国务院部门职权范围的事项，应当提请国务院制定行政法规或者由国务院有关部门联合制定规章。涉及治安行政法内容的部门行政规章包括：

1. 公安部制定的部门行政规章

主要有《公安机关人民警察内务条令》《公安机关人民警察训练条令》《公安机关人民警察奖励条令》《公安机关内部执法监督工作规定》《机动车修理业报废机动车回收业治安管理办法》《机动车号牌生产管理办法》《群众性文化体育活动治安管理办法》《公安部关于城镇暂住人口管理的暂行规定》《暂住证申领办法》《租赁房屋治安管理规定》《计算机信息网络国际联网安全保护管理办法》《道路交通安全违法行为处理程序规定》《交通事故处理程序规定》《机动车登记规定》《机动车驾驶证申领和使用规定》《公共娱乐场所消防安全管理规定》《中华人民共和国看守所条例实施办法（试行）》《收容教育所管理办法》《强制戒毒所管理办法》《治安拘留所管理办法（试行）》《公安机关适用继续盘问规定》《公安机关办理行政案件程序规定》等。

2. 公安部与国务院有关部门联合制定的部门行政规章

主要有公安部、商务部联合制定的《典当管理办法》，国内贸易部、公安部联合制定的《旧货流通管理办法（试行）》，公安部、轻工业部、农业部、商业部、铁道部、交通部联合制定的《关于运输烟花爆竹的规定》，商业部、公安部联合制定的《商业、供销社系统烟花爆竹安全经营管理暂行规定》等。

七、地方政府规章

地方政府规章是省、自治区、直辖市和省、自治区的人民政府所在地的市、经济特区所在地的市和经国务院批准的较大的市的人民政府，根据法律、行政法规和本省、自治区、直辖市的地方性法规制定的规范性文件的总称。

地方政府规章可以就为执行法律、行政法规、地方性法规的规定需要制定规章的事项和属于本行政区域的具体行政管理事项作出规定。

涉及治安行政法内容的地方政府规章的数量也比较多，几乎每一个治安行政法律、治安行政法规、治安行政地方性法规颁布施行后，都有根据本行政区域的具体情况和实际需要制定的有关具体实施的地方政府规章。

八、具有规章效力的规范性文件

具有规章效力的规范性文件是指公安部制定的有关具体实施治安行政法律规范内容的规范性文件的总称。

主要有《公安部关于认真贯彻执行全国人大常委会〈关于严禁卖淫嫖娼的决定〉的通知》《公安部关于公安机关贯彻实施〈中华人民共和国行政复议法〉若干问题的意见》、《公安部关于公安机关贯彻实施〈行政诉讼法〉若干问题的通知》《公安部关于公安机关贯彻实施〈国家赔偿法〉有关问题的通知》《关于坚决取缔非法刻制印章摊点严厉查处伪造印章违法犯罪活动的通知》《公安部关于加强刻字业治安管理打击伪造印章犯罪活动的通知》《公安部关于实施〈暂住证申领办法〉有关问题的通知》《公安部关于执行中国公民出境入境管理法及实施细则若干问题的说明》《公安部关于实施〈出境入境边防检查条例〉中检查、监护和阻止出入境等问题处理办法的通知》《公安部关于执行〈出境入境边防检查条例〉等法律、法规中的处罚程序和应用法律文书的通知》《公安部关于治安拘留时间如何计算问题的批复》《公安机关执法质量考核评议规定》《公安部关于在全国公安机关普遍实行警务公开制度的通知》等。

九、国际条约和行政协定

国际条约是指规定两个或两个以上国家关于政治、经济、贸易、法律、文化、军事等方面相互权利和义务的各种协议。行政协定是指两个或两个以上的政府相互之间签订的有关政治、经济、贸易、法律、文件和军事等方面内容的协议。国际条约以国家名义签订，行政协定由政府签订①。我国国家和政府与外国或外国政府所签订的条约和协定，对国内的机关、组织和公民同样具有法律拘束力，其中具有治安行政法性质的条款，也是我国治安行政法的渊源。《公安机关办理行政案件程序规定》规定：办理涉外行政案件，应当严格依照我国法律、法规和规章，维护国家主权和利益，坚持平等原则和对等原则，严格履行有关国际条约；当国内法与我国所承担的国际条约义务发生冲突时，应当适用国际条约的有关规定。

涉及治安行政法内容的国际条约和行政协定主要有《世界人权宣言》《公民权利和政治权利国际公约》《经济、社会、文化权利国际公约》《禁止酷刑和其他残忍、不人道或有辱人格的待遇或处罚公约》《消除对妇女一切形式歧视公约》《消除一切形式种族歧视公约》和《儿童权利公约》等。

十、法律解释

法律解释是指对法律规范的涵义以及所使用的概念、术语、定义所作的说明和诠释。作为行政法渊源的法律解释一般仅指有权机关就法律规范在具体适用过程中为进一步明确界限或进一步补充以及如何运用所作的解释，即有权解释，不包括学理解释等无权解释②。根据1981年《全国人民代表大会常务委员会关于加强法律解释工作的决议》，有权解释包括立法解释、司法解释、行政解释和地方解释四种类型。因此涉及治安行政法内容的法律解释包括：

1. 立法解释

立法解释是全国人民代表大会常务委员会就法律的规定需要进一步明确具体含义的情况和法律制定后出现新的情况需要明确适用法律依据的情况所作的解释。如《关于惩治偷税、抗税犯罪的补充规定》《关于严惩组织、运送他人偷越国（边）境犯罪的补充规定》中有关治安行政处罚和治安行政强制措施的规定。

2. 司法解释

司法解释是最高人民法院和最高人民检察院对审判和检察工作中具体应用法律、法令的问题所作的解释。如《最高人民法院关于适用〈行政复议法〉第30条第1款有关问题的批复》《最高人民法院关于执行〈中华人民共和国行政诉讼法〉若干问题的解释》《最高人民法院关于行政诉讼证据若干问题的规定》《最高人民法院关于人民法院执行〈中华人民共和国国家赔偿法〉几个问题的解释》《最高人民法院关于审理行政赔偿案件若干问题的规定》

① 参见崔卓兰主编：《新编行政法学》，科学出版社2004年版，第13、14页。

② 参见罗豪才、湛中乐著：《行政法学》，北京大学出版社2012年版，第7页。

《最高人民法院关于公安机关不履行法定行政职责是否承担行政赔偿责任问题的批复》《最高人民检察院关于执行行政诉讼法第 64 条的暂行规定》等。

3. 行政解释

行政解释是国务院及其主管部门对不属于审判和检察工作中的其他法律、法令如何具体应用的问题所作的解释。如《公安部关于公安机关执行〈人民警察法〉有关问题的解释》《公安部关于对同性之间以钱财为媒介的性行为定性处理问题的批复》《公安部关于携带、藏匿淫秽 VCD 是否属传播淫秽物品问题的批复》《公安部法制局对〈关于对将已经仪器识别为不中奖的彩票出售的行为如何定性处理的请示〉的答复》等。

4. 地方解释

地方解释是制定地方性法规的省、自治区、直辖市人民代表大会常务委员会对属于地方性法规条文本身需要进一步明确界限或作补充规定的问题进行的解释或作出的规定，或者是省、自治区、直辖市人民政府主管部门对属于地方性法规如何具体应用的问题进行的解释。如武汉市公安局《关于执行〈武汉市城镇暂住人口管理规定〉的具体办法》等。

第三节　治安行政法律关系

治安行政法律关系是指由治安行政法调整的因治安行政权的行使而形成的治安行政主体与行政相对人之间的权利义务关系。

一、治安行政法律关系的构成要素

治安行政法律关系由治安行政法律关系的主体、客体、内容三要素构成。

1. 治安行政法律关系的主体

治安行政法律关系的主体，亦称治安行政法律关系当事人，是指治安行政法律关系中权利的享有者和义务的承担者，包括治安行政主体和行政相对人。

治安行政主体是指具有社会治安事物的管理职能，以自己的名义实施社会治安管理活动并能独立承担由此而产生的法律责任的组织，包括公安机关和法律法规授权的组织。行政相对人是指参与治安行政法律关系，对治安行政主体享有权利或承担义务的公民、法人或其他组织①。治安行政法律关系的主体是治安行政法律关系的首要构成要素，没有治安行政法律关系的主体，治安行政法律关系无从产生和成立。

2. 治安行政法律关系的客体

治安行政法律关系的客体是指治安行政法律关系主体的权利义务所指向的对象，亦及联系主体之间权利义务的媒介。治安行政法律关系客体的范围很广泛，大体可概括为以下三种：

（1）物质财富。物质财富是现实存在的、人们能够控制和支配的物质实体。如治安行政罚款和扣押、没收的财物、受治安行政主体保护的公民合法财产或公共财物、治安行政主体给予受救济人的一定数量的金钱或生活、生产物资等。

---

① 参见方世荣著：《论行政相对人》，中国政法大学出版社 2000 年版，第 16 页。

（2）精神财富。精神财富主要是指一定形式的智力成果，如著作、专利、发明、注册商标等。保护健康、科学的精神财富如打击非法出版物是保护和发展社会生产力的要求，是治安行政法的一项基本任务。

（3）行为。行为是指治安行政法律关系主体有目的、有意识的活动，包括作为方式和不作为方式。如治安行政主体的巡逻盘查行为、相对人的交通违法行为等。

（4）人身。人身是法律关系主体在人格关系、身份关系上所体现的与其自身不可分割的法定利益。如在治安行政救助法律关系、治安行政确认法律关系中，人身就成为治安行政主体履行职责和行使权力的客体。在治安行政处罚法律关系、治安行政强制法律关系中，人身也可以成为治安行政主体行使行政拘留权、行政强制权的客体①。

3. 治安行政法律关系的内容

治安行政法律关系的内容是指治安行政法律关系主体享有的权利和承担的义务的总和。享有权利的一方当事人称为“权利主体”，负有义务的一方当事人称为“义务主体”。任何一方当事人既可以是权利主体，也可以是义务主体。不能只重视治安行政主体的权利（权力），而不重视其应承担的义务；不能只讲相对人的义务而不讲相对人的权利，更不能视相对人为客体。

二、治安行政法律关系的产生、变更与消灭

1. 治安行政法律关系的产生

治安行政法律关系的产生，亦称治安行政法律关系的形成，是指治安行政法律关系主体及其权利与义务的实际构成。它意味着治安行政法律关系从可能性转变为现实性，即治安行政法律规范中规定的权利义务转变为现实的由治安行政法律关系主体享有的权利和承担的义务。

2. 治安行政法律关系的变更

治安行政法律关系的变更是指治安行政法律关系产生后、消灭前，治安行政法律关系的主体、客体或内容发生了变化。

3. 治安行政法律关系的消灭

治安行政法律关系的消灭是指治安行政法律关系主体双方权利义务的充分行使和履行或由于某种事实的发生而导致双方的权利义务无法行使或履行而引起双方之间权利和义务关系的消灭。

4. 治安行政法律关系产生、变更与消灭的原因

治安行政法律关系的产生、变更与消灭，以治安行政法律规范的根据和相关的法律事实的出现为原因。如没有有关危险物品治安行政法律规范的存在，就不可能产生危险物品治安行政法律关系。仅有危险物品治安行政法律规范而没有相应的法律事实如私自携带，危险物品治安行政法律关系也不会自行产生、变更或消灭。

所谓法律事实，是指能够导致治安行政法律关系产生、变更或消灭的客观事实，法律事实由法律事件和法律行为构成。法律事件是指不以人的意志为转移的客观现象，如战争、天

① 参见崔卓兰主编：《新编行政法学》，科学出版社 2004 年版，第 26 页。

灾、出生、死亡等。法律行为一般指人们的主观行为。法律事件和法律行为都可能导致治安行政法律关系的产生、变更或者消灭。所不同的是，事件不具有合法与否的属性，而行为有合法和非法的区别。但合法或非法的行为都可能引起治安行政法律关系的产生、变更与消灭，两者的效果不同。如违法驾驶可能引起治安行政处罚法律关系；安全守法驾驶达到一定期限则可能引起治安行政奖励法律关系。

第二章　治安行政法的基本原则

第一节　治安行政法定原则

治安行政法定原则，是指一切治安行政权力的获得和行使都必须有明确的法律根据的原则①。治安行政法定原则的主要内容和基本要求如下：

一、职权法定

职权法定是指任何治安行政权力的来源都必须有法律的明确授予。行政权力与公民权利有着完全不同的运行规则：对于公民权利而言，法不禁止即自由；对于行政权力来说，法无授权即禁止。职权法定的核心要求就是任何公安机关都不能自我设权，要么职权来源于行政组织法如《地方政府组织法》的授予，要么职权来源于单行法律如《人民警察法》的授予。

二、法律保留

法律保留首先是指“法律绝对保留”，即当宪法或法律将某些事项保留给立法机关时，行政机关不得对此制定任何规范性文件。如《立法法》规定：对限制人身自由的强制措施和处罚只能由法律来规定。即使法律尚未制定，行政机关包括公安机关也不可能得到立法机关的任何授权而率先就此做出规定。法律保留其次是指“法律相对保留”，即当宪法或法律将某些事项保留给立法机关时，行政机关可以得到立法机关的授权，对其中的部分事项先制定行政法规。如《立法法》规定：各级人民政府的产生、组织和职权事项只能制定法律，但全国人民代表大会及其常务委员会有权作出决定，授权国务院可以根据实际需要先制定行政法规。除此之外，我国《行政处罚法》第二章关于“行政处罚的种类和设定”也表达了法律保留的要求，如尚未制定法律、行政法规的，国务院部、委员会制定的规章对违反行政管理秩序的行为，可以设定警告或者一定数量罚款的行政处罚但罚款的限额由国务院规定。

三、法律优位

法律优位是指在已经具有法律规定的情况下，治安行政法规、地方性法规及规章等规范性文件都不得与法律相抵触，凡有抵触则以法律为准；或者在法律尚未规定而其他规范性文件率先作出时，一旦法律就同一事项作出规定，则法律具有优先地位，其他规范性文件必须服从之。如《行政处罚法》规定：法律对违法行为已经作出行政处罚规定，行政法规需要作出具体规定的，必须在法律规定的给予行政处罚的行为、种类和幅度的范围内规定。国务院部、委员会制定的规章可以在法律、行政法规规定的给予行政处罚的行为、种类和幅度的

① 参见杨海坤、章志远著：《中国行政法基本理论研究》，北京大学出版社2004年版，第63页。

范围内作出具体规定。

四、越权无效

越权无效是指凡是逾越治安行政权边界的治安行政行为都应当做无效处理。如果说职权法定、法律保留、法律优先主要是一种价值宣示的话，那么越权无效则是一种直接的责任承担。如《行政诉讼法》规定：具体行政行为违反法定程序的、超越职权的、滥用职权的，判决撤销或者部分撤销，并可以判决被告重新作出具体行政行为。

第二节 治安行政合理性原则

治安行政合理性原则，是指公安机关及其人民警察在行使自由裁量权时必须保持客观、适度、合乎理性的原则。自由裁量权是指在法律规定的条件下，行政机关根据其合理的判断，决定作为或不作为，以及如何作为的权力①。

治安行政法定原则是合理性原则存在的前提，法定原则适用于治安行政法的所有领域，通常一个行为如果触犯了法定原则，就不再追究其合理性问题；治安行政合理性原则主要适用于自由裁量领域，是对治安行政法定原则的更高要求，一个自由裁量行为，即使没有违反法定原则，也可能引起合理性问题，并且随着国家立法进程的推进，原先属于合理性原则问题也可能被提升为法定原则问题。如《治安管理处罚条例》规定公安机关的行政拘留自由裁量权是1—15日，而修改后的《治安管理处罚法》规定公安机关的行政拘留自由裁量权是1—5日、5—10日、10—15日。治安行政合理性原则的主要内容和基本要求如下：

一、裁量动机合理

治安行政自由裁量行为的动机、目的必须符合法定的动机、目的，只有行政活动的动机是恶意的时候，才构成非常不合理。如《治安管理处罚法》规定：办理治安案件应当坚持教育与处罚相结合的原则。因此治安管理处罚自由裁量权的行使应有利于教育当事人，尽量为当事人改过自新创造条件。

二、裁量过程合理

公安机关的治安行政行为应建立在正当考虑的基础上，在裁量过程中不得考虑不该考虑的因素，也不得不考虑应当考虑的因素。如果该考虑的因素不考虑或考虑了不该考虑的因素即构成滥用职权。具体的因素在治安行政过程中是否应当被考虑，应以法律规范的明示或默示为限②。

三、裁量结果合理

治安行政裁量行为的结果不能显失公正，即不能明显不合理、不公正。它要求公安机关应平等适用法律规范，不得对相同事实给予不同对待，也不得对不同事实给予相同对待，事实和结果应当平衡。针对具有相同构成要素的事态，应当给予相对人类似的对待，不能朝令

---

① 参见罗豪才主编：《行政法学》，北京大学出版社2001年版，第23页。

② 参见朱新力、金伟峰、唐明良著：《行政法学》，清华大学出版社2005年版，第67页。

夕改、厚此薄彼，并应始终如一遵守既成的惯常做法，除非有特别重要的理由（如因条文的修改实际否认了先例的继承性）。裁量结果的合理性判断，法学上一般采用“正常判断”规则，即行政活动的结果如此荒唐以致于一个理智的人无法接受，因此便构成非常不合理①。

第三节　治安行政比例原则

治安行政比例原则，是指治安行政的手段与目的之间应形成一定的比例关系的原则。它要求公安机关在采取治安行政手段时，不要太过严厉、苛刻，逾越必要范围。采取的治安行政手段所造成的损害，不得与欲达成的行政目的的利益明显失衡，也即“手段不得与追求之目的不成比例”。换句话讲，选择的手段对于相对人所要付出的代价与得到的公共利益要相当，不能为了较小的公益需要，使相对人忍受很大的损失，此种损失是不成比例的。即使为了实现某种正当的行政目的不得不对相对方的权益产生不利影响时，也应体现“最小干预”、“最不激烈手段”。否则，目的与手段之间就可能因为“成本太高”而得出不合比例之结论，甚至构成滥用职权的行为②。治安行政比例原则的主要内容和基本要求如下：

一、手段与目的的适当性

在目的与手段的关系上必须适当，即公安机关实施的治安行政行为或采取的行政措施必须完全能实现行政目的或至少有助于目的的达成，并且为正确的手段。如根据《治安管理处罚法》的规定，公安机关只能对无正当理由不接受传唤或者逃避传唤的人，才可以强制传唤。根据《人民警察使用警械和武器条例》的规定，人民警察遇有犯罪分子停止实施犯罪，服从人民警察命令的，或犯罪分子失去继续实施犯罪能力的，应当立即停止使用武器。

二、手段与目的的必要性

手段与目的必要性，又称最小侵害原则。即立法者或公安机关对同一目的的达成，有多种适合的手段可供选择时，应选择对相对人损害最小的手段。也即在不违反或减弱所追求之目的或效果的前提下，而对多数可能选择的处置，应尽可能选择对相对人权利侵犯最低或最少不良作用的方法。如根据《人民警察法》的规定，公安机关对严重危害社会治安秩序的突发事件，可以采取必要手段强行驱散，并对拒不服从的人员强行带离现场或者立即予以拘留。其强行驱散手段，应尽可能选择对相对人损害最小的手段，并且只能对拒不服从的人员才能强行带离现场或者立即予以拘留，能不拘留的，则应尽量不拘留。根据《人民警察使用警械和武器条例》的规定，发现实施犯罪的人为怀孕妇女、儿童的，不得使用武器，除非使用枪支、爆炸、剧毒等危险物品实施暴力犯罪。

第四节　治安行政正当程序原则

治安行政正当程序原则，是指治安行政权力的行使应当遵循最低限度的程序要求的原

① 参见朱新力、金伟峰、唐明良著：《行政法学》，清华大学出版社2005年版，第67页。
② 参见崔卓兰主编：《新编行政法学》，科学出版社2004年版，第57页。

则。如果说治安行政权力在其源头上已经遵循了治安行政法定原则的话，那么接下来的任务就是严格按照既定的正当程序行使治安行政权力。正当程序体现了现代社会对一个富有理性和权威的政府的迫切要求①。治安行政正当程序原则的主要内容和基本要求是：

一、警务公开

正当程序的首要要求是警务公开。警务公开的内容应当是全方位的，只要不涉及国家秘密、商业秘密和个人隐私，凡是与治安行政职权有关的事项以及公安机关内部职责分工都应当向相对人公开。

二、说明理由

公安机关在作出涉及相对人一方权益尤其是将对其产生不利影响的行政行为时，必须向相对人说明作出该行为的事实根据、法律根据及其相关的政策考量。如《治安管理处罚法》规定：公安机关受理报案、控告、举报、投案后，认为不属于违反治安管理行为的，应当告知报案人、控告人、举报人、投案人，并说明理由。公安机关作出治安管理处罚决定前，应当告知违反治安管理行为人作出治安管理处罚的事实、理由及依据，并告知违反治安管理行为人依法享有的权利。

三、听取意见

公安机关在作出对相对人不利的决定之前，必须充分听取相对人的意见。是否认真地听取相对人的陈述和申辩是区分开明行政和专制行政的重要标准。如《治安管理处罚法》规定：公安机关必须充分听取违反治安管理行为人的意见，对违反治安管理行为人提出的事实、理由和证据，应当进行复核；违反治安管理行为人提出的事实、理由或者证据成立的，公安机关应当采纳；公安机关不得因违反治安管理行为人的陈述、申辩而加重处罚；违反治安管理行为人要求听证的，公安机关应当及时依法举行听证。

四、回避

公安机关的人民警察与其作出的治安行政行为之间有利害关系或者存在任何影响行政行为公正的因素，该人民警察都应当回避。如根据《治安管理处罚法》的规定，人民警察在办理治安案件过程中，如果本人是本案当事人或者当事人的近亲属的、本人或者其近亲属与本案有利害关系的、与本案当事人有其他关系可能影响案件公正处理的，应当回避；违反治安管理行为人、被侵害人或者其法定代理人也有权要求他们回避。

第五节　治安行政保障人权原则

治安行政保障人权原则，是指公安机关及其人民警察实施治安行政行为必须保护相对人的人权，不得以任何理由限制、剥夺、侵犯相对人的人权的原则。人权是人在其所生活的社会特别是国家中所应当享受并得到充分保障与实现的各种权益。人权是人作为人依其本性所

① 参见杨海坤、章志远著：《中国行政法基本理论研究》，北京大学出版社2004年版，第65页。

应当享有的权利，而不是任何外界的恩赐①。人权包括人身人格权、自由权、平等权、民主权、劳动权、社会保障权、受教育权、人道权等。治安行政保障人权原则的主要内容和基本要求如下：

一、不得非法限制相对人人身自由

人身自由权是公民的基本人权，非法定治安行政主体非依法定条件和程序且非按法定期限不得限制公民的人身自由权。公安机关是唯一具有限制公民人身自由的处罚和强制措施权的行政机关，但并不是任何一级公安机关在任何条件下或在任何程序下或在任何期限内都可以实施这一特别权力，其主体、条件、程序和期限任一要素缺一不可。

如《人民警察法》和《公安机关适用继续盘问规定》规定：公安机关的人民警察对有违法犯罪嫌疑的人员，经出示相应证件经当场盘问、检查后，发现被盘问人有被指控有犯罪行为的、有现场作案嫌疑的、有作案嫌疑身份不明的、携带的物品有可能是赃物的四种情形之一的，方可以将其带至公安机关，并经该公安机关批准，才能对其继续盘问。且公安派出所负责人的决定权为12小时；县、市、旗公安局或者城市公安分局的值班负责人的决定权为延长至24小时；县、市、旗公安局或者城市公安分局的主管负责人的决定权为24小时延长至48小时。《治安管理处罚法》规定：行政拘留处罚只能由县级以上人民政府公安机关决定，并且对决定给予行政拘留处罚的人，在处罚前已经采取强制措施限制人身自由的时间，应当折抵，限制人身自由一日，折抵行政拘留一日。

二、严禁刑讯逼供等暴力手段取证

人身人格权是人权的首要内容，因此严禁使用刑讯逼供等粗暴侵犯公民人身人格权的非法手段取证。刑讯逼供等暴力手段取证，不仅严重侵犯相对人的人权，其获取的证据也无法律效力。证据的搜集和来源必须合法，这是证据合法性的前提。如《公安机关办理行政案件程序规定》规定：严禁刑讯逼供和以威胁、引诱、欺骗或者其他非法手段收集证据；以非法手段取得的证据不能作为定案的根据。《治安管理处罚法》规定：对刑讯逼供、体罚、虐待、侮辱他人的，依法给予行政处分；构成犯罪的，依法追究刑事责任。

三、不得滥用警械和武器

警械和武器使用权也是公安机关特有的治安行政权，使用不当会直接造成对相对人人权的严重侵犯，因此警械和武器的使用必须严格依照法定的条件和程序使用或停止使用。我国《人民警察使用警械和武器条例》对可以使用警械和武器的情形、应当立即停止使用警械和武器的情形、不得使用警械和武器的情形以及使用前后的程序都有明确具体的规定，只有严格依照此规定使用警械和武器，才不会造成对相对人人权的侵犯。如该条例规定：人民警察使用警械，不得故意造成人身伤害；人民警察遇有犯罪分子停止实施犯罪，服从人民警察命令的、犯罪分子失去继续实施犯罪能力的情形之一的，应当立即停止使用武器；人民警察使用武器造成犯罪分子或者无辜人员伤亡的，应当及时抢救受伤人员，保护现场，并立即向当地公安机关或者该人民警察所属机关报告。

---

① 参见李步云主编：《人权法学》，高等教育出版社2005年版，第1页。

第三章　治安行政主体

第一节　治安行政主体的概念与特征

作为治安行政法律关系的主体之一或当事人之一的治安行政主体，是指享有国家治安行政权，能以自己的名义行使治安行政权，并能独立地承担由此而产生的相应法律责任的公安机关组织。治安行政主体的这一概念，表明了以下基本特征：

一、治安行政主体是公安机关组织而非警察个人

尽管具体治安行政行为有时由人民警察个人来实施，甚至警察个人可以行使当场处罚权，但其行使权力的名义是以公安机关组织名义而不是以个人名义，警察个人不享有作为治安行政主体的资格。治安行政活动是警察公共权力的行使活动，公安机关承担着维护国家安全和社会治安秩序、保护公民的合法权益的广泛职能，其担当者不可能是组织实力和经济实力有限的特定的警察个人。而且一旦发生需要治安行政赔偿的情况，警察个人也无力全部承担。

二、治安行政主体是享有并行使国家治安行政权的公安机关组织

并非所有的组织都能成为治安行政主体。是否享有国家治安行政权，是决定特定组织能否成为治安行政主体的决定性条件。行政组织以外的国家机关如国家权力机关、审判机关、检察机关不是行政组织，不享有治安行政权。行政组织范围内的其他国家行政机关甚至其他国家行政机关的人民警察，也不享有治安行政权。我国《人民警察法》规定：人民警察包括公安机关、国家安全机关、监狱、劳动教养管理机关的人民警察和人民法院、人民检察院的司法警察。但其他国家机关的人民警察并不享有治安行政权，其组织也不能成为治安行政主体。只有享有国家治安行政权的组织公安机关才是治安行政主体。

三、治安行政主体是能够以自己的名义行使治安行政权的公安机关组织

判断某一组织是否是治安行政主体，不仅要看其是否享有国家治安行政权，而且要看其是否能以自己的名义行使治安行政权。“以自己的名义行使治安行政权”是指在法律法规规定的范围内，依照自己的判断作出决定、发布命令，并以自己的职责保障这些决定和命令的实施，独立采取治安行政行为。能否以自己的名义行使治安行政权反映它是否具有独立的法律人格，因而是判断行政机关及其他组织能否成为治安行政主体的主要标准。如公安机关的许多内设机构，虽然拥有自己的名称，也承担治安行政职能，但并不能以自己的名义对外行使治安行政权、作出治安行政决定，因而不是治安行政主体，仅仅是一种内部分工的表示方式而已，对外无任何意义。

四、治安行政主体是能独立承担法律责任的组织

能否独立承担法律责任是判断某一组织能否成为治安行政主体的关键条件。要成为治安行政主体，除了享有治安行政权，能以自己的名义去实施治安行政权外，还必须能够独立参加治安行政复议和治安行政诉讼活动，独立承担因实施治安行政权而产生的法律责任。从这一角度来观察，公安机关的许多内设机构也不是治安行政主体。另外，受公安机关的委托行使某些治安行政权的组织或个人，是以委托机关——公安机关的名义行使治安行政权，其一切行为的法律后果，也属于委托机关——公安机关，因此接受委托的组织或个人也不具有治安行政主体资格。

第二节　治安行政主体的范围

一、按行政区划设立的公安机关

作为中央和地方各级人民政府职能部门的公安机关，包括国家公安部和地方各级公安机关，是按照行政区划依法设立的治安行政主体。

1. 公安部

公安部是隶属于国家最高行政机关国务院的一个部门，是中央人民政府的治安职能部门，是国家最高一级治安行政机关。它是全国治安行政组织的首脑机关，领导、统筹全国的治安行政工作。

2. 省、自治区、直辖市公安厅（局）

省、自治区、直辖市公安厅（局）是省、自治区、直辖市人民政府的职能部门，领导和管理本行政区域内的治安行政工作。

3. 市（地、州、区）公安局（分局）

市（地、州、区）公安局（分局）是省辖市、自治州、直辖市的区人民政府公安机关。它们是省辖市、自治州以及直辖市的区人民政府的职能部门，是该行政区域内的治安行政主管部门，直接受省级公安机关的业务领导，负责本市、州、区内及所属县（市）的治安行政工作。在我国，部分省、自治区设立行政公署作为省、自治区人民政府的派出机构，为适应治安行政管理需要在行政公署内设立的公安处，也是省、自治区公安厅的派出机构，它受省、自治区公安厅的委托和指派，负责地区范围内的治安行政工作。

4. 县、市（不设区）、市辖区公安局（分局）

县、市（不设区）、市辖区公安局（分局）是同级人民政府的职能部门，负责在同级人民政府管辖范围内的治安行政工作。

二、按系统设立的公安机关

按系统设立的公安机关是指在某些跨行政区划的专业部门，按自身组织系统设立的公安机关，包括铁道、交通、民航、林业、海关系统设立的公安机关。它们属于公安机关序列，行使公安机关的职能，着人民警察制服，属于公安机关的一个警种，是公安机关的重要组成部分。但它又不同于作为各级政府职能部门的公安机关，而是本系统、本单位的一个职能部门，受本系统，本单位党政领导，在业务上接受公安部领导和地方公安机关的指导，兼有行

政、企业管理部门的双重职能。

1. 铁道公安机关

铁道公安机关负责列车上，火车站工作区域内，铁路建设施工工地，铁路系统的机关、厂、段、所、队等单位内的治安行政管理，以及在铁路线上放置障碍物或者损毁、移动铁路设施等可能影响铁路运输安全，盗窃铁路设施的案件。铁路公安机关的内部机构设置与铁道部系统机构设置相一致，分为：铁道部公安局（纳入公安部序列）、铁路公安局、公安处、铁路公安段、铁路公安派出所、乘警队等。

2. 交通运输公安机关

交通运输公安机关负责交通、港航系统的轮船上、港口、码头工作区域内和机关、厂、所、队等单位内的治安管理。交通运输公安机关的机构设置分为：交通部公安局，交通、港航公安局（处）、公安分局，航务工程局公安处，公安派出所等。

3. 民航公安机关

民航公安机关负责民航管理机构管理的机场工作区域以及民航系统的机关、厂、所、队等单位内和飞机上的治安行政管理。民航公安机关的机构设置分为：民航公安局、公安处、公安分处、公安派出所等。

4. 林业公安机关

林业公安机关负责林区内的治安行政管理。林业公安机关的机构设置分为：林业部公安局、林业公安局、公安处、公安派出所等。

5. 海洋公安机关

海洋公安机关负责我国海洋区域边防管理和海上缉私职能。

三、授权的公安机构

授权的公安机构是指法律法规将某项或某一方面的治安行政职权的一部分或全部，通过法定方式授予其行使的某个公安机构。包括公安机关派出机构和公安机关内设机构。

1. 公安机关派出机构

公安机关派出机构主要是指基层公安派出所，即在大、中城市各街道办事处辖区内设立的公安派出所和县所属的乡、镇设立的派出所，是县、市、区公安局（分局）的派出机构。虽然有的乡、镇内设立的派出所是按行政区划设置的，但它不是乡、镇人民政府的职能部门，不是一级公安机关，它受县级公安机关的领导和县级公安机关业务部门的指导。公安派出所作为公安机关的派出机构，根据法律法规的授权，可以以自己的名义行使治安行政权并独立承担法律责任，成为治安行政主体。如《治安管理处罚法》规定：警告、500元以下的罚款可以由公安派出所决定。《人民警察法》规定：对有违法犯罪嫌疑的人员，经盘问、检查，有法定情形之一的，可以将其带至公安机关，经该公安机关批准，对其继续盘问。该公安机关就包括公安派出所。

2. 公安机关内设机构

公安机关内设机构是指得到法定授权的内部职能部门，它们在法律法规的授权下，可以自己的名义行使治安行政权并独立承担法律责任，成为治安行政主体。如《消防法》规定：县级以上地方各级人民政府公安机关对本行政区域内的消防工作实施监督管理，并由本级人民政府公安机关消防机构负责实施；对违反本法规定行为的处罚，由公安消防机构裁决。《道路交通安全法实施条例》规定：对道路交通安全违法行为人处以罚款或者暂扣驾驶证处罚的，由违法行为发生地的县级以上人民政府公安机关交通管理部门或者相当于同级的公安机关交通管理部门作出决定；对处以吊销机动车驾驶证处罚的，由设区的市人民政府公安机关交通管理部门或者相当于同级的公安机关交通管理部门作出决定。

第三节　治安行政主体的职权

治安行政主体的职权是指国家依法赋予公安机关的治安行政权，或对公安机关的治安行政权的权能、权限的设定。它是公安机关实施国家治安行政管理活动的资格和条件。治安行政主体的职权可以依权力性质和权力范围分为两大类。

一、权力性质意义上的治安行政权

1. 治安行政创制权

治安行政创制权是指各级公安机关依据宪法、法律、行政法规、地方性法规和地方政府规章制定和发布治安行政法规范、编制治安行政计划、规划和预算的权力以及起草法律草案的权力等。

2. 治安行政命令权

治安行政命令权是指公安机关依法向治安行政相对人发布命令要求其作出某种行为或不作出某种行为的权力。如发布通告、布告、通知、决定、命令和责令等。

3. 治安行政决定权

治安行政决定权是指公安机关依法对治安行政管理中的具体事项和特定相对人作出处理的权力。如治安行政确认权、治安行政奖励权和治安行政给付权等。

4. 治安行政许可权

治安行政许可权是指公安机关根据公民、法人或者其他组织的申请，经依法审查，准予其从事特定活动的权力。如特种行业许可、爆炸物品购买许可、机动车驾驶许可等。

5. 治安行政处罚权

治安行政处罚权是指公安机关依法对违法治安行政法律规范的相对人予以制裁的权力。如申诫罚、财产罚、人身罚、资格罚和行为罚等。

6. 治安行政强制措施权

治安行政强制措施权是指公安机关为预防或制止治安事件或治安行政违法行为、搜集违法证据、执行处罚决定，依法对治安行政相当人的人身、财产等权利实施临时性强制手段予以限制的权力。如强制传唤、强制戒毒、强行驱散、强制扣押、扣留、强制拆除和强制报废车辆等。

7. 治安行政司法权

治安行政司法权是指公安机关依法通过调解、裁决或复议等方式处理和解决行政争议和民事纠纷的权力。如《治安管理处罚法》规定：对于因民间纠纷引起的打架斗殴或者损毁他人财物等违反治安管理行为，情节较轻的，公安机关可以调解处理。

8. 治安行政监督权

治安行政监督权是指公安机关为保证治安行政管理目标的实现依法对相对人遵守法律规范、履行法定义务的情况进行检查督促的权力。如对娱乐场所的治安监督检查、特种行业的治安监督检查、消防安全监督检查和内保单位落实治安责任制的监督检查等。

二、权力范围意义上的治安行政权

根据《人民警察法》的规定，公安机关的人民警察按照职责分工，依法行使下列治安行政权：

1. 预防和制止违法犯罪活动；

2. 维护社会治安秩序，制止危害社会治安秩序的行为；

3. 维护交通安全和交通秩序，处理交通事故；

4. 组织、实施消防工作，实行消防监督；

5. 管理枪支弹药、管制刀具和易燃易爆、剧毒、放射性等危险物品；

6. 对法律、法规规定的特种行业进行管理；

7. 警卫国家规定的特定人员，守卫重要的场所和设施；

8. 管理集会、游行、示威活动；

9. 管理户政、国籍、入境出境事务和外国人在中国境内居留、旅行的有关事务；

10. 维护国（边）境地区的治安秩序；

11. 对被判处管制、拘役、剥夺政治权利的罪犯和监外执行的罪犯执行刑罚，对被宣告缓刑、假释的罪犯实行监督、考察；

12. 监督管理计算机信息系统的安全保护工作；

13. 指导和监督国家机关、社会团体、企业事业组织和重点建设工程的治安保卫工作，指导治安保卫委员会等群众性组织的治安防范工作；

14. 法律、法规规定的其他职责。

第四章　治安行政行为

第一节　治安行政行为的概念与特征

一、治安行政行为的概念

治安行政行为是指治安行政主体公安机关在实施治安行政管理活动、行使治安行政职权过程中所作出的具有法律意义的行为。这一概念包含了以下几层含义：

1. 治安行政行为的主体要素

治安行政行为是治安行政主体公安机关所作出的行为。治安行政行为只能由治安行政主体作出，无论是治安行政主体公安机关直接作出，还是公安机关通过其工作人员人民警察或公安机关派出机构、公安机关内设机构和公安机关委托的其他社会组织作出，均不影响治安行政行为的性质。但如果是公安机关以外的其他组织和个人，在无依法授权或委托的情况下所作出的行为，不能认定为治安行政行为。

2. 治安行政行为的职权要素

治安行政行为是治安行政主体行使治安行政职权、履行治安行政职责的行为。如果治安行政主体的行为不是行使职权的行为如建设、租用办公用房、购买办公用品等则不属于治安行政行为。

3. 治安行政行为的法律要素

治安行政行为是具有法律意义的行为，即受治安行政法调控的能产生治安行政法律效果的行为，而不是其他法律性质的行为。治安行政主体所作出的行为并非都具有治安行政法律意义，如发布统计数字等行为就不是治安行政行为。治安行政行为的法律要素并不意味着一定是合法行为，无论合法行为还是违法行为，只要是治安行政主体实施的是受治安行政法调控的行为都能构成治安行政行为。

二、治安行政行为的特征

作为国家行政行为之一的治安行政行为与民事行为相比较，具有以下主要特征：

1. 从属法律性

依法行政是民主和法治的基本要求。任何行政行为必须有法律根据，治安行政行为是公安机关行使治安行政职权、履行治安行政职责的执行法律的行为，必须根据并服从法律，受法律监督，不得有超越宪法和法律的特权。

2. 单方意志性

治安行政行为是公安机关行使国家治安行政权的行为，只要是在法律、法规的授权范围内，即可自行决定和直接实施，无须与相对人协商和征得相对人的同意。即使是依相对人的申请而实施的颁发许可证、执照等行政许可行为，虽然是在相对人提出申请的前提下作出的，但公安机关仍然是根据法律规定的标准和条件自行决定，无须与相对人协商或讨价还价。因此，“行政行为的典范是一个单方面的意志宣告，而私法行为的典范却是契约①”。

3. 效力先定性

效力先定是指治安行政行为一经作出，即事先假定其合法有效，对公安机关自身和相对人以及其他国家机关都具有拘束力，任何个人或团体都必须遵守和服从。如相对人认为治安行政行为违法，只能依照法定的形式寻求救济，在该行为没有被国家有权机关宣布为违法无效之前，始终是合法有效的行为。因此，无论是合法有效的治安行政行为还是违法无效的治安行政行为，都具有效力先定性的特征。

4. 国家强制性

治安行政行为是公安机关行使国家治安行政权的行为，因此以国家强制力作为实施的保障。公安机关行使职权时如遇到障碍，可以运用其行政权力和手段，或依法借助其他国家机关的手段，强制消除障碍，保障治安行政行为的实现。治安行政行为的强制性与其单方意志性是紧密联系的，强制性是其单方意志性的结果，单方意志性是其强制性的前提。

第二节　治安行政行为的内容

治安行政行为的内容是指治安行政行为对相对人在权利、义务上产生的具体影响，即对相对人的权利、义务作出某种具体处理和决定。不同内容的治安行政行为，其功能不同，产生的法律效果也不同。公安机关正是凭借着不同内容的行政行为，实现其行政管理职能。治安行政行为的内容，是治安行政行为的核心，对治安行政活动和治安行政诉讼都有重要的价值。根据各类治安行政行为对相对人的的影响及其引起的法律效果的不同，可以将其内容归纳为以下几类：

1. 赋予权益或科以义务

赋予权益是指赋予相对人一种法律上的权能或权利和利益。前者是指赋予相对人能够从事某种活动或行为的一种资格，如给予机动车驾驶资格、爆破员资格。后者是指赋予相对人能够从事某种活动或要求他人不为某种行为的权利，或基于某种权利所得到的利益，在很多情况下，这种权利的取得具有持久性，可以重复行使。

科以一定的义务，是指公安机关通过行政行为要求相对人承担为一定的行为或不为一定的行为的义务。为一定的行为的义务如责令排除妨害、责令停业整顿等；不为一定的行为的义务如警告、责令具结悔过等。

2. 剥夺权益或免除义务

剥夺权益是指取消相对人原有的法律上的权能或权利和利益。如行政拘留、扣留机动车驾驶证是对权利的暂时剥夺；吊销特种行业许可证既是对权利的剥夺，也是对权能的剥夺；没收违法所得既是对权利的剥夺，也是对利益的剥夺。

免除义务是指对相对人原来所负有义务的解除。如任何单位或者个人负有不得违反法律规定持有枪支的义务，但国家重要的军工、金融、仓储、科研等单位的专职守护、押运人员

---

① ［美］凯尔森著：《法与国家的一般理论》，沈宗灵译，中国大百科全书出版社 1996 年版，第 306 页。

在执行守护、押运任务时确有必要使用枪支的，可以配备公务用枪，即是对公民不得持有枪支义务的解除。

3. 变更权利或者义务

变更权利或者义务是指在原有法律关系的基础上，对相对人原来所享有权利或所负担义务范围的缩小，或者对其原来所享有权利或所负担义务范围的扩大。如提前解除收容教育、延长强制戒毒期限等。

4. 确认或证明权利或者义务

确认或证明权利或者义务是指对某种法律关系是否存在以及对某种法律关系有重大影响的事实是否存在的确认和认定。如交通事故认定等。

第三节　治安行政行为的分类

治安行政行为种类繁多，内容庞杂，只有对其进行科学的分类，才能具体认识各类治安行政行为的基本特征、构成要件和法律效力，才能有助于对治安行政行为的监督与救济途径、方式的判断适用。根据治安行政管理的实践和分类的实用性，可以将治安行政行为分为以下几种类别：

一、内部治安行政行为与外部治安行政行为

以治安行政行为作用对象和效力范围为标准，可将其分为内部治安行政行为与外部治安行政行为。内部治安行政行为是指公安机关在内部行政管理过程中所作的只对公安机关内部的人员和事物产生法律效力的行政行为，如对警察的奖惩、任免、上级公安机关对下级公安机关的行政命令等。外部治安行政行为是指公安机关在对社会实施治安行政管理活动中针对公民、法人或其他组织等相对人就公安机关自身以外的事物所作出的行政行为，如治安行政许可行为、治安行政处罚行为等。

二、抽象治安行政行为与具体治安行政行为

以治安行政行为针对的对象是否特定为标准，可将其分为抽象治安行政行为与具体治安行政行为。抽象治安行政行为是指公安机关针对不特定的人或事制定具有普遍约束力的治安行政法律规范的行为，如制定行政法规、行政规章和其他行政规范性文件的行为。具体治安行政行为是指公安机关针对特定的人或事适用治安行政法律规范作出处理决定的行为，如治安行政处罚决定，治安行政强制措施决定等。

三、羁束治安行政行为与裁量治安行政行为

以治安行政行为受法律规范拘束的程度为标准，可将其分为羁束治安行政行为与裁量治安行政行为。羁束治安行政行为是指法律规范对其范围、条件、标准、形式、程序等作了较详细、具体、明确的规定，公安机关只能严格依照法定的条件和方式作出的行政行为，如《治安管理处罚法》第58条规定：违反关于社会生活噪声污染防治的法律规定，制造噪声干扰他人正常生活的，处警告。即对这类行为人只能处以警告处罚，不能处以其他处罚，也不能并处其他处罚，也不能不处罚。裁量治安行政行为是指法律规范仅对行为目的、行为范围等作一原则性规定，而将行为的具体条件、标准、幅度、方式等留给公安机关自行选择、

决定的行政行为。如《治安管理处罚法》第66条规定：卖淫、嫖娼的，处10日以上15日以下拘留，可以并处5000元以下罚款。即对这类行为人既可以单独处以拘留处罚，也可以并处罚款处罚；既可以在10日以上15日以下选择拘留期限，也可以在5000元以下选择罚款数额。

四、依职权的治安行政行为与依申请的治安行政行为

以公安机关是否可以主动作出行政行为为标准，可将其分为依职权的治安行政行为和依申请的治安行政行为。依职权的治安行政行为是指公安机关无须相对人的申请而依据法律赋予的职权主动实施的行政行为，如巡逻盘查行为、治安管理处罚行为等。依申请的治安行政行为是指公安机关必须有相对人的申请才能实施的行政行为，如颁发特征行业许可证、颁发机动车驾驶证等。

五、强制治安行政行为与非强制治安行政行为

以治安行政行为所产生的法律效果是否具有强制性为标准，可将其分为强制治安行政行为与非强制治安行政行为。强制治安行政行为是指公安机关实施的直接以国家强制力为保障的相对人必须接受和服从的行政行为，如治安行政命令、治安行政处罚、治安行政强制措施行为等。非强制治安行政行为是指由公安机关依据职责权限主动发出的不以强制力要求相对人服从接受的行为，如治安行政指导、治安行政奖励、治安行政调解行为等。

六、要式治安行政行为与非要式治安行政行为

以治安行政行为是否必须具备一定的法定形式为标准，可将其分为要式治安行政行为与非要式治安行政行为。要式治安行政行为是指必须具备某种法定的形式或符合法定的程序才能成立生效的行政行为，如治安管理罚款处罚和行政拘留处罚必须采用书面形式、发布公安部规章必须采用公安部令的形式等，治安行政行为绝大多数都是要式行政行为。非要式治安行政行为是指不需具备特定形式或遵循特定程序就能成立生效的行政行为，如口头传唤行为、口头警告处罚行为、对醉酒的人的强制约束行为等。

七、作为治安行政行为与不作为治安行政行为

以治安行政行为是否以作为方式来表现为标准，可将其分为作为治安行政行为与不作为治安行政行为。作为治安行政行为是指以积极作为的方式表现出来的行政行为，如巡逻盘查、使用武器警械、治安行政处罚等。不作为治安行政行为是指以消极不作为方式表现出来的行政行为，如申请公安机关履行保护人身权、财产权的法定职责，公安机关拒绝履行或者不予答复的行为；公安机关对集会、游行、示威申请逾期不通知的，视为许可的行为等。

八、治安行政立法行为、治安行政执法行为与治安行政司法行为

以治安行政权作用的表现方式和实施治安行政行为所形成的法律关系为标准，可将治安行政行为分为治安行政立法行为、治安行政执法行为与治安行政司法行为。治安行政立法行为是指公安机关依法定职权和程序制定带有普遍约束力的规范性文件的行为。治安行政执法行为是指公安机关依法实施的直接影响相对人权利义务的行为，或者对个人、组织的权利义务的行使和履行情况进行监督检查的行为，如治安行政许可、治安行政处

罚、治安行政强制措施、治安行政监督检查等。治安行政司法行为是指公安机关作为争议双方之外的第三者，按照准司法程序审理特定的治安行政争议案件并作出裁决的行为，如治安行政复议行为等。

第二篇
治安行政许可法篇

第五章　治安行政许可法概述

第一节　治安行政许可法的概念与特征

治安行政许可法，是指由国家制定的、规定治安行政许可行为的种类、原则、条件、标准以及许可实施程序等相关问题的一整套法律规范体系。根据这一概念，治安行政许可法具有以下特征：

一、治安行政许可法是由国家制定的具有特定要式的法律规范

即由具有法定立法权的国家机关根据法定的立法权限和立法程序所制定的、具有国家强制力和普遍约束力的要式行为规则。这些法律规范包括全国人大及其常委会制定的法律、国务院制定的行政法规、省、自治区、直辖市的人大及其常委会、较大的市的人大及其常委会制定的地方性法规、公安部制定的部门规章、省、自治区、直辖市和较大的市的人民政府制定的地方政府规章。除此之外，任何国家机关、部门和单位制定的其他规范性文件均不是治安行政处罚法的要式法律规范，不具有法律效力。

二、治安行政许可法是规定治安行政许可行为的种类、原则、条件、标准以及许可实施程序等相关问题的专门法律规范

这是治安行政许可法特定的、固有的内容，也是它同其他治安行政法律规范的区别所在。它决定了治安行政许可法有单独的类别性，决定了治安行政许可法有着自己特定的调整对象，即调整的是在治安行政许可中形成的一类特定具体社会关系。

三、治安行政许可法是实体法和程序法的合体的法律规范

它既包括规定治安行政许可行为的种类、原则、条件、标准的实体性质的法律规范，也包括规定治安行政许可行为的实施程序的程序性质的法律规范。因此它既非单纯的实体法，也非单纯的程序法。这是治安行政许可法的一个显著特点，也是正确理解和诠释该法的一个重要问题。

四、治安行政许可法是各种有关治安行政许可问题的全部法律规范的总和

即治安行政许可法并不仅仅是指某一项法律或法规，而是一个广义上的概念，是组成一整套完整法律体系的法律规范。所以并不等同于《行政许可法》，《行政许可法》只是治安行政许可法律体系中的一个重要组成部分。根据我国有关治安行政许可法的立法状况，治安行政许可法律规范体系主要由以下几个部分组成：

1. 全国人大制定的《行政许可法》

该法是一部对所有行政许可行为作出系统、全面规定的专门法律，既包括行政许可的实体内容，也包括行政许可的程序内容，是整个行政许可法律规范中最基本、最主要的组成部分。同样也是治安行政许可法律规范的最基本、最主要的组成部分。

2. 全国人大及其常委会制定的其他有关治安行政许可的法律

主要有《人民警察法》《集会游行示威法》《枪支管理法》《道路交通安全法》《消防法》《公民出境入境管理法》《外国人入境出境管理法》等。

3. 国务院制定的有关治安行政许可的行政法规

主要有《娱乐场所管理条例》《印刷业管理条例》《集会游行示威法实施条例》《大型群众性活动安全管理条例》《居住证暂行条例》《民用爆炸物品管理条例》《危险化学品安全管理条例》《易制毒化学品管理条例》《放射性同位素与射线装置放射防护条例》《互联网上网服务营业场所管理条例》《道路交通安全法实施条例》《公民出境入境管理法实施细则》《外国人入境出境管理法实施细则》《中国公民因私事往来香港地区或者澳门地区的暂行管理办法》《中国公民往来台湾地区管理办法》等。

4. 经国务院批准由公安部发布的有关治安行政许可的行政法规

主要有《旅馆业治安管理办法》《废旧金属收购业治安管理办法》《印铸刻字业暂行管理规则》《对部分刀具实行管制的暂行规定》等。

5. 公安部制定的有关治安行政许可的部门行政规章

主要有《机动车修理业、报废机动车回收业治安管理办法》《机动车号牌生产管理办法》《租赁房屋治安管理规定》《公共娱乐场所消防安全管理规定》《计算机信息网络国际联网安全保护管理办法》《机动车驾驶证申领和使用规定》等。

6. 公安部与国务院有关部门联合制定的有关治安行政许可的部门行政规章

主要有公安部、商务部联合制定的《典当管理办法》，国内贸易部、公安部联合制定的《旧货流通管理办法（试行）》，公安部、轻工业部、农业部、商业部、铁道部、交通部联合制定的《关于运输烟花爆竹的规定》，商业部、公安部联合制定的《商业、供销社系统烟花爆竹安全经营管理暂行规定》等。

7. 公安部制定的有关具体实施治安行政许可的具有规章效力的文件

主要有《公安部关于公安机关贯彻实施〈中华人民共和国行政复议法〉若干问题的意见》《公安部关于公安机关贯彻实施〈行政诉讼法〉若干问题的通知》《公安部关于公安机关贯彻实施〈国家赔偿法〉有关问题的通知》《关于坚决取缔非法刻制印章摊点严厉查处伪造印章违法犯罪活动的通知》《公安部关于加强刻字业治安管理打击伪造印章犯罪活动的通知》《公安部关于执行中国公民出境入境管理法及实施细则若干问题的说明》《公安部关于实施〈出境入境边防检查条例〉中检查、监护和阻止出入境等问题处理办法的通知》《公安部关于执行〈出境入境边防检查条例〉等法律、法规中的许可程序和应用法律文书的通知》《公安部关于在全国公安机关普遍实行警务公开制度的通知》等。

以上七个部分，共同构成我国治安行政许可法律规范体系的整体。

第二节　治安行政许可的概念与特征

治安行政许可，是指公安机关根据公民、法人或者其他组织的申请，经依法审查，准予其从事特定活动的行为。如颁发特种行业许可证、爆炸物品购买证、机动车驾驶证等。治安行政许可具有以下特征：

一、治安行政许可主体的专属性

治安行政许可的主体只能是公安机关，其他一切国家机关、企事业单位、社会团体或个人均不能实施治安行政许可。且公安机关的治安行政许可一般由某一级公安机构行使，警察个人无权实施治安行政许可，这也是治安行政许可与治安行政处罚和治安行政强制措施的区别之一。

实施治安行政许可的公安机关包括县级人民政府公安机关、设区的市（地）级人民政府公安机关、省级人民政府公安机关以及国务院公安部门。如《民用爆炸物品管理条例》规定：运输爆破器材，由收货单位凭物资主管部门签证盖章的爆破器材供销合同，写明运输爆破器材的品名、数量和起运及运达地点，向所在地县、市公安局申请领取《爆炸物品运输证》，方准运输。《典当管理办法》规定：设区的市（地）级人民政府公安机关直接受理的典当行设立申请，应当在20日内审核批准完毕，经批准的，颁发《特种行业许可证》。《枪支管理法》规定：经省级人民政府体育行政主管部门批准专门从事射击竞技体育运动的单位、经省级人民政府公安机关批准的营业性射击场，可以配置射击运动枪支。配备公务用枪，由国务院公安部门统一审批。

二、治安行政许可发生的被动性

治安行政许可属于依申请的行政行为，以公民、法人或其他组织的申请为起始。它不同于公安机关依职权主动赋予相对人权利和免除义务的行为，没有相对人的申请，公安机关不能主动予以许可。公安机关针对行政相对人的申请，依法采取相应的行政行为，并不因相对人准备从事某项活动而主动颁发许可证或者执照。行政相对人提出申请，是行政许可的前提条件。无申请即无许可。

治安行政许可是基于行政相对人的申请作出的治安行政行为，但行政相对人的申请只是为治安行政许可行为的作出提供了契机，并不意味着申请使治安行政许可具有双方行为的性质，治安行政许可是公安机关基于治安行政权而为的单方行为，因此申请并一定会得到准予。

三、治安行政许可内容的禁止性

治安行政许可的内容是国家一般禁止的活动，为适应社会生活和生产的需要，对符合一定条件者解除禁止，允许其从事某项特定活动，享有特定权利和资格。许可是对禁止的解除，没有法律的一般禁止，便不存在行政许可。这里所说的一般禁止，是指不经过个别批准、认可或资质确认便不能从事的活动，是和“绝对禁止”相对应的概念。治安行政许可领域的“一般禁止”，大多是基于公共安全以及社会秩序的理由而暂且设定的禁止。如生产、储存、销售、购买、运输、使用，民用爆炸物品是国家一般禁止的行为，但为了生产建设和人民生活的需要，公安机关准许符合特定条件的组织或者个人实施这类行为。

四、治安行政许可后果的授益性

治安行政许可是授益性行政行为，许可的法律后果是公安机关准予行政相对人可以从事某种特定活动。治安行政许可不同于治安行政处罚和治安行政强制措施，它不是对相对人课以义务或者惩罚的行为，而是赋予行政相对人某种权利和资格的行政行为，即免除被许可人某种不作为的义务，使其可以行使某种权利或者获得行使某种权利的资格。

从这种意义上讲，与治安行政处罚和治安行政强制措施等基于法律对行政相对人的权益剥夺和限制不同，治安行政许可是赋予行政相对人某种权利和资格的授益性行政行为。如开业、生产、经营、驾驶机动车许可等，使相对人获得了某种权利或从事相应职业的资格。

五、治安行政许可形式的规范性

治安行政许可是要式行政行为，对于符合法定条件和标准的申请，公安机关应当作出准予行政许可的书面决定；对于经审查认为不符合条件的，公安机关也应当作出不予行政许可的书面决定，并附加说明不予准许的理由。因此治安行政许可应遵循一定的法定程序，并应以正规的文书、格式、日期、印章等形式予以准予，其中准予可能体现为批准、认可和证明等方式，必要时还应附加相应的辅助性文件。许可证是治安行政许可行为的主要表现形式，即由公安机关向申请人发放的一种证明性文书。

第三节　治安行政许可的法定类型

根据不同的标准，可将治安行政许可划分为多种不同的类别。从法理上讲，治安行政许可可以作以下划分：

按照许可的内容，治安行政许可分为行为许可和资格许可。行为许可指允许符合条件的个人或组织从事某种活动。如经营特种行业许可、销售爆炸物品许可等。资格许可是指公安机关应相对人申请，核发一定证明文书并允许持证人享有某种资格，从事某一职业或活动，如驾驶机动车执照许可。

按照许可的范围，治安行政许可分为一般许可和特殊许可。一般许可是指对申请人无特殊限制、特定要求，申请人的申请符合法定条件的，公安机关即应发放许可证或批准其申请。如经营特种行业许可一般来说是一般许可。特殊许可是指除了符合一般的法定条件外，还对申请人有特别限制的许可，因而又称特许。如经营典当业许可。

按照许可的主体及其参与程度，可将治安行政许可划分为单独许可和共同许可。单独许可是指只需要经公安机关一个行政机关作出许可行为即可。共同许可是指包括公安机关在内的两个以上行政机关联合就某一申请发放许可证的行为。如经营印刷业许可，需出版行政部门与公安机关的共同许可。

按照是否附加义务为标准，可将治安行政许可分为权利性许可与附义务许可。权利性许可是指被许可人可以自由放弃行使所许可的权利且并不为此承担责任的许可。如持枪证、护照等。附义务许可是指许可证持有人在获得被许可的权利的同时也承担了在一定期限内必须行使该项权利的义务或责任。在附义务许可中，如果被许可人在规定的期限内没有从事被许可的活动（或行使权利），他便会为此承担一定的不利后果。如经营印铸刻字业者领取许可证后，无正当理由两月以上未开业者，公安机关缴销其特种营业许可证，停止其营业。

按照行政许可是否存在“附加规定”即对行政许可的行为或者事项予以补充或限制为标准，可将治安行政许可划分为附款许可与无附款许可。附款许可是指对相当人的申请在有所保留的限制下予以许可。如出国留学签证往往有时间限制，超过一定时间则许可失效。

为便于理解和运用治安行政许可，这里着重介绍《行政许可法》规定的法定行政许可类别。即按照行政许可的性质、功能和适用条件，将行政许可划分为普通许可、认可、核准、登记。

一、治安行政普通许可

治安行政普通许可是指公安机关准予符合法定条件的公民、法人或者其他组织从事特定活动的行为。《行政许可法》第 12 条第（1）项规定：直接涉及国家安全、公共安全、经济宏观调控、生态环境保护以及直接关系人身健康、生命财产安全等特定活动，需要按照法定条件予以批准的事项，可以设定行政许可。

治安行政普通许可是运用最为广泛的一种行政许可。如特种行业许可、集会游行示威许可、爆炸物品运输、购买、使用、销售许可、危险化学品购买许可、出入境许可等。如《危险化学品安全管理条例》规定：生产、科研、医疗等单位经常使用剧毒化学品的，应当向设区的市级人民政府公安部门申请领取购买凭证，凭购买凭证购买。

普通许可的性质是确认具备行使既有权利的条件，主要功能是防止危险、保障安全。其主要特征是：

1. 它是对相对人行使法定权利或者从事法律没有禁止但附有条件的活动的准许。对申请人的条件没有特殊的严格规定，只要申请人具备了法定的许可条件，公安机关即应对其颁发许可。

2. 一般没有数量控制，任何人只要具备许可申请条件，即可获得许可。

3. 公安机关实施普通许可一般没有自由裁量权，属于一般事物性质的许可。

4. 许可程序一般适用普通程序，即申请与受理、审查与决定、期限、听证、变更与延续等。

二、治安行政认可

治安行政认可是指公安机关对申请人是否具备特定技能的认定。《行政许可法》第 12 条第（3）项规定：提供公众服务并且直接关系公共利益的职业、行业，需要确定具备特殊信誉、特殊条件或者特殊技能等资格、资质的事项，可以设定行政许可。

认可主要适用于提供公众服务并且直接关系公共利益的职业、行业需要确定具备特殊信誉、特殊条件或者特殊技能等资格、资质的事项。如保安员资格许可、爆破员资格许可、机动车驾驶资格许可等。如《民用爆炸物品管理条例》规定：爆破作业，必须由经过考核合格的爆破员担任；厂矿企业的爆破员，由所在单位负责审查和专业训练，所在地县、市公安局进行考核；考核合格的，由县、市公安局发给《爆破员作业证》。认可的主要功能是提高从业水平或者某种技能、信誉。认可的主要特征是：

1. 资格资质证的认可是对人的许可，与身份相联系，不能继承、转让。如机动车驾驶证显然不能继承、转让。

2. 没有数量限制，只要考试合格，即应颁发许可。

3. 公安机关实施认可一般没有自由裁量权。

4. 认可适用特别程序，程序的核心是行政机关依据考试或者考核的结果作出行政许可决定。

三、治安行政核准

治安行政核准是指公安机关对某些事项是否达到特定技术标准、经济技术规范的判断、确定。《行政许可法》第 12 条第（4）项规定：直接关系公共安全、人身健康、生命财产安全的重要设备、设施、产品、物品，需要按照技术标准、技术规范，通过检验、检测、检疫等方式进行审定的事项，可以设定行政许可。

治安行政核准主要有消防验收、爆破器材生产验收、涉及放射性废水、废气、固体废物治理的工程项目验收等。如《消防法》规定：按照国家工程建筑消防技术标准进行消防设计的建筑工程竣工时，必须经公安消防机构进行消防验收；未经验收或者经验收不合格的，不得投入使用。

核准的主要功能也是为了防止危险、保障安全。其主要特征包括：

1. 核准的依据主要是技术性、专业性的标准、规范。

2. 核准没有数量控制。

3. 公安机关实施核准没有自由裁量权。

4. 核准适用特别程序，程序的核心是要根据实地验收、检测作出许可决定。因为核准是对特定物品是否符合客观技术标准或技术规范的确定，是一种对物品客观属性的判断。

四、治安行政登记

治安行政登记是指公安机关确立相对人的特定主体资格的行为。《行政许可法》第 12 条第（5）项规定：企业或者其他组织的设立等，需要确定主体资格的事项，可以设定行政许可。

登记的主要功能是通过使相对人获得某种能力向公众提供证明或者信誉、信息。如《放射性同位素与射线装置放射防护条例》规定：国家对放射工作实行许可登记制度，许可登记证由卫生、公安部门办理。任何单位在从事生产、使用、销售射线装置前，必须向省、自治区、直辖市的卫生行政部门申请许可；在从事生产、使用、销售放射性同位素和含放射源的射线装置前，必须向省、自治区、直辖市的卫生行政部门申请许可，并向同级公安部门登记。

登记主要适用于企业或者其他组织的设立等需要确定主体资格的事项。这里的主体资格主要是指市场组织、事业组织、社团组织等企业或者其他组织设立时所需要的主体资格。因此主体资格的确定实际上只是针对特定主体资格的一种确认，仅限于企业或者其他组织的设立，并不涉及个人主体资格、身份的事项。所以公民身份证、暂住证登记等确定个人主体资格、身份的事项，不是治安行政许可的范畴。

治安行政登记的主要特征包括：

1. 登记是从事某种特定活动合法性的前提。未经合法登记取得特定主体资格或者特定身份而从事涉及公众关系的经济、社会活动的行为是非法行为。

2. 登记没有数量控制。

3. 公安机关实施登记没有自由裁量权。

4. 登记适用特别程序，程序的核心是对申请登记的材料一般只进行形式审查，通常可以当场作出是否准予登记的决定。

至于《行政许可法》规定的特许许可，公安机关则不涉及。《行政许可法》第 12 条第

(2) 项规定：有限自然资源开发利用、公共资源配置以及直接关系公共利益的特定行业的市场准入等，需要赋予特定权利的事项，可以设定行政许可。特许是指行政机关代表国家依法向相对人转让某种特定权利的行为，主要适用于有限自然资源的开发利用、有限公共资源的配置和直接关系公共利益的垄断性企业的市场准入等。如土地、矿产、海域使用许可、无线电许可、出租车经营许可、排污许可等。申请人要获取行政机关的赋权以获得对这些有限资源的开发利用资格，是需要通过竞争取得的，并且一旦被许可就具有了强烈的排他性。因此特许一般有数量控制，行政机关实施特许一般有自由裁量权，相对人取得特许权一般应当支付一定费用，所取得的特许权依法可以转让、继承。公安机关实施治安行政许可一般出于公共安全的原因，而不是资源配置或市场准入，资源配置和市场准入许可应由政府或行业主管部门决定。所以治安行政许可不包括特许。

第四节　治安行政许可的原则

治安行政许可的原则，是指由治安行政法律规范确定的对治安行政许可的设定和适用具有普遍指导意义的基本准则。

一、法定原则

法定原则是指治安行政许可的设定和实施，都应当依照法定的权限、范围、条件和程序的原则。《行政许可法》第 4 条规定：设定和实施行政许可，应当依照法定的权限、范围、条件和程序。

1. 治安行政许可设定和实施的权限法定

首先，应当严格按照《行政许可法》规定的权限范围设定治安行政许可。根据《行政许可法》第 14 条、第 15 条、第 17 条的规定，治安行政许可设定的法定权限是：法律可以设定行政许可；尚未制定法律的，行政法规可以设定行政许可，必要时，国务院的决定也可以设定行政许可；尚未制定法律、行政法规的，地方性法规可以设定行政许可；尚未制定法律、行政法规和地方性法规的，因行政管理需要，确需立即实施行政许可的，省级人民政府的规章可以设定临时性的行政许可；除此之外的其他规范性文件一律不得设定行政许可。违反这些规定，超越权限设定的治安行政许可一律无效。

其次，实施治安行政许可的主体及权限应当合法。《行政许可法》第 22 条、第 23 条规定：行政许可由具有行政许可权的行政机关在其法定职权范围内实施；法律、法规授权的具有管理公共事务职能的组织，在其法定授权范围内，以自己的名义实施行政许可。治安行政许可的实施主体及主体的权限范围，一般都由单行治安行政法律、法规规定。实施治安行政许可应当严格依照这些法律、法规规定的权限范围，不得越权、不得滥用权力。

2. 治安行政许可设定和实施的范围法定

根据《行政许可法》第 12 条、第 13 条的规定，治安行政许可设定和实施的法定范围是：直接涉及国家安全、公共安全、经济宏观调控、生态环境保护以及直接关系人身健康、生命财产安全等特定活动，需要按照法定条件予以批准的事项；有限自然资源开发利用、公共资源配置以及直接关系公共利益的特定行业的市场准入等，需要赋予特定权利的事项；提供公众服务并且直接关系公共利益的职业、行业，需要确定具备特殊信誉、特殊条件或者特殊技能等资格、资质的事项；直接关系公共安全、人身健康、生命财产安全的重要设备、设施、产品、物品，需要按照技术标准、技术规范，通过检验、检测、检疫等方式进行审定的事项；企业或者其他组织的设立等，需要确定主体资格的事项；法律、行政法规规定可以设定行政许可的其他事项。

上述六个方面的所列事项，如果通过公民、法人或者其他组织能够自主决定的；通过市场竞争机制能够有效调节的；通过行业组织或者中介机构能够自律管理的；通过行政机关采用事后监督等其他行政管理方式能够解决的，也可以不设定和实施治安行政许可。公安机关应当严格按照《行政许可法》规定的这些事项设定和实施行政许可，不得超出范围任意设定和实施。

3. 治安行政许可设定和实施的条件法定

首先应当按照《行政许可法》确定的条件设定治安行政许可。如《行政许可法》第 15 条、第 16 条规定：地方性法规和省、自治区、直辖市人民政府规章，不得设定应当由国家统一确定的公民、法人或者其他组织的资格、资质的行政许可；不得设定企业或者其他组织的设立登记及其前置性行政许可。其设定的行政许可，不得限制其他地区的个人或者企业到本地区从事生产经营和提供服务，不得限制其他地区的商品进入本地区市场。法规、规章对实施上位法设定的行政许可作出的具体规定，不得增设行政许可；对行政许可条件作出的具体规定，不得增设违反上位法的其他条件。因此，涉及治安行政许可的地方性法规、规章设定的许可条件必须符合上述规定精神。

其次应当按照《行政许可法》确定的条件实施治安行政许可。《行政许可法》第 18 条规定，设定行政许可，应当明确规定行政许可的实施条件。行政许可的本质主要表现为对公民、法人和其他组织是否符合法定权利资格和具备取得权利的条件进行审查核实后的一种结论。因此，治安行政许可都是对符合法定条件的活动所给予的一种准许。我国单行治安行政法律、法规和规章对实施治安行政许可的条件都作了具体规定，《行政许可法》对一般行政许可实施的条件也作了原则性规定。严格按照这些条件实施治安行政许可，是确保治安行政许可合法、高效的关键。违反法定条件实施的治安行政许可，构成实体上的违法，该许可决定无效。

4. 治安行政许可设定和实施的程序法定

首先应当按照《行政许可法》和其他有关法律、行政法规的程序设定治安行政许可。《行政许可法》规定的设定行政许可的程序主要有：起草法律草案、法规草案和规章草案，拟设定行政许可的，起草单位应当通过听证会、论证会等形式广泛听取意见，并向制定机关说明设定该行政许可的必要性、对经济和社会可能产生的影响以及听取和采纳意见的情况；行政许可的设定机关应当定期对其设定的行政许可进行评价。

其他有关法律、行政法规的程序设定主要是指立法法、行政法规制定程序条例、规章制定程序条例。这些法律、行政法规规定的立法程序，在设定治安行政许可时，也应当遵循。

其次应当严格依照行政许可法和其他法律、法规、规章规定的程序实施治安行政许可。《行政许可法》主要内容是行政许可程序，从行政许可的申请、受理、审查、决定，到行政许可的期限、变更、延续，都作了较详细的规定。治安行政单行法律、法规、规章也针对治安行政许可的特点规定了具体程序。所有这些程序性规定，都是实施治安行政许可必须遵循的法律规范。违反这些法律规范，就构成程序违法。治安行政许可同其他具体治安行政行为一样，就对行政许可的规范的重要性而言，程序比实体显得更为重要。在实施治安行政许可中，需要格外尊重程序、恪守程序，严格按程序办事。

二、公开、公平、公正原则

《行政许可法》第 5 条规定：设定和实施行政许可，应当遵循公开、公平、公正的原则。

1. 公开原则

行政公开通常是指行政主体向社会公开其行政权力行使的法律依据、程序和结果，使全社会成员了解其权力来源，熟悉其权力行使的程序，知晓其作出行政决定的结果和理由。《行政许可法》第 5 条第 2 款规定：有关行政许可的规定应当公布；未经公布的，不得作为实施行政许可的依据。行政许可的实施和结果，除涉及国家秘密、商业秘密或者个人隐私的外，应当公开。治安行政许可遵循公开原则的基本要求是：

（1）设定治安行政许可应当公开。设定治安行政许可的过程应当开放，从设定治安行政许可的必要性、可行性，到治安行政许可可能产生效果的评估，都要广泛听取意见，允许并鼓励公众评论，真正做到广集民意；凡是治安行政许可的规定都必须公布，未经公布的，不得作为实施治安行政许可的依据。

（2）实施治安行政许可应当公开。治安行政许可实施的主体要公开，哪一级公安机关、公安机关的哪些部门实施哪些行政许可，应当让公众周知；治安行政许可实施的条件应该规范、明确、公开，不能在许可的实施条件上搞“模糊战术”；治安行政许可实施的程序，包括申请、受理、审查、听证、决定、检查等程序应当具体、明确和公开；治安行政许可的实施期限公开；公安机关机关作出的准予行政许可的决定，应当予以公开，公众有权查阅（涉及国家秘密、商业秘密和个人隐私的情况除外）。

2. 公平原则

行政公平主要解决的是行政相对人之间的平等问题。一方面要求行政相对人权利义务平等；另一方面行政机关有义务保证行政相对人之间平等权利的实现。《行政许可法》第 5 条第 3 款规定：符合法定条件、标准的，申请人有依法取得行政许可的平等权利，行政机关不得歧视。治安行政许可遵循公平原则的基本要求是：

（1）设定治安行政许可应当公平。首先，法律应当设定行政相对人在申请和获得治安行政许可上具有同等的权利和义务。任何申请人符合法定条件和标准的，都有取得治安行政许可的平等权。在设定治安行政许可时，对个人和组织不能因为地位、规模大小、地域不同等而规定不同的条件。如《行政许可法》第 15 条规定：地方性法规和省级政府规章不得限制其他地区的个人或者企业到本地区从事生产经营和提供服务、不得限制其他地区的商品进入本地区市场。

其次，法律应当设定公安机关履行保证行政相对人平等获得许可的义务，要求公安机关在实施许可中不得歧视，否则即应承担相应的法律责任。如《行政许可法》第 74 条规定：对不符合法定条件的申请人准予行政许可的；对符合法定条件的申请人不予行政许可的；对依法应当根据招标、拍卖结果或者考试成绩择优作出准予行政许可决定，未经招标、拍卖或者考试，或者不根据招标、拍卖结果或者考试成绩择优作出准予行政许可决定的，由其上级行政机关或者监察机关责令改正，对直接负责的主管人员和其他直接责任人员依法给予行政处分，构成犯罪的，依法追究刑事责任。

（2）实施治安行政许可应当公平。首先，实施治安行政许可的法定依据具有同等性，对同一对象，法律、法规和规章依据以及法定条件和标准应当相同；如果针对不同的对象，法律规定了不同的条件与标准，则应依据不同的规定。在治安行政许可活动中，除了法定条件之外，任何人、任何事项均不应再被附加额外的条件，也不应被降低要求或者豁免。

其次，对事件的处理具有同等性，对同样的事件应作出相同的处理，而不得作出不同的处理；对不同的事件应作出不同的处理，而不得作出相同的处理。以保持同类事件处理的前后一致性、连续性和统一。

再次，对同样情况的人予以同样的法律适用，即对相同条件的人应予以相同的对待，对不同条件的人则适用不同的法律依据区别对待。

最后，不得歧视。公安机关应当保护申请人依法取得治安行政许可的平等权利，对申请人一视同仁。对于不符合法定条件的申请，不得放宽条件而准予许可；对于符合法定条件和标准的申请，不得歧视而不予许可。不能对具有同等情况人实行不同的对待，对具有不同情况的人却实行同样的对待。不能有性别歧视、教育经历歧视、工作经验歧视、户籍歧视、地域歧视、国人或外国人歧视等。

3. 公正原则

行政公正原则旨在行政主体与行政相对人之间实现一种实质上的平等。治安行政许可遵循公正原则的基本要求包括：

（1）设定治安行政许可应当公正。治安行政许可法律规范应公正地分配公安机关与行政相对人的权利义务。由于行政相对人在行政许可关系中处于弱者的地位，行政机关处于强者的地位，因而从总体上说，法律应赋予弱者更多的权利而对强者应施以更多的义务。根据《行政许可法》的规定，首先将治安行政许可权力与责任相对应。如《行政许可法》第 10 条规定：县级以上人民政府应当建立健全对行政机关实施行政许可的监督制度，加强对行政机关实施行政许可的监督检查。

其次，公安机关实施治安行政许可应履行相应义务，如《行政许可法》第 30 条规定：行政机关应当将法律、法规、规章规定的有关行政许可的事项、依据、条件、数量、程序、期限以及需要提交的全部材料的目录和申请书示范文本等在办公场所公示。申请人要求行政机关对公示内容予以说明、解释的，行政机关应当说明、解释，提供准确、可靠的信息。再次，保障行政相对人的合法权益不受公安机关的非法侵犯。如《行政许可法》第 27 条规定：行政机关实施行政许可，不得向申请人提出购买指定商品、接受有偿服务等不正当要求；行政机关工作人员办理行政许可，不得索取或者收受申请人的财物，不得谋取其他利益。第 47 条规定：申请人、利害关系人在被告知听证权利之日起五日内提出听证申请的，行政机关应当在 20 天内组织听证。

（2）实施治安行政许可应当公正。第一，与治安行政许可许可事项有利害关系的，应当回避。如《行政许可法》第 48 条第（3）项规定：行政机关应当指定审查该行政许可申请的工作人员以外的人员为听证主持人，申请人、利害关系人认为主持人与该行政许可事项有直接利害关系的，有权申请回避。

第二，应当听取辩解并说明理由，特别是可能作出不利于行政相对人的治安行政许可决定时更应如此。如《行政许可法》第 36 条规定：行政机关对行政许可申请进行审查时，发现行政许可事项直接关系他人重大利益的，应当告知该利害关系人。申请人、利害关系人有权进行陈述和申辩。行政机关应当听取申请人、利害关系人的意见。行政相对人的陈述和申辩有利于公安机关全面、准确地把握情况并及时地作出正确决定，同时也便于保护行政相对人的合法权益。

第三，公安机关应当严格按照《行政许可法》及相关单行法律、法规和规章的程序要求，以合法的方式、采取法定步骤、在法定期限内实施许可活动，给行政相对人以公正的信赖。

第四，保证治安行政许可行为的内容和结果公正。只要申请人符合法定条件的就应准予其申请。在作出许可决定时，应符合法律的目的和要求，应基于正当的动机考虑相关的因素而不应当考虑不相关的因素。

三、便民原则

便民原则是指公民、法人和其他组织在治安行政许可过程中能够廉价、便捷、迅速地申请并获得行政许可的原则。《行政许可法》第 6 条规定：实施行政许可，应当遵循便民的原则，提高办事效率，提供优质服务。便民原则是我国法律制度的重要价值取向，也是公安机关履行治安行政职责、行使治安行政权力应当恪守的基本准则。治安行政许可遵循便民原则的基本要求是：

1. 统一受理和办理

根据《行政许可法》第 25 条、第 26 条的规定，治安行政许可依法需要公安机关内设的多个机构办理的，公安机关应当确立一个机构统一受理治安行政许可申请，统一送达治安行政许可决定；治安行政许可依法由地方人民政府两个以上部门分别实施的，本级人民政府可以确定一个部门受理行政许可申请并转告有关部门分别提出意见后统一办理，或者组织有关部门联合办理、集中办理；省级人民政府依法应积极决定一个行政机关行使有关行政机关包括公安机关的行政许可权。

2. 方便申请

根据《行政许可法》的相关规定，治安行政许可申请可以通过信函、电报、电传、传真、电子数据交换和电子邮件等方式提出，公安机关应当将法律、法规、规章规定的有关行政许可的事项、依据、条件、数量、程序、期限以及需要提交的全部材料的目录和申请书示范文本等在办公场所公示。申请人要求公安机关对公示内容予以说明、解释的，公安机关应当说明、解释，提供准确、可靠的信息。申请材料存在可以当场更正的错误的，公安机关应当允许申请人当场更正。公安机关应当推行电子政务，在公安机关的网站上公布行政许可事项，方便申请人采取数据电文等方式提出行政许可申请。

3. 当场受理当场决定

根据《行政许可法》的相关规定，对符合法定形式、材料齐全的申请，公安机关应当尽量当场受理，不得拖延。如果申请人提交的申请材料齐全、符合法定形式，公安机关能够当场作出决定的，应当当场作出书面的治安行政许可决定。实施企业或者其他组织的设立等需要确定主体资格的事项的行政许可，申请人提交的申请材料齐全、符合法定形式的，公安机关应当当场予以登记。

4. 提高办事效率

根据《行政许可法》第 6 条便民原则规定中关于实施行政许可应当“提高办事效率”的要求，公安机关实施治安行政许可应当在法定的办理期限内尽量提前。无论是受理、审查行政许可申请，还是作出行政许可决定；无论是告知申请人相关权利、举行听证会，还是到现场去检验、检测；无论是发现问题，还是处理问题，都应及时，都必须讲究效率。

5. 提供优质服务

根据《行政许可法》第 6 条便民原则规定中关于实施行政许可应当“提供优质服务”的要求，公安机关凡事都应从方便公民、法人和其他组织的角度考虑，立警为公，执法为民，对自己能办到的事，如能帮助申请人改正的一些文字错误，就不应自己嫌麻烦，更不应刁难申请人。总之，要处处、事事、时时为申请人着想，这样才符合便民原则，合乎公安机关及其工作人员的本分。

四、信赖保护原则

信赖保护原则是指行政管理相对人对行政权力的正当合理信赖应当予以保护，行政机关不得擅自改变已生效的行政行为，确需改变行政行为的，对于由此给相对人造成的损失应当给予补偿的原则①。《行政许可法》第 8 条规定：公民、法人或者其他组织依法取得的行政许可受法律保护，行政机关不得擅自改变已经生效的行政许可；行政许可所依据的法律、法规、规章修改或者废止，或者准予行政许可所依据的客观情况发生重大变化的，为了公共利益的需要，行政机关可以依法变更或者撤回已经生效的行政许可；由此给公民、法人或者其他组织造成财产损失的，行政机关应当依法给予补偿。治安行政许可遵循信赖保护原则的基本要求是：

1. 公民、法人或者其他组织依法取得的治安行政许可，是正当的合理信赖，应当受到法律保护，除非法律、法规有明确规定的外，公安机关不得撤销或者变更已生效的行政许可。否则，公安机关撤销、变更已生效的行政许可行为就是违法。

根据《行政许可法》第 69 条的规定，法律、法规规定可以撤销、变更已生效行政许可的情形，主要是指行政机关工作人员滥用职权、玩忽职守作出准予行政许可决定的；超越法定职权作出准予行政许可决定的；违反法定程序作出准予行政许可决定的；对不具备申请资格或者不符合法定条件的申请人准予行政许可的。对上述行政许可，作出决定的公安机关或者其上级公安机关，根据利害关系人的请求或者依据职权，可以撤销。对被许可人以欺骗、贿赂等不正当手段取得治安行政许可的，也应当予以撤销。但撤销治安行政许可可能对公共利益有重大损害的，不得撤销；确需撤销的，被许可人由此造成的合法权益的损害，公安机关应当依法给予赔偿。被许可人以欺骗、贿赂等不正当手段取得行政许可的除外。

2. 公安机关和申请人、被许可人都没有过错，而是因客观原因，公安机关为了公共利益的需要，可以依法变更或者撤回已经生效的治安行政许可。这种客观原因主要有两种情形：一是治安行政许可所依据的法律、法规、规章修改或者废止，使行政许可事项不再被允许；二是治安行政许可所依据的客观情况发生重大变化。

公安机关据此依法变更或者撤回已经生效的治安行政许可造成公民、法人或者其他组织财产损失的，应当依法给予补偿。这种补偿是对损益的弥补，不是前面所说的赔偿，也不是惩罚。

五、救济原则

救原则是指公民、法人或者其他组织认为公安机关实施治安行政许可致使其合法权益受到损害时，有权请求国家予以补救的原则。《行政许可法》第 7 条规定：公民、法人或者其

① 参见汪永清主编：《中华人民共和国行政许可法教程》，中国法制出版社 2003 年版。

他组织对行政机关实施行政许可，享有陈述权、申辩权；有权依法申请行政复议或者提起行政诉讼；其合法权益因行政机关违法实施行政许可受到损害的，有权依法要求赔偿。治安行政许可遵循救济原则的基本要求是：

1. 在实施治安行政许可的各个环节，都应当保护公民、法人和其他组织的陈述权、申辩权。也就是说，无论是在申请与受理、听证、变更与延续环节，还是在决定的作出或者在监督检查过程中，只要是公民、法人和其他组织以口头或者书面等方式发表意见或者看法，公安机关行都应允许，并认真听取。

2. 对依法需要听证的事项，公安机关必须依法告知申请人、利害关系人享有听证的权利并依法举行听证。听证必须允许申请人、利害关系人申辩和质证。《行政许可法》第 47 条、第 48 条规定：行政许可直接涉及申请人与他人之间重大利益关系的，行政机关在作出行政许可决定前，应当告知申请人、利害关系人享有要求听证的权利。举行听证时，审查该行政许可申请的工作人员应当提供审查意见的证据、理由，申请人、利害关系人可以提出证据，并进行申辩和质证。

3. 公民、法人和其他组织对治安行政许可不服申请行政复议或者提起行政诉讼，公安机关应当积极主持、参加行政复议或者行政诉讼；因违法实施行政许可造成公民、法人和其他组织损害的，应当依法承担赔偿责任。《行政许可法》第 76 条规定：行政机关违法实施行政许可，给当事人的合法权益造成损害的，应当依照国家赔偿法的规定给予赔偿。

第五节　治安行政许可的实施程序

一、申请与受理程序

1. 申请程序

治安行政许可申请程序是指公民、法人或者其他组织向公安机关提出拟从事依法需要取得治安行政许可的活动的意思表示的程序。申请行政许可的公民、法人或者其他组织为治安行政许可申请人。

治安行政许可是依申请的行政行为，其启动权在公民、法人或者其他组织。提出治安行政许可申请，就公民、法人或者其他组织而言，表明了其拟从事某项活动的意向；就公安机关而言，引发了其依法审查申请材料并作出相应决定的义务。根据《行政许可法》的相关规定，治安行政许可的具体申请程序是：

（1）公民、法人或者其他组织从事特定活动，依法需要取得治安行政许可的，应当向公安机关提出申请。申请书需要采用格式文本的，公安机关应当向申请人提供行政许可申请书格式文本。申请书格式文本中不得包含与申请行政许可事项没有直接关系的内容。

（2）申请人可以委托代理人提出治安行政许可申请。但是，依法应当由申请人到公安机关办公场所提出行政许可申请的除外。

（3）治安行政许可申请可以通过信函、电报、电传、传真、电子数据交换和电子邮件等方式提出。

（4）申请人要求公安机关对公示内容予以说明、解释的，公安机关应当说明、解释，提供准确、可靠的信息。

（5）申请人申请治安行政许可，应当如实向公安机关提交有关材料和反映真实情况，并对其申请材料实质内容的真实性负责。公安机关不得要求申请人提交与其申请的行政许可事项无关的技术资料和其他材料。

2. 受理程序

受理程序是指公安机关经对公民、法人或者其他组织提出的申请进行形式审查后，认为行政许可申请事项依法属于公安机关职责范围，申请材料齐全、符合法定形式的，因而对其申请予以接受的程序。自受理之日起，公安机关即负有在法定期限内作出是否准予治安行政许可决定的义务。根据《行政许可法》的相关规定，治安行政许可的具体受理程序是：

（1）申请事项依法不需要取得治安行政许可的，应当即时告知申请人不受理。

（2）申请事项依法不属于公安机关职权范围的，应当即时作出不予受理的决定，并告知申请人向有关行政机关申请。

（3）申请材料存在可以当场更正的错误的，应当允许申请人当场更正。

（4）申请材料不齐全或者不符合法定形式的，应当当场或者在 5 日内一次告知申请人需要补正的全部内容，逾期不告知的，自收到申请材料之日起即为受理。

（5）申请事项属于公安机关职权范围，申请材料齐全、符合法定形式，或者申请人按照公安机关的要求提交全部补正申请材料的，应当受理治安行政许可申请。

（6）公安机关受理或者不予受理治安行政许可申请，应当出具加盖公安机关专用印章和注明日期的书面凭证。

二、审查与决定程序

1. 审查程序

审查程序是指公安机关对已经受理的治安行政许可申请材料的实质内容进行核查的程序。行政许可的审查程序是公安机关作出行政许可决定的必经环节，审查的质量直接影响治安行政许可决定的质量。根据《行政许可法》的相关规定，治安行政许可的具体审查程序是：

（1）公安机关应当对申请人提交的申请材料进行审查。

（2）根据法定条件和程序，需要对申请材料的实质内容进行核实的，公安机关应当指派两名以上工作人员进行核查。

（3）依法应当先经下级公安机关审查后报上级公安机关决定的行政许可，下级公安机关应当在法定期限内将初步审查意见和全部申请材料直接报送上级公安机关。上级公安机关不得要求申请人重复提供申请材料。

（4）公安机关对治安行政许可申请进行审查时，发现行政许可事项直接关系他人重大利益的，应当告知该利害关系人。申请人、利害关系人有权进行陈述和申辩。公安机关应当听取申请人、利害关系人的意见。

2. 决定程序

决定程序是指公安机关根据审查行政许可申请材料的结果，作出是否准予治安行政许可的决定的程序。治安行政许可的决定程序是治安行政许可审查程序发展的必然结果。根据《行政许可法》的相关规定，治安行政许可的具体决定程序是：

（1）申请人提交的申请材料齐全、符合法定形式，公安机关能够当场作出决定的，应当当场作出书面的行政许可决定。

（2）公安机关对行政许可申请进行审查后，除当场作出行政许可决定的外，应当在法定期限内按照规定程序作出行政许可决定。

（3）申请人的申请符合法定条件、标准的，公安机关应当依法作出准予行政许可的书面决定。

（4）公安机关依法作出不予行政许可的书面决定的，应当说明理由，并告知申请人享有依法申请行政复议或者提起行政诉讼的权利。

（5）公安机关作出准予行政许可的决定，需要颁发行政许可证件的，应当向申请人颁发加盖公安机关印章的下列行政许可证件：

①许可证、执照或者其他许可证书；

②资格证、资质证或者其他合格证书；

③公安机关的批准文件或者证明文件；

④法律、法规规定的其他治安行政许可证件。

（6）公安机关实施检验、检测的，可以在检验、检测合格的设备、设施、产品、物品上加贴标签或者加盖检验、检测印章。

（7）公安机关作出的准予行政许可决定，应当予以公开，公众有权查阅。

（8）法律、行政法规设定的治安行政许可，其适用范围没有地域限制的，申请人取得的治安行政许可在全国范围内有效。

三、听证程序

听证程序是指公安机关在作出影响公民、法人或者其他组织合法权益的治安行政许可决定前，向其告知决定理由和听证权利，公民、法人或者其他组织随之向公安机关表达意见、提供证据、申辩、质证以及公安机关听取意见、接纳其证据的程序。听证程序是审查与决定程序中的例外、特殊程序，有利于提高治安行政许可决定的公正性、公开性和可接受性。对于应当履行听证程序的治安行政许可，公安机关应当根据听证笔录，作出行政许可决定。申请人、利害关系人不承担公安机关组织听证的费用。根据《行政许可法》的相关规定，治安行政许可听证程序的内容包括：

1. 听证事项范围

法律、法规、规章规定实施治安行政许可应当听证的事项，或者公安机关认为需要听证的其他涉及公共利益的重大治安行政许可事项，公安机关应当向社会公告，并举行听证。

2. 告知听证权

治安行政许可直接涉及申请人与他人之间重大利益关系的，公安机关在作出行政许可决定前，应当告知申请人、利害关系人享有要求听证的权利；申请人、利害关系人在被告知听证权利之日起5日内提出听证申请的，公安机关应当在20天内组织听证。

3. 举行听证

（1）公安机关应当于举行听证的7日前将举行听证的时间、地点通知申请人、利害关系人，必要时予以公告；

（2）听证应当公开举行；

（3）公安机关应当指定审查该行政许可申请的工作人员以外的人员为听证主持人，申请人、利害关系人认为主持人与该行政许可事项有直接利害关系的，有权申请回避；

（4）举行听证时，审查该行政许可申请的工作人员应当提供审查意见的证据、理由，申请人、利害关系人可以提出证据，并进行申辩和质证；

（5）听证应当制作笔录，听证笔录应当交听证参加人确认无误后签字或者盖章。

四、期限

期限是指为了保证行政机关实施行政许可活动的高效，而对行政许可的实施程序整体及各个环节提出的时间上的限制规定。期限规定可以促进行公安机关提高办事效率，防止公安机关以拖延时间的方式损害公民、法人或者其他组织的合法权益。根据《行政许可法》的相关规定，治安行政许可的具体期限规定是：

1. 一般治安行政许可期限

除可以当场作出治安行政许可决定的外，公安机关应当自受理行政许可申请之日起20日内作出行政许可决定。20日内不能作出决定的，经该公安机关负责人批准，可以延长10日，并应当将延长期限的理由告知申请人。法律、法规另有规定的，依照其规定。

2. 统一、联合、集中办理的治安行政许可期限

治安行政许可采取统一办理或者联合办理、集中办理的，办理的时间不得超过45日；45日内不能办结的，经本级人民政府负责人批准，可以延长15日，并将延长期限的理由告知申请人。

3. 报上级机关决定的治安行政许可期限

依法应当先经下级公安机关审查后报上级公安机关决定的行政许可，下级公安机关自其受理行政许可申请之日起20日内审查完毕。法律、法规另有规定的，依照其规定。

4. 颁发、送达许可证件期限

公安机关作出准予行政许可的决定，应当自作出决定之日起10日内向申请人颁发、送达行政许可证件，或者加贴标签、加盖检验、检测印章。

5. 不予计算的期限

公安机关作出行政许可决定，依法需要听证、检验、检测、鉴定和专家评审的，所需时间不计算在关于期限规定的期限内。但应当将所需时间书面告知申请人。

五、变更程序

治安行政许可的变更程序是指被许可人在取得治安行政许可后，因其拟从事的活动的部分内容超出了原准予行政许可决定或者行政许可证件规定的活动范围，而申请公安机关对原行政许可予以改变的程序。如申请增加准驾车型、申请护照、出境入境证件变更或者加注等。

如果申请人拟从事的活动，依法属于取得另一行政许可的，公民、法人或者其他组织应当重新申请行政许可，而不能变更行政许可。如取得《爆炸物品安全生产许可证》的企业还想从事销售爆炸物品的，就不能提出变更行政许可的申请，应当另外申请《爆炸物品销售许可证》。

根据《行政许可法》的规定，被许可人要求变更行政许可事项的，应当向作出行政许可决定的行政机关提出申请；符合法定条件、标准的，行政机关应当依法办理变更手续。如《公民出境入境管理法实施细则》规定：中华人民共和国护照和其他出境入境证件的持有人，如因情况变化，护照、证件上的记载事项需要变更或者加注时，应当分别向市、县公安局出入境管理部门或者中国驻外国的外交代表机关、领事机关或者外交部授权的其他驻外机关提出申请，提交变更、加注事项的证明或者说明材料。

六、延续程序

治安行政许可的延续程序是指在许可的有效期届满后，延长许可的有效期间的程序。只有对有有效期限制的治安行政许可的事项，被许可人才有必要提出延续许可的申请，如护照延期。对于一次性有效的治安行政许可，如特区通行证、爆破作业许可等，不能申请延续；对于没有有效期限制的治安行政许可如《特种行业许可证》等，不需要申请延续。

根据《行政许可法》的规定，被许可人需要延续依法取得的行政许可的有效期的，应当在该行政许可有效期届满30日前向作出行政许可决定的行政机关提出申请，法律、法规、规章另有规定的，依照其规定；行政机关应当根据被许可人的申请，在该行政许可有效期届满前作出是否准予延续的决定，逾期未作决定的，视为准予延续。如《公民出境入境管理法实施细则》规定：中华人民共和国护照有效期满后，可以延期两次，每次不超过5年。申请延期应在护照有效期满前提出。《外国人入境出境管理法实施细则》规定：外国人领取旅行证后，如要求延长旅行证有效期、增加不对外国人开放的旅行地点、增加偕行人数，必须向公安局申请延期或者变更；外国人申请各项签证、证件的延期或者变更，须履行交验护照和签证、证件、填写延期申请表或者变更申请表、提供与延期或者变更事由有关的证明的手续。

七、特别程序

治安行政许可的特别程序是指某些治安行政许可事项的许可除遵循上述普遍适用的一般程序外还应遵循的特别规定的程序。《行政许可法》第51条规定："实施行政许可的程序，本节有规定的，适用本节规定；本节没有规定的，适用本章其他有关规定。""其他有关规定"即是指的特别程序。涉及治安行政许可的特别程序有：

1. 治安行政认可的特别程序

（1）赋予公民特定资格的治安行政认可的特别程序。赋予公民特定资格如机动车驾驶资格许可、保安员资格许可等，依法应当举行国家考试的，公安机关根据考试成绩和其他法定条件作出行政许可决定。公民特定资格的考试依法由公安机关或者行业组织实施，公开举行。公安机关或者行业组织应当事先公布资格考试的报名条件、报考办法、考试科目以及考试大纲。但是不得组织强制性的资格考试的考前培训，不得指定教材或者其他助考材料。

（2）赋予法人或者其他组织特定的资格、资质的治安行政认可的特别程序。赋予法人或者其他组织特定的资格、资质的，公安机关根据申请人的专业人员构成、技术条件、经营业绩和管理水平等的考核结果作出行政许可决定。法律、行政法规另有规定的，依照其规定。

2. 治安行政核准的特别程序

直接关系公共安全、人身健康、生命财产安全的重要设备、设施、产品、物品，需要按照技术标准、技术规范，通过检验、检测等方式进行审定的事项如消防验收、爆破器材生产验收等，应当按照技术标准、技术规范依法进行检验、检测，公安机关根据检验、检测的结果作出行政许可决定。

公安机关实施检验、检测，应当自受理申请之日起5日内指派两名以上工作人员按照技术标准、技术规范进行检验、检测。不需要对检验、检测结果作进一步技术分析即可认定设备、设施、产品、物品是否符合技术标准、技术规范的，公安机关应当当场作出行政许可决定。公安机关根据检验、检测结果，作出不予行政许可决定的，应当书面说明不予行政许可所依据的技术标准、技术规范。

3. 治安行政登记的特别程序

企业或者其他组织的设立等，需要确定主体资格的事项，申请人提交的申请材料齐全、符合法定形式的，公安机关应当当场予以登记。需要对申请材料的实质内容进行核实的，公安机关应当指派两名以上工作人员进行核查。

第六章　特种行业从业许可

第一节　印刷业特种行业从业许可

一、印刷业特种行业从业许可的范围

根据《印刷业管理条例》的规定，国家实行印刷经营许可制度。未依照本条例规定取得印刷经营许可证的，任何单位和个人不得从事印刷经营活动。从事出版物、包装装潢印刷品和其他印刷品的印刷经营活动，须申请特种行业治安许可。

出版物，包括报纸、期刊、书籍、地图、年画、图片、挂历、画册及音像制品、电子出版物的装帧封面等。包装装潢印刷品，包括商标标识、广告宣传品及作为产品包装装潢的纸、金属、塑料等的印刷品。其他印刷品，包括文件、资料、图表、票证、证件、名片等。印刷经营活动，包括经营性的排版、制版、印刷、装订、复印、影印、打印等活动。

二、印刷业特种行业从业许可的条件和程序

设立从事出版物、包装装潢印刷品和其他印刷品印刷经营活动的企业，应当向所在地省、自治区、直辖市人民政府出版行政部门提出申请；其中，设立专门从事名片印刷的企业，应当向所在地县级人民政府出版行政部门提出申请。申请人经审核批准的，取得印刷经营许可证；并按照国家有关规定持印刷经营许可证向公安部门提出申请，经核准，取得特种行业许可证后，持印刷经营许可证、特种行业许可证向工商行政管理部门申请登记注册，取得营业执照。

单位内部设立印刷厂（所），必须向所在地县级以上地方人民政府出版行政部门办理登记手续，并按照国家有关规定向公安部门备案。单位内部设立的印刷厂（所）不得从事印刷经营活动；从事印刷经营活动的，必须依照规定办理印刷业特种行业开业许可手续。

三、印刷业特种行业变更、终止许可的条件和程序

印刷业经营者变更名称、法定代表人或者负责人、住所或者经营场所等主要登记事项，或者终止印刷经营活动，应当向原办理登记的公安部门、工商行政管理部门办理变更登记、注销登记，并报原批准设立的出版行政部门备案。

第二节　公章刻字业特种行业从业许可

一、公章刻字业特种行业从业许可的范围

根据《印铸刻字业暂行管理规则》《公安部关于加强刻字业治安管理打击伪造印章犯罪

活动的通告》和《国务院对确需保留的行政审批项目设定行政许可的决定》的规定，经营公章刻字业务的单位和个人，需申请特种行业许可证。

二、公章刻字业特种行业从业许可的条件和程序

凡经营公章刻字业务的单位和个人，须经所在地县、市（区）以上公安机关审查同意，申请经营原子印章的，还须经所在地省、自治区、直辖市公安厅、局审查批准，向工商行政管理部门申请登记、领取营业执照后，方准开业。对无本地常住户口和曾受过刑事处分以及无固定经营场所的，不予批准。未经审查、核准登记的单位和个人一律不准从事刻制公章业务。

第三节　旅馆业特种行业从业许可

一、旅馆业特种行业从业许可的范围

根据《旅馆业治安管理办法》和《国务院对确需保留的行政审批项目设定行政许可的决定》的规定，凡经营接待旅客住宿的旅馆、饭店、宾馆、招待所、客货栈、车马店、浴池等（以下统称旅馆），不论是国营、集体经营，还是合伙经营、个体经营、中外合资、中外合作经营，不论是专营还是兼营，不论是常年经营，还是季节性经营，都必须申请特种行业治安许可。

二、旅馆业特种行业从业许可的条件和程序

申请开办旅馆，应经主管部门审查批准，经当地公安机关签署意见，向工商行政管理部门申请登记，领取营业执照后，方准开业。经批准开业的旅馆，如有歇业、转业、合并、迁移、改变名称等情况，应当在工商行政管理部门办理变更登记后3日内，向当地的县、市公安局、公安分局备案。

第四节　废旧金属收购业特种行业从业许可

一、废旧金属收购业特种行业从业许可的范围

根据《废旧金属收购业治安管理办法》的规定，对废旧金属收购业实施特种行业治安许可。废旧金属，是指生产性废旧金属和非生产性废旧金属。

二、废旧金属收购业特种行业从业许可的条件和程序

收购生产性废旧金属的企业，应当经其业务主管部门审查同意，向所在地县级人民政府公安机关申请核发特种行业许可证，并向同级工商行政管理部门申请登记，领取特种行业许可证和营业执照后，方准开业。收购非生产性废旧金属的企业和个体工商户，应当向所在地县级人民政府工商行政管理部门申请登记，领取营业执照，并向同级公安机关备案后，方准开业。

收购废旧金属的企业应当有固定的经营场所。收购废旧金属的个体工商户应当有所在地常住户口或者暂住户口。

三、废旧金属收购业特种行业变更、终止许可的条件和程序

收购废旧金属的企业和个体工商户有关闭、歇业、合并、迁移、改变名称、变更法定代表人等情形之一时，应当在15日前向原发证的公安机关申请办理注销、变更手续或者向原备案的公安机关办理注销、变更的备案手续，并向工商行政管理部门办理注销、变更登记。

第五节　报废汽车回收业特种行业从业许可

一、报废汽车回收业特种行业从业许可的范围

根据《报废汽车回收管理办法》的规定，国家对报废汽车回收业实行特种行业管理，对报废汽车回收企业实行资格认定制度。除取得报废汽车回收企业资格认定的外，任何单位和个人不得从事报废汽车回收活动。

报废汽车（包括摩托车、农用运输车，下同），是指达到国家报废标准，或者虽未达到国家报废标准，但发动机或者底盘严重损坏，经检验不符合国家机动车运行安全技术条件或者国家机动车污染物排放标准的机动车。

拼装车，是指使用报废汽车发动机、方向机、变速器、前后桥、车架（以下统称“五大总成”）以及其他零配件组装的机动车。

二、报废汽车回收业特种行业从业许可的条件和程序

拟从事报废汽车回收业务的，应当向省、自治区、直辖市人民政府经济贸易管理部门提出申请，经审核符合条件的，颁发《资格认定书》。申请人取得《资格认定书》后，应当依照废旧金属收购业治安管理办法的规定向公安机关申领《特种行业许可证》。申请人持《资格认定书》和《特种行业许可证》向工商行政管理部门办理登记手续，领取营业执照后，方可从事报废汽车回收业务。

报废汽车拥有单位或者个人应当及时向公安机关办理机动车报废手续。公安机关应当于受理当日，向报废汽车拥有单位或者个人出具《机动车报废证明》，并告知其将报废汽车交售给报废汽车回收企业。

第六节　典当业特种行业从业许可

一、典当业特种行业从业许可的范围

根据《典当管理办法》和《国务院对确需保留的行政审批项目设定行政许可的决定》的规定，对典当业实施特种行业治安许可。

典当，是指当户将其动产、财产权利作为当物质押或者将其房地产作为当物抵押给典当行，交付一定比例费用，取得当金，并在约定期限内支付当金利息、偿还当金、赎回当物的行为。典当行，是指依照本办法设立的专门从事典当活动的企业法人，其组织形式与组织机

构适用《中华人民共和国公司法》的有关规定。

二、典当业特种行业从业许可的条件和程序

申请人领取《典当经营许可证》后，应当在10日内向所在地县级人民政府公安机关申请典当行《特种行业许可证》，并提供下列材料：

1. 申请报告；
2. 《典当经营许可证》及复印件；
3. 法定代表人、个人股东和其他高级管理人员的简历及有效身份证件复印件；
4. 法定代表人、个人股东和其他高级管理人员的户口所在地县级人民政府公安机关出具的无故意犯罪记录证明；
5. 典当行经营场所及保管库房平面图、建筑结构图；
6. 录像设备、防护设施、保险箱（柜、库）及消防设施安装、设置位置分布图；
7. 各项治安保卫、消防安全管理制度；
8. 治安保卫组织或者治安保卫人员基本情况。

所在地县级人民政府公安机关受理后应当在10日内将申请材料及初步审核结果报设区的市（地）级人民政府公安机关审核批准，设区的市（地）级人民政府公安机关应当在10日内审核批准完毕。经批准的，颁发《特种行业许可证》。设区的市（地）级人民政府公安机关直接受理的申请，应当在20日内审核批准完毕。经批准的，颁发《特种行业许可证》。

三、典当业特种行业变更、终止许可的条件和程序

典当行变更机构名称、注册资本、法定代表人、住所、转让股份的，应当换发《典当经营许可证》。申请人领取《典当经营许可证》后，依照开业的有关规定申请换发《特种行业许可证》。

第七章 危险物品安全许可

第一节 枪支安全许可

一、枪支安全许可的范围

根据《枪支管理法》的规定，凡在中华人民共和国境内的公务用枪和民用枪支的持有、制造、配售、运输等均需向公安机关提出申请并获得许可。

公务用枪是指公安机关、国家安全机关、监狱、劳动教养机关的人民警察，人民法院的司法警察，人民检察院的司法警察和担负案件侦查任务的检察人员，海关的缉私人员，在依法履行职责时配备的枪支和国家重要的军工、金融、仓储、科研等单位的专职守护、押运人员在执行守护、押运任务时配备的枪支。民用枪支是指射击运动枪支、猎枪和麻醉注射枪。

二、枪支安全许可的主管部门

国务院公安部门主管全国的枪支管理工作。县级以上地方各级人民政府公安机关主管本行政区域内的枪支管理工作。上级人民政府公安机关监督下级人民政府公安机关的枪支管理工作。

三、公务用枪的配备许可

配备公务用枪，由国务院公安部门统一审批。配备公务用枪时，由国务院公安部门或者省级人民政府公安机关发给公务用枪持枪证件。

四、民用枪支的配置许可

1. 民用枪支的配置范围

（1）经省级人民政府体育行政主管部门批准专门从事射击竞技体育运动的单位、经省级人民政府公安机关批准的营业性射击场，可以配置射击运动枪支。

（2）经省级以上人民政府林业行政主管部门批准的狩猎场，可以配置猎枪；猎民在猎区、牧民在牧区，可以申请配置猎枪，猎区和牧区的区域由省级人民政府划定。

（3）野生动物保护、饲养、科研单位因业务需要，可以配置猎枪、麻醉注射枪。

2. 民用枪支的配置许可程序

（1）射击运动枪支的配置许可程序。专门从事射击竞技体育运动的单位配置射击运动枪支，由国务院体育行政主管部门提出，由国务院公安部门审批。营业性射击场配置射击运动枪支，由省级人民政府公安机关报国务院公安部门批准，营业性射击场配置的民用枪支不得携带出营业性射击场。配置射击运动枪支时，由省级人民政府公安机关发给民用枪支持枪证件。

（2）猎枪的配置许可程序。狩猎场配置猎枪，凭省级以上人民政府林业行政主管部门的批准文件，报省级以上人民政府公安机关审批，由设区的市级人民政府公安机关核发民用枪支配购证件。

野生动物保护、饲养、科研单位申请配置猎枪，凭其所在地的县级人民政府野生动物行政主管部门核发的狩猎证或者特许猎捕证和单位营业执照，向所在地的县级人民政府公安机关提出，受理申请的公安机关审查批准后，报请设区的市级人民政府公安机关核发民用枪支配购证件。

猎民申请配置猎枪，凭其所在地的县级人民政府野生动物行政主管部门核发的狩猎证和个人身份证件，向所在地的县级人民政府公安机关提出；牧民申请配置猎枪，凭个人身份证件，向所在地的县级人民政府公安机关提出。受理申请的公安机关审查批准后，报请设区的市级人民政府公安机关核发民用枪支配购证件。

配购猎枪的单位和个人，在配购枪支后 30 日内向核发民用枪支配购证件的公安机关申请领取民用枪支持枪证件。狩猎场配置的民用枪支不得携带出狩猎场；猎民、牧民配置的猎枪不得携带出猎区、牧区。

（3）麻醉注射枪的配置许可程序。野生动物保护、饲养、科研单位申请配置麻醉注射枪，凭其所在地的县级人民政府野生动物行政主管部门核发的狩猎证或者特许猎捕证和单位营业执照，向所在地的县级人民政府公安机关提出。受理申请的公安机关审查批准后，报请设区的市级人民政府公安机关核发民用枪支配购证件。

配购麻醉注射枪的单位，在配购枪支后 30 日内向核发民用枪支配购证件的公安机关申请领取民用枪支持枪证件。

五、枪支的制造许可

国家对枪支的制造实行特别许可制度，未经许可，任何单位或者个人不得制造枪支。公务用枪，由国家指定的企业制造；制造民用枪支的企业，由国务院有关主管部门提出，由国务院公安部门确定并核发民用枪支制造许可证件，民用枪支制造许可证件的有效期为 3 年，有效期届满，需要继续制造民用枪支的，应当重新申请领取许可证件。制造民用枪支的企业不得超过限额制造民用枪支，所制造的民用枪支必须全部交由指定的民用枪支配售企业配售，不得自行销售。

六、枪支的配售许可

国家对枪支的配售实行特别许可制度，未经许可，任何单位或者个人不得买卖枪支。配售民用枪支的企业，由省级人民政府公安机关确定并核发民用枪支配售许可证件。民用枪支配售许可证件的有效期为 3 年，有效期届满，需要继续配售民用枪支的，应当重新申请领取许可证件，配售民用枪支的企业应当在配售限额内，配售指定的企业制造的民用枪支。配售民用枪支，必须核对配购证件，严格按照配购证件载明的品种、型号和数量配售；配售弹药，必须核对持枪证件。民用枪支配售企业必须按照国务院公安部门的规定建立配售账册，长期保管备查。

七、枪支的运输许可

需要运输枪支的，向公安机关申报运输枪支的品种、数量和运输的路线、方式，领取枪支运输许可证件。在本省、自治区、直辖市内运输的，向运往地设区的市级人民政府公安机关申请领取枪支运输许可证件；跨省、自治区、直辖市运输的，向运往地省级人民政府公安机关申请领取枪支运输许可证件。

八、枪支的入境和出境许可

除外国驻华外交代表机构、领事机构的人员携带枪支入境出境，外国体育代表团、中国体育代表团参加射击竞技体育活动携带射击运动枪支入境出境外的其他人员携带枪支入境出境的，事先经国务院公安部门批准。经批准携带枪支入境的，入境时凭批准文件在入境地边防检查站办理枪支登记，申请领取枪支携运许可证件，向海关申报，海关凭枪支携运许可证件放行；到达目的地后，凭枪支携运许可证件向设区的市级人民政府公安机关申请换发持枪证件。经批准携带枪支出境的，出境时凭批准文件向出境地海关申报，边防检查站凭批准文件放行。

第二节　管制刀具安全许可

一、管制刀具安全许可的范围

根据《对部分刀具实行管制的暂行规定》的规定，对管制刀具的配带、生产、购买由公安机关实施安全许可。管制刀具是：匕首、三棱刀（包括机械加工用的三棱刮刀）、带有自锁装置的弹簧刀（跳刀）以及其他相类似的单刃、双刃、三棱尖刀。

二、匕首佩带许可

除中国人民解放军和人民警察作为武器、警械配备的匕首以外，专业狩猎人员和地质、勘探等野外作业人员必须持有匕首的，须由县以上主管单位出具证明，经县以上公安机关批准，发给《匕首佩带证》，方准持有佩带。佩带匕首人员如果不再从事原来的职业，应将匕首交还配发单位，《匕首佩带证》交回原发证公安机关。

三、管制刀具生产许可

制造管制范围内刀具的工厂、作坊，必须经县、市以上主管部门审查同意和所在地县、市公安局批准，发给《特种刀具生产许可证》，方准生产。刀具样品及其说明（名称、规格、型号、用途、产量）须送所在地县、市公安局备案。产品须铸刻商标和号码（顺序号或批号）。

四、管制刀具经销、购买许可

经销管制范围内刀具的商店，必须经县、市以上主管部门审查同意和所在地县、市公安局批准。购销要建立登记制度，备公安机关检查。

购买管制范围内刀具的单位和个人，必须符合关于持有和使用的规定。军队和警察，由县、团以上单位凭上一级主管部门批准的函件，向指定单位定购。专业狩猎人员和地质、勘探等野外作业人员，由所属单位向所在地县、市公安局（公安分局）申请《特种刀具购买证》，凭证购买。三棱刮刀，凭单位介绍信向批准经销的商店购买。

第三节　民用爆炸物品安全许可

一、民用爆炸物品安全许可的范围

根据《民用爆炸物品管理条例》《关于运输烟花爆竹的规定》《商业、供销社系统烟花爆竹安全经营管理暂行规定》和《国务院对确需保留的行政审批项目设定行政许可的决定》的规定，对民用爆炸物品的生产、储存、销售、购买、运输、使用实施严格的治安行政许可。

民用爆炸物品是指非军用的爆破器材，包括各类炸药、雷管、导火索、导爆索、非电导爆系统、起爆药和爆破剂；黑火药、烟火剂、民用信号弹和烟花爆竹；公安部认为需要管理的其他爆炸物品。

二、爆破器材的生产许可

1. 建立、改建、扩建生产工厂许可

（1）建立生产工厂许可。建立民用爆破器材的工厂，由其主管部门提请所在地省、市、自治区主管爆破器材生产的部门会同有关部门审查同意，由兵器工业部根据国家计划审查批准，持批准文件和设计图纸，向所在地县、市公安局申请许可。经审查，符合本条例规定的，发给《爆炸物品安全生产许可证》，并向所在地县、市工商行政管理局办理登记手续，领取营业执照，方准生产。

（2）改建、扩建生产工厂许可。生产爆破器材的工厂进行改建、扩建时，事先经兵器工业部批准和所在地县、市公安局以及有关部门许可，方可施工。竣工后，经其主管部门会同所在地省、市、自治区主管爆破器材生产的部门和公安机关以及有关部门检查验收。符合规定的，方准投入生产。

（3）许可条件。生产爆破器材工厂的厂房建筑必须符合国家有关安全规范的规定，并根据所生产爆破器材的种类和性能，设置相应的通风、降温、防潮、防火、防爆、避雷等安全设施，车间内必须设有适当的太平出口。易于发生危险的各生产工序之间，必须保持一定的距离。对拌药、碾药、烘药、晾药等特别容易发生危险的工序，建立严格的操作制度，认真执行。生产成品必须随时入库，不得在生产车间存放。生产爆破器材的工厂，必须建立严格的检验制度，保证产品质量合格。不合格的产品，不准出厂。

2. 设置爆破器材试验场地许可

试验或试制爆破器材，必须在专门场地或专门试验室进行。严禁在生产车间或仓库内试验或试制。在生产爆破器材工厂外设置试验场地时，必须经所在地县、市公安局批准。

3. 新产品生产许可

新产品必须经省、市、自治区主管爆破器材生产的部门技术鉴定合格，由兵器工业部批准，并向公安部备案后，才能正式生产。氯酸盐类混合炸药，除经兵器工业部和公安部共同批准者外，严格禁止生产。

三、爆破器材的储存许可

爆破器材必须储存在专用的仓库、储存室内，并设专人管理，不准任意存放。严禁将爆破器材分发给承包户或个人保存。储存、销售、运输、使用爆破器材的单位，设立专用爆破器材仓库、储存室时，必须凭县、市以上主管部门批准的文件及设计图纸和专职保管人员登记表，向所在地县、市公安局申请许可。经审查，符合本条例规定的，发给《爆炸物品储存许可证》，方准储存。

使用爆破器材的单位，临时存放爆破器材时，要选择安全可靠的地方单独存放，指定专人看管，并报所在地县、市公安局批准。临时小量存放的，向所在地公安派出所备案。没有公安派出所的地方，向乡人民政府备案。

四、爆破器材的购买和销售许可

1. 爆破器材的购买许可

县级以下厂矿企业和农村基层生产单位以及科研、文艺、医疗等单位需用爆破器材时，应当报经上级主管部门审查同意，向所在地县、市公安局申请领取《爆炸物品购买证》，凭证向指定的供应点购买。

2. 爆破器材的销售许可

经销爆破器材的供应点，由物资主管部门、公安机关和有关单位协商定点，由所在地县、市公安局核发《爆炸物品销售许可证》，向所在地县、市工商行政管理局办理登记手续，领取营业执照，方准销售。出售爆破器材时，必须验收公安机关签发的《爆炸物品购买证》。

五、爆破器材的运输许可

1. 爆破器材的境内运输许可

境内运输爆破器材，由收货单位凭物资主管部门签证盖章的爆破器材供销合同，写明运输爆破器材的品名、数量和起运及运达地点，向所在地县、市公安局申请领取《爆炸物品运输证》，方准运输。县级以下厂矿企业和农村基层生产单位以及科研、文艺、医疗等单位购买爆破器材，需要运输的，应当在申请领取《爆炸物品购买证》的同时，申请领取《爆炸物品运输证》，凭证办理运输。

货物运达目的地后，收货单位或购买单位应当在运输证上签注物品到达情况，将运输证交回原发证公安机关。

2. 爆破器材的进出口运输许可

进口或出口爆破器材的运输，托运单位应当凭兵器工业部批准的文件和外贸部门签发的进口或出口货物许可证，向收货地或出境口岸所在地县、市公安局申请领取《爆炸物品运输证》，方准运输。

六、爆破器材的使用许可

1. 一般使用许可

使用爆破器材的单位，必须经上级主管部门审查同意，并持说明使用爆破器材的地点、品名、数量、用途、四邻距离的文件和安全操作规程，向所在地县、市公安局申请领取

《爆炸物品使用许可证》，方准使用。

2. 大型爆破作业使用许可

进行大型爆破作业，或在城镇与其他居民聚居的地方、风景名胜区和重要工程设施附近进行控制爆破作业，施工单位必须事先将爆破作业方案，报县、市以上主管部门批准，并征得所在地县、市公安局同意，方准爆破作业。

3. 爆破员资格许可

爆破作业，必须由经过考核合格的爆破员担任。厂矿企业的爆破员，由所在单位负责审查和专业训练，所在地县、市公安局进行考核。考核合格的，由县、市公安局发给《爆破员作业证》。对爆破员应进行定期考察，发现不适合继续从事爆破作业的，应收回《爆破员作业证》，停止其从事爆破作业的权利。爆破员因工作变动，不再从事爆破作业时，应将《爆破员作业证》交回原发证单位。

禁止非爆破员进行爆破作业。农民如因盖房或其他用途确需进行爆破时，由本人提出申请，经村民委员会审核同意，报乡、镇人民政府或公安派出所批准，委派爆破员代行购买爆破器材进行爆破。

七、黑火药、烟火剂、民用信号弹和烟花爆竹的生产、购买、销售、运输许可

1. 黑火药、烟火剂、民用信号弹和烟花爆竹的生产许可

生产黑火药、烟火剂、民用信号弹和烟花爆竹的企业，必须按照隶属关系报经省、市、自治区主管部门批准，季节性生产烟花爆竹的作坊，必须经所在地县、市主管部门批准；凭批准文件，向所在地县、市公安局申请许可，经审查，符合国家有关安全规定的，发给《爆炸物品安全生产许可证》；然后向所在地县、市工商行政管理局办理登记手续，领取营业执照，方准生产。

严格控制用氯酸盐配制烟火剂。需用氯酸盐配制烟火剂和文艺、体育、狩猎、外贸出口等特需制品时，应当由省、市、自治区主管部门审查同意，经省、市、自治区公安厅（局）批准，指定专门工厂定量生产。

2. 黑火药、烟火剂、民用信号弹的购买许可

厂矿企业和农村基层生产单位需用黑火药、烟火剂时，海上运输、捕捞及其他作业船需用民用信号弹时，应当报上级主管部门审查同意，向所在地县、市公安局申请领取《爆炸物品购买证》，向指定的供应点购买。

狩猎者需要的黑火药和火帽（底火），凭《猎枪证》和所在单位保卫部门或常住地公安派出所的证明，到指定供应点限量购买。销售单位应当将购买人姓名、住址、工作单位、《猎枪证》号码、销售数量及日期登记造册，以备公安机关查验。

3. 黑火药、烟火剂和烟花爆竹的销售许可

经销黑火药、烟火剂的供应点，由商业部门和公安机关协商定点，由所在地县、市公安局核发《爆炸物品销售许可证》，并向所在地县、市工商行政管理局办理登记手续，领取营业执照，方准销售。出售黑火药、烟火剂时，必须验收《爆炸物品购买证》。销售烟花爆竹的供应点，由商业部门的公安机关协商定点，由县、市公安局发给《爆炸物品销售许可证》，方准销售。

4. 黑火药、烟火剂、民用信号弹和烟花爆竹运输许可

运输黑火药、烟火剂和民用信号弹，由购买单位向所在地县、市公安局申请领取《爆

炸物品运输证》，方准运输。货物到达目的地后，购买单位应当在运输证上签注物品到达情况，将运输证交回原发证公安机关。

跨省（自治区、直辖市）、市、县运输烟花爆竹，由收货单位持订货合同和《产品质量检验合格证》向所在地市、县公安局申请领取《爆炸物品运输证》，方准运输。

第四节　危险化学品安全许可

一、危险化学品安全许可的范围

根据《危险化学品安全管理条例》的规定，危险化学品是指爆炸品、压缩气体和液化气体、易燃液体、易燃固体、自燃物品和遇湿易燃物品、氧化剂和有机过氧化物、有毒品和腐蚀品等。其中剧毒化学品购买凭证、准购证和公路运输通行证，由公安部门实施治安行政许可。

二、剧毒化学品购买许可

生产、科研、医疗等单位经常使用剧毒化学品的，向设区的市级人民政府公安部门申请领取购买凭证，凭购买凭证购买；单位临时需要购买剧毒化学品的，凭本单位出具的证明（注明品名、数量、用途）向设区的市级人民政府公安部门申请领取准购证，凭准购证购买；个人不得购买农药、灭鼠药、灭虫药以外的剧毒化学品。

三、剧毒化学品运输许可

通过公路运输剧毒化学品的，托运人向目的地的县级人民政府公安部门申请办理剧毒化学品公路运输通行证。办理剧毒化学品公路运输通行证，托运人应当向公安部门提交有关危险化学品的品名、数量、运输始发地和目的地、运输路线、运输单位、驾驶人员、押运人员、经营单位和购买单位资质情况的材料。

第五节　易制毒化学品安全许可

一、易制毒化学品安全许可的范围

根据《易制毒化学品管理条例》的规定，国家对易制毒化学品的生产、经营、购买、运输和进口、出口实行分类管理和许可制度。

易制毒化学品分为三类。第一类是可以用于制毒的主要原料，第二类、第三类是可以用于制毒的化学配剂。

二、易制毒化学品购买许可

申请购买第一类中的非药品类易制毒化学品，应当提交下列证件，经所在地的省、自治区、直辖市人民政府公安机关审批，取得购买许可证：

1. 经营企业提交企业营业执照和合法使用需要证明；
2. 其他组织提交登记证书（成立批准文件）和合法使用需要证明。

省、自治区、直辖市人民政府公安机关应当自收到申请之日起 10 日内，对申请人提交的申请材料和证件进行审查。对符合规定的，发给购买许可证；不予许可的，应当书面说明理由。

购买第二类、第三类易制毒化学品的，应当在购买前将所需购买的品种、数量，向所在地的县级人民政府公安机关备案。个人不得购买第一类、第二类易制毒化学品。个人自用购买少量高锰酸钾的，无须备案。

三、易制毒化学品运输许可

跨设区的市级行政区域（直辖市为跨市界）或者在国务院公安部门确定的禁毒形势严峻的重点地区跨县级行政区域运输第一类易制毒化学品的，由运出地的设区的市级人民政府公安机关审批；运输第二类易制毒化学品的，由运出地的县级人民政府公安机关审批。经审批取得易制毒化学品运输许可证后，方可运输。运输第三类易制毒化学品的，应当在运输前向运出地的县级人民政府公安机关备案，公安机关应当于收到备案材料的当日发给备案证明。

申请易制毒化学品运输许可，应当提交易制毒化学品的购销合同，货主是企业的，应当提交营业执照；货主是其他组织的，应当提交登记证书（成立批准文件）；货主是个人的，应当提交其个人身份证明。经办人还应当提交本人的身份证明。

公安机关应当自收到第一类易制毒化学品运输许可申请之日起 10 日内，收到第二类易制毒化学品运输许可申请之日起 3 日内，对申请人提交的申请材料进行审查。对符合规定的，发给运输许可证；不予许可的，应当书面说明理由。易制毒化学品运输许可证应当载明拟运输的易制毒化学品的品种、数量、运入地、货主及收货人、承运人情况以及运输许可证种类。

对许可运输第一类易制毒化学品的，发给一次有效的运输许可证。对许可运输第二类易制毒化学品的，发给 3 个月有效的运输许可证；6 个月内运输安全状况良好的，发给 12 个月有效的运输许可证。

运输供教学、科研使用的 100 克以下的麻黄素样品和供医疗机构制剂配方使用的小包装麻黄素以及医疗机构或者麻醉药品经营企业购买麻黄素片剂 6 万片以下、注射剂 1. 5 万支以下，货主或者承运人持有依法取得的购买许可证明或者麻醉药品调拨单的，无须申请易制毒化学品运输许可。

第六节　放射性同位素与射线装置放射防护安全许可

一、放射性同位素与射线装置放射防护安全许可的范围

国家对放射工作实行许可登记制度，许可登记证由卫生、公安部门办理。

二、新建、改建、扩建放射工作场所的放射防护设施许可登记

新建、改建、扩建放射工作场所的放射防护设施，必须与主体工程同时设计审批，同时施工，同时验收投产。放射防护设施的设计，必须经所在省、自治区、直辖市的卫生行政部门会同公安等部门审查同意。竣工后须经卫生、公安、环境保护等有关部门验收同意，获得

许可登记证后方可启用。

涉及放射性废水、废气、固体废物治理的工程项目，竣工后必须经卫生、公安、环境保护等部门验收同意。

三、生产、使用、销售放射性同位素和含放射源的射线装置许可登记

任何单位在从事生产、使用、销售放射性同位素和含放射源的射线装置前，必须向省、自治区、直辖市的卫生行政部门申请许可，并向同级公安部门登记。

凡从事含有放射性的来料加工工作的单位和个人，涉及放射性废水、废气、固体废物排放的，必须事先向所在省、自治区、直辖市的环境保护部门递交环境影响报告表（书），经批准后，到所在县以上卫生行政部门申请办理许可证，并向公安部门登记。

四、放射安全许可登记的条件

凡申请许可、登记的放射工作单位，必须具备下列基本条件：

1. 具有与所从事的放射工作相应的场所、设施和装备，并提供相应的资料；

2. 从事放射工作的人员必须具备相适应的专业及防护知识和健康条件，并提供相应的证明材料；

3. 有专职、兼职放射防护管理机构或者人员以及必要的防护用品和监测仪器，并提交人员名单和设备清单；

4. 提交严格的有关安全防护管理规章制度的文件。

放射工作许可登记证每一至二年进行一次核查，核查情况由原审批部门记录在许可登记证上。

五、改变、终止放射安全许可登记

从事放射工作的单位在需要改变许可登记的内容时，需持许可登记证件到原审批部门办理变更手续。终止放射工作时必须向原审批部门办理注销许可登记手续。

第八章　特定活动安全许可

第一节　集会游行示威许可

一、集会游行示威许可的范围

根据《集会游行示威法》《集会游行示威法实施条例》的规定，凡在中华人民共和国境内举行集会、游行、示威活动，必须向公安机关提出申请并获得许可。

集会是指聚集于露天公共场所，发表意见、表达意愿的活动；游行是指在公共道路、露天公共场所列队行进、表达共同意愿的活动；示威是指在露天公共场所或者公共道路上集会、游行、静坐等方式，表达要求、抗议或者支持、声援等共同意愿的活动。国家举行或者根据国家决定举行的庆祝、纪念等活动、国家机关、政党、社会团体、企业事业组织依照法律、组织章程举行的集会活动不需申请。文娱、体育活动，正常的宗教活动，传统的民间习俗活动，不属于集会游行示威活动。

二、集会游行示威许可的主管机关

集会、游行、示威许可的主管机关是集会、游行、示威举行地的市、县公安局、城市公安分局；游行、示威路线经过两个以上区、县的，主管机关为所经过区、县的公安机关的共同上一级公安机关。

三、集会游行示威申请的提出

举行集会、游行、示威，必须有负责人。其负责人必须在举行日期的五日前向主管机关递交书面申请。在提出申请后接到主管机关通知前，可以撤回申请。

申请书中应当载明集会、游行、示威的目的、方式、标语、口号、人数、车辆数、使用音响设备的种类与数量、起止时间、地点（包括集合地和解散地）、路线和负责人的姓名、职业、住址。

公民不得在其居住地以外的城市发动、组织、参加当地公民的集会、游行、示威；国家机关工作人员不得组织或者参加违背有关法律、法规规定的国家机关工作人员职责、义务的集会、游行、示威；以国家机关、社会团体、企业事业组织的名义组织或者参加集会、游行、示威，必须经本单位负责人批准。

四、集会游行示威主管机关的审查与决定

主管机关接到集会、游行、示威申请书后，应当在申请举行日期的二日前，将许可或者不许可的决定书面通知其负责人。不许可的，应当说明理由。逾期不通知的，视为许可。确

因突然发生的事件临时要求举行集会、游行、示威的，必须立即报告主管机关；主管机关接到报告后，应当审查决定许可或者不许可。

申请举行集会、游行、示威要求解决具体问题的，主管机关接到申请书后，可以通知有关机关或者单位同集会、游行、示威的负责人协商解决问题，并可以将申请举行的时间推迟5日。

集会、游行、示威的负责人接到主管机关许可的通知后，决定不举行集会、游行、示威的，应当及时告知主管机关，参加人已经集合的，应当负责解散。

五、集会游行示威许可变更

主管机关认为按照申请的时间、地点、路线举行集会、游行、示威，将对交通秩序和社会秩序造成严重影响的，在决定许可时或者决定许可后，可以变更举行集会、游行、示威的时间、地点、路线，并及时通知其负责人。

六、不予许可的情形

申请举行的集会、游行、示威，有下列情形之一的，不予许可：

1. 反对宪法所确定的基本原则的；
2. 危害国家统一、主权和领土完整的；
3. 煽动民族分裂的；
4. 有充分根据认定申请举行的集会、游行、示威将直接危害公共安全或者严重破坏社会秩序的。

七、权利救济

集会、游行、示威的负责人对主管机关不许可的决定不服的，可以自接到决定通知之日起3日内，向同级人民政府申请复议，人民政府应当自接到申请复议书之日起3日内作出决定。

第二节　大型群众性活动安全许可

一、大型群众性活动安全许可的范围

根据《大型群众性活动安全管理条例》的规定，大型群众性活动，是指法人或者其他组织面向社会公众举办的每场次预计参加人数达到1000人以上的特定活动，其范围包括体育比赛活动；演唱会、音乐会等文艺演出活动；展览、展销等活动；游园、灯会、庙会、花会、焰火晚会等活动；人才招聘会、现场开奖的彩票销售等活动。公安机关对大型群众性活动实行安全许可制度。

二、大型群众性活动安全许可的主管机关

县级以上人民政府公安机关负责大型群众性活动的安全管理工作。

大型群众性活动的预计参加人数在1000人以上5000人以下的，由活动所在地县级人民政府公安机关实施安全许可；预计参加人数在5000人以上的，由活动所在地设区的市级人

民政府公安机关或者直辖市人民政府公安机关实施安全许可；跨省、自治区、直辖市举办大型群众性活动的，由国务院公安部门实施安全许可。

三、大型群众性活动安全许可申请的提出

大型群众性活动承办者应当在活动举办日的20日前提出安全许可申请，申请时，提交下列材料：

1. 承办者合法成立的证明以及安全责任人的身份证明；
2. 大型群众性活动方案及其说明，2个或者2个以上承办者共同承办大型群众性活动的，还应当提交联合承办的协议；
3. 大型群众性活动安全工作方案；
4. 活动场所管理者同意提供活动场所的证明。

依照法律、行政法规的规定，有关主管部门对大型群众性活动的承办者有资质、资格要求的，还应当提交有关资质、资格证明。

四、大型群众性活动安全许可的受理与决定

公安机关收到申请材料应当依法作出受理或者不予受理的决定。对受理的申请，应当自受理之日起7日内进行审查，对活动场所进行查验，对符合安全条件的，作出许可的决定；对不符合安全条件的，作出不予许可的决定，并书面说明理由。

五、大型群众性活动安全许可审查的内容

大型群众性活动安全许可审查的内容，是举办大型群众性活动是否符合下列条件：

1. 承办者是依照法定程序成立的法人或者其他组织；
2. 大型群众性活动的内容不得违反宪法、法律、法规的规定，不得违反社会公德；
3. 具有符合法律规定的安全工作方案，安全责任明确、措施有效；
4. 活动场所、设施符合安全要求。

六、大型群众性活动安全许可的变更和重新申请

对经安全许可的大型群众性活动，承办者不得擅自变更活动的时间、地点、内容或者扩大大型群众性活动的举办规模。

1. 安全许可的变更

承办者变更大型群众性活动时间的，应当在原定举办活动时间之前向作出许可决定的公安机关申请变更，经公安机关同意方可变更。

2. 重新申请安全许可

承办者变更大型群众性活动地点、内容以及扩大大型群众性活动举办规模的，应当依照规定重新申请安全许可。

第九章　户政交通及消防管理许可

第一节　户政管理许可

户政管理许可，主要论述公民申请居住证许可，即居住证许可。

一、居住证许可的范围

根据《居住证暂行条例》的规定，居住证是持证人在居住地居住、作为常住人口享受基本公共服务和便利、申请登记常住户口的证明。

公民离开常住户口所在地，到其他城市居住半年以上，符合有合法稳定就业、合法稳定住所、连续就读条件之一的，可以依照规定申领居住证。居住证登载的内容包括：姓名、性别、民族、出生日期、公民身份号码、本人相片、常住户口所在地住址、居住地住址、证件的签发机关和签发日期。

二、居住证许可的主管机关

公安机关负责居住证的申领受理、制作、发放、签注等证件管理工作。居民委员会、村民委员会、用人单位、就读学校以及房屋出租人协助做好居住证的申领受理、发放等工作。

三、居住证许可的申请条件

公民申领居住证，向居住地公安派出所或者受公安机关委托的社区服务机构提交下列相关证明材料，申请人及相关证明材料出具人对规定的证明材料的真实性、合法性负责。

未满 16 周岁的未成年人和行动不便的老年人、残疾人等，可以由其监护人、近亲属代为申领居住证。监护人、近亲属代为办理的，提供委托人、代办人的合法有效身份证件。

1. 本人居民身份证。

2. 本人相片。

3. 居住地住址证明。包括房屋租赁合同、房屋产权证明文件、购房合同或者房屋出租人、用人单位、就读学校出具的住宿证明等。

4. 就业证明。包括工商营业执照、劳动合同、用人单位出具的劳动关系证明或者其他能够证明有合法稳定就业的材料等。

5. 就读证明。包括学生证、就读学校出具的其他能够证明连续就读的材料等。

四、居住证许可的受理与决定

居住证由县级人民政府公安机关签发，首次申领居住证，免收证件工本费。公安机关对符合居住证办理条件的，自受理之日起 15 日内制作发放居住证；在偏远地区、交通不便的地区或者因特殊情况，不能按期制作发放居住证的，设区的市级以上地方人民政府可以对制作发放时限作出延长规定，但延长后最长不得超过 30 日。

对申请材料不全的，公安派出所或者受公安机关委托的社区服务机构一次性告知申领人需要补充的材料。

五、居住证签注

居住证每年签注 1 次，办理签注手续不收取费用。居住证持有人在居住地连续居住的，应当在居住每满 1 年之日前 1 个月内，到居住地公安派出所或者受公安机关委托的社区服务机构办理签注手续。

逾期未办理签注手续的，居住证使用功能中止；补办签注手续的，居住证的使用功能恢复，居住证持有人在居住地的居住年限自补办签注手续之日起连续计算。

六、居住证换领、补领

居住证损坏难以辨认或者丢失的，居住证持有人应当到居住地公安派出所或者受公安机关委托的社区服务机构办理换领、补领手续。居住证持有人换领新证时，应当交回原证。换领、补领居住证，应当缴纳证件工本费。

第二节　交通管理许可

交通管理许可，主要论述公民申请机动车驾驶证许可，即机动车驾驶许可。

一、机动车驾驶许可的范围

根据《道路交通安全法》和《机动车驾驶证申领和使用规定》的规定，驾驶机动车，应当依法取得机动车驾驶证。直辖市和市（地、州）公安机关交通管理部门车辆管理所负责办理本行政辖区内机动车驾驶证业务。县级公安机关交通管理部门车辆管理所办理机动车驾驶证业务的范围由省级公安机关交通管理部门确定。

二、机动车驾驶许可申请条件

申请机动车驾驶证的人员，应当符合下列规定：

1. 年龄条件

（1）申请小型汽车、小型自动挡汽车、轻便摩托车准驾车型的，应当在 18 周岁以上，70 周岁以下；

（2）申请低速载货汽车、三轮汽车、普通三轮摩托车、普通二轮摩托车或者轮式自行机械车准驾车型的，应当在 18 周岁以上，60 周岁以下；

（3）申请城市公交车、中型客车、大型货车、无轨电车或者有轨电车准驾车型的，应当在 21 周岁以上，50 周岁以下；

（4）申请牵引车准驾车型的，应当在 24 周岁以上，50 周岁以下；

（5）申请大型客车准驾车型的，应当在 26 周岁以上，50 周岁以下。

2. 身体条件

（1）身高：申请大型客车、牵引车、大型货车、城市公交车、无轨电车准驾车型的，身高为 155 厘米以上；申请中型客车准驾车型的，身高为 150 厘米以上；

（2）视力：申请大型客车、牵引车、中型客车、大型货车、城市公交车、无轨电车或者有轨电车准驾车型的，两眼裸视力或者矫正视力为对数视力表 5.0 以上；申请其他准驾车型的，两眼裸视力或者矫正视力为对数视力表 4.9 以上；

（3）辨色力：无红绿色盲；

（4）听力：两耳分别距音叉 50 厘米能辨别声源方向；

（5）上肢：双手拇指健全，每只手其他手指必须有三指健全，肢体和手指运动功能正常；

（6）下肢：运动功能正常。申请驾驶手动挡汽车，下肢不等长度不得大于 5 厘米；申请驾驶自动挡汽车，右下肢应当健全；

（7）躯干、颈部：无运动功能障碍。

3. 申请增加准驾车型的额外条件

已持有驾驶证，申请增加准驾车型的，应当在申请前最近一个记分周期内没有满分记录。申请增加大型客车、牵引车、中型客车准驾车型的，还应当符合下列规定：

（1）申请增加中型客车准驾车型的，应当取得驾驶小型汽车、小型自动挡汽车、低速载货汽车或者三轮汽车准驾车型资格三年以上，并在申请前最近连续两个记分周期内没有满分记录；或者取得驾驶大型货车准驾车型资格一年以上，并在申请前最近一个记分周期内没有满分记录。

（2）申请增加牵引车准驾车型的，应当取得驾驶中型客车或者大型货车准驾车型资格三年以上，并在申请前最近连续两个记分周期内没有满分记录；或者取得驾驶大型客车准驾车型资格一年以上，并在申请前最近一个记分周期内没有满分记录。

（3）申请增加大型客车准驾车型的，应当取得驾驶中型客车或者大型货车准驾车型资格五年以上，并在申请前最近连续三个记分周期内没有满分记录；或者取得驾驶牵引车准驾车型资格两年以上，并在申请前最近一个记分周期内没有满分记录。

（4）在暂住地可以申请增加的准驾车型为小型汽车、小型自动挡汽车、低速载货汽车、三轮汽车、普通三轮摩托车、普通二轮摩托车、轻便摩托车。

申请增加大型客车、牵引车、中型客车准驾车型的，不得有因发生死亡交通事故负有主要以上责任的记录。

三、机动车驾驶许可不得申请的情形

有下列情形之一的，不得申请机动车驾驶证：

1. 有器质性心脏病、癫痫病、美尼尔氏症、眩晕症、癔证、震颤麻痹、精神病、痴呆以及影响肢体活动的神经系统疾病等妨碍安全驾驶疾病的；

2. 吸食、注射毒品、长期服用依赖性精神药品成瘾尚未戒除的；

3. 吊销机动车驾驶证未满 2 年的；

4. 造成交通事故后逃逸被吊销机动车驾驶证的；

5. 撤销机动车驾驶证未满 3 年的；

6. 法律、法规规定其他情形的。

四、机动车驾驶许可申请程序

1. 提出申请地

申领机动车驾驶证的人员，应当按照下列规定向车辆管理所提出申请：

（1）在户籍地居住的内地居民，应当在户籍地提出申请；

（2）在暂住地居住的内地居民，可以在暂住地提出申请；

（3）现役军人（含武警），应当在居住地提出申请；

（4）在内地居留的香港、澳门特别行政区和台湾地区的居民，应当在居留地提出申请；

（5）在中国境内居留的外国人，应当在居留地提出申请；

（6）申请增加准驾车型的，应当在所持机动车驾驶证核发地提出申请。

2. 提出申请手续

初次申请机动车驾驶证，应当填写《机动车驾驶证申请表》，并提交以下证明、凭证：

（1）申请人的身份证明；

（2）县级或者部队团级以上医疗机构出具的有关身体条件的证明。

申请增加准驾车型的，除填写《机动车驾驶证申请表》，提交上述规定的证明、凭证外，还应当提交所持机动车驾驶证。

五、机动车驾驶许可受理程序

车辆管理所对符合机动车驾驶证申请条件的，应当受理，并在申请人预约考试后 30 日内安排考试。

六、机动车驾驶许可考试程序

考试科目分为道路交通安全法律、法规和相关知识考试科目（以下简称“科目一”）、场地驾驶技能考试科目（以下简称“科目二”）和道路驾驶技能考试科目（以下简称“科目三”）。考试顺序按照科目一、科目二、科目三依次进行，前一科目考试合格后，方准参加后一科目的考试。

初次申请机动车驾驶证或者申请增加准驾车型的，科目一考试合格后，车辆管理所应当在 3 个工作日内核发驾驶技能准考证明。驾驶技能准考证明的有效期最长为 2 年。申请人应当在有效期内完成科目二和科目三考试。

考试科目内容及合格标准全国统一。其中，科目一考试题库的结构和基本题型由公安部制定，省级公安机关交通管理部门结合本地实际情况建立本省（自治区、直辖市）的考试题库。

七、机动车驾驶许可审查与决定程序

每个科目考试一次，可以补考一次。补考仍不合格的，本科目考试终止。申请人可以重新申请考试，但科目二、科目三的考试日期应当在 20 日后预约。在驾驶技能准考证明有效期内，已考试合格的科目成绩有效。各科目考试结果应当当场公布，并出示成绩单。考试不合格的，应当说明不合格的原因。每个科目的考试成绩单应当有申请人和考试员的签名。未签名的不得核发机动车驾驶证。申请人在考试过程中有舞弊行为的，取消本次考试资格，已经通过考试的其他科目成绩无效。

初次申请机动车驾驶证或者申请增加准驾车型的，车辆管理所考试科目一、科目二和科目三合格后，核发机动车驾驶证。申请增加准驾车型的，应当收回原机动车驾驶证。机动车驾驶证有效期分为 6 年、10 年和长期。临时驾驶证有效期为 1 年。初次取得机动车驾驶证的第一年为实习期。

第三节　消防管理许可

消防管理许可，包括建筑工程消防设计许可、建筑工程竣工许可、设置员工集体宿舍许可和建立专职消防队许可。

一、消防管理许可的范围

根据《消防法》的规定，国务院公安部门对全国的消防工作实施监督管理，县级以上地方各级人民政府公安机关对本行政区域内的消防工作实施监督管理，并由本级人民政府公安机关消防机构负责实施。消防机构对建筑工程消防设计、建筑工程竣工、设置员工集体宿舍和建立专职消防队实施许可。

二、建筑工程消防设计许可

按照国家工程建筑消防技术标准需要进行消防设计的建筑工程，设计单位应当按照国家工程建筑消防技术标准进行设计，建设单位应当将建筑工程的消防设计图纸及有关资料报送公安消防机构审核；未经审核或者经审核不合格的，建设行政主管部门不得发给施工许可证，建设单位不得施工。

经公安消防机构审核的建筑工程消防设计需要变更的，应当报经原审核的公安消防机构核准；未经核准的，任何单位、个人不得变更。

三、建筑工程竣工消防验收许可

按照国家工程建筑消防技术标准进行消防设计的建筑工程竣工时，必须经公安消防机构进行消防验收；未经验收或者经验收不合格的，不得投入使用。

四、设置员工集体宿舍消防许可

在设有车间或者仓库的建筑物内，不得设置员工集体宿舍。在设有车间或者仓库的建筑物内，已经设置员工集体宿舍的，应当限期加以解决。对于暂时确有困难的，应当采取必要的消防安全措施，经公安消防机构批准后，可以继续使用。

五、建立专职消防队消防验收许可

下列单位应当建立专职消防队，承担本单位的火灾扑救工作。专职消防队的建立，应当符合国家有关规定，并报省级人民政府公安机关消防机构验收：

1. 核电厂、大型发电厂、民用机场、大型港口；
2. 生产、储存易燃易爆危险物品的大型企业；

3. 储备可燃的重要物资的大型仓库、基地；

4. 第一项、第二项、第三项规定以外的火灾危险性较大、距离当地公安消防队较远的其他大型企业；

5. 距离当地公安消防队较远的列为全国重点文物保护单位的古建筑群的管理单位。

第十章　出入境管理许可

第一节　中国公民出入境管理许可

一、中国公民出入境管理许可的范围

根据《护照法》《公民出境入境管理法》《公民出境入境管理法实施细则》和《普通护照和出入境通行证签发管理办法》的规定，中国公民因前往外国定居、探亲、学习、就业、旅行、从事商务活动等非公务原因出国的，由本人依法向公安机关申请核发普通护照；定居国外的中国公民要求回国定居的，依法向公安机关申请核发回国定居证明。

二、中国公民出境管理许可

1. 出境申请的提出

中国公民申请普通护照，应当由本人向其户籍所在地县级以上地方人民政府公安机关出入境管理机构提出，并提交下列真实有效的材料：

（1）近期免冠照片一张以及填写完整的中国公民因私出国（境）申请表；

（2）居民身份证和户口簿及复印件；在居民身份证领取、换领、补领期间，可以提交临时居民身份证和户口簿及复印件；

（3）未满十六周岁的公民，应当由其监护人陪同，并提交其监护人出具的同意出境的意见、监护人的居民身份证或者户口簿、护照及复印件；

（4）国家工作人员应当按照有关规定，提交本人所属工作单位或者上级主管单位按照人事管理权限审批后出具的同意出境的证明；

（5）省级地方人民政府公安机关出入境管理机构报经公安部出入境管理机构批准，要求提交的其他材料。

2. 公安机关的审查与决定

公民申请普通护照或者申请普通护照变更加注、换发、补发的，公安机关出入境管理机构应当自收到申请材料之日起 15 日内签发。在偏远地区或者交通不便地区或者因特殊情况，不能按期签发普通护照的，经省级地方人民政府公安机关出入境管理机构负责人批准，签发时间可以延长至 30 日。

3. 不予许可的情形

申请人有下列情形之一的，公安机关不予签发护照：

（1）不具有中华人民共和国国籍的；

（2）无法证明身份的；

（3）在申请过程中弄虚作假的；

（4）被判处刑罚正在服刑的；

（5）人民法院通知有未了结的民事案件不能出境的；

（6）属于刑事案件被告人或者犯罪嫌疑人的；

（7）国务院有关主管部门认为出境后将对国家安全造成危害或者对国家利益造成重大损失的。

申请人因妨害国（边）境管理受到刑事处罚或因非法出境、非法居留、非法就业被遣返回国的，护照签发机关自其刑罚执行完毕或者被遣返回国之日起6个月至3年以内不予签发护照。

4. 权利救济

申请人在规定时间内没有接到审批结果通知的，有权查询，受理部门应当作出答复；申请人认为不批准出境不符合《公民出境入境管理法》的，有权向上一级公安机关提出申诉，受理机关应当作出处理和答复。

三、中国公民入境管理许可

公安机关出入境管理机构对不符合规定不予签发护照的，应当向申请人书面说明理由，并告知申请人享有依法申请行政复议或者提起行政诉讼的权利。

四、中国公民护照延期管理许可

中华人民共和国护照有效期满以后，可以延期二次，每次不超过5年。申请延期应在护照有效期满前提出。在国内，定居国外的中国公民的护照延期，由省、自治区、直辖市公安厅（局）及其授权的公安机关出入境管理部门办理；居住国内的公民在出境前的护照延期，由原发证的或者户口所在地的公安机关出入境管理部门办理。

五、中国公民护照变更管理许可

中华人民共和国护照和其他出境入境证件的持有人，如因情况变化，护照、证件上的记载事项需要变更或者加注时，应当分别向市、县公安局出入境管理部门或者中国驻外国的外交代表机关、领事机关或者外交部授权的其他驻外机关提出申请，提交变更、加注事项的证明或者说明材料。

第二节 外国人入出境管理许可

一、外国人入出境管理许可的范围

根据《外国人入境出境管理法》和《外国人入境出境管理法实施细则》的规定，外国人入境、出境和在中国境内居留，必须经中国政府主管机关包括公安机关许可。中国政府在国内受理外国人入境、过境、居留、旅行申请的机关，是公安部、公安部授权的地方公安机关和外交部、外交部授权的地方外事部门。

二、外国人入境管理许可

1. 公安机关受理入境申请的范围

外国人入境，应当向中国的外交代表机关、领事机关或者外交部授权的其他驻外机关申请办理签证。外国人持有中国国内被授权单位的函电，并持有与中国有外交关系或者官方贸易往来国家的普通护照，因下列事由确需紧急来华而来不及在上述中国驻外机关申办签证的，也可以向公安部授权的口岸签证机关申请办理签证：

（1）中方临时决定邀请来华参加交易会的；

（2）应邀来华参加投标或者正式签订经贸合同的；

（3）按约来华监装出口、进口商检或者参加合同验收的；

（4）应邀参加设备安装或者工程抢修的；

（5）应中方要求来华解决索赔问题的；

（6）应邀来华提供科技咨询的；

（7）应邀来华团组办妥签证后，经中方同意临时增换的；

（8）看望危急病人或者处理丧事的；

（9）直接过境人员由于不可抗拒的原因不能在 24 小时内乘原机离境或者需改乘其他交通工具离境的；

（10）其他被邀请确实来不及在上述中国驻外机关申请签证，并持有指定的主管部门同意在口岸申办签让的函电的。

不属上述情况者，口岸签证机关不得受理其签证申请。

2. 入境申请的提出

外国人申请签证须回答被询问的有关情况并履行下列手续：

（1）提供有效护照或者能够代替护照的证件；

（2）填写签证申请表，交近期 2 寸半身正面免冠照片；

（3）交验与申请入境、过境事由有关的证明。

3. 不予许可的情形

下列外国人不准入境：

（1）被中国政府驱逐出境，未满不准入境年限的；

（2）被认为入境后可能进行恐怖、暴力、颠覆活动的；

（3）被认为入境后可能进行走私、贩毒、卖淫活动的；

（4）患有精神病和麻疯病、艾滋病、性病、开放性肺结核病等传染病的；

（5）不能保障其在中国期间所需费用的；

（6）被认为入境后可能进行危害我国国家安全和利益的其他活动的。

三、外国人居留管理许可

1. 居留申请的提出

持标有 D、Z、X、J—1 字签证的外国人，必须自入境之日起 30 日内到居住地市、县公安局办理外国人居留证或者外国人临时居留证。外国人居留证，发给在中国居留 1 年以上的人员。外国人临时居留证，发给在中国居留不满 1 年的人员。

外国人申请居留证件须回答被询问的有关情况并履行下列手续：

（1）交验护照、签证和与居留事由有关的证明；

（2）填写居留申请表；

（3）申请外国人居留证的，还要交验健康证明书，交近期 2 寸半身正面免冠照片。

2. 公安机关的审查与决定

外国人居留证有效期可签发 1 年至 5 年，由市、县公安局根据外国人居留的事由确定。对依照中国法律在中国投资或者同中国的企业、事业单位进行经济、科学技术、文化合作以及其他需要在中国长期居留的外国人，公安机关可以发给 1 年至 5 年长期居留资格的证件；有显著成效的可以发给永久居留资格的证件。

3. 延期许可

外国人在签证或者居留证件有效期满后需继续在中国停留或者居留，须于期满前申请延期。

4. 变更许可

在外国人居留证上填写的项目内容（姓名、国籍、职业或者身份、工作单位、住址、护照号码、偕行儿童等）如有变更，持证人须于 10 日内到居住地公安局办理变更登记。

四、外国人旅行管理许可

1. 旅行申请的提出

外国人前往不对外国人开放的市、县旅行，须事先向所在市、县公安局申请旅行证，获准后方可前往。申请旅行证须履行下列手续：

（1）交验护照或者居留证件；

（2）提供与旅行事由有关的证明；

（3）填写旅行申请表。

2. 旅行证的期限

外国人旅行证的有效期最长为 1 年，但不得超过外国人所持签证或者居留证件的有效期限。

3. 延期或者变更许可

外国人领取旅行证后，如要求延长旅行证有效期、增加不对外国人开放的旅行地点、增加偕行人数，必须向公安局申请延期或者变更。

五、外国人出境管理许可

外国人应当在签证准予停留的期限内或者居留证件的有效期内出境。外国人出境，凭本人有效护照或者其他有效证件。有下列情形之一的外国人，不准出境：

1. 刑事案件的被告人和公安机关或者人民检察院或者人民法院认定的犯罪嫌疑人；
2. 人民法院通知有未了结民事案件不能离境的；
3. 有其他违反中国法律的行为尚未处理，经有关主管机关认定需要追究的。

第三篇
治安行政强制法篇

第十一章　治安行政强制法概述

第一节　治安行政强制法的概念与特征

治安行政强制法，是指由国家制定的、规定治安行政强制措施和治安行政强制执行的种类、原则、适用条件、实施权限及程序等相关问题的一整套法律规范体系。根据这一概念，治安行政强制法具有以下特征：

第一，治安行政强制法的渊源是由国家制定的具有特定要式的法律规范。

即由具有法定立法权的国家机关根据法定的立法权限和立法程序所制定的、具有国家强制力和普遍约束力的要式行为规则。这些法律规范包括全国人大及其常务委会制定的法律、国务院制定的行政法规、省、自治区、直辖市的人大及其常委会、较大的市的人大及其常委员会制定的地方性法规、公安部制定的部门规章、省、自治区、直辖市和较大的市的人民政府制定的地方政府规章。除此之外，任何国家机关、部门和单位制定的其他规范性文件均不是治安行政强制法的要式法律规范，不具有法律效力。

第二，治安行政强制法调整对象是规定治安行政强制措施和治安行政强制执行的种类、适用条件、实施权限及程序等相关问题的专门法律规范。

这是治安行政强制法特定的、固有的内容，也是它同其他强制法律规范的区别所在。它决定了治安行政强制法有单独的类别性，决定了治安行政强制法有着自己特定的调整对象，即调整的是在治安行政强制措施中形成的一类特定具体社会关系。

第三，治安行政强制法内容既包括实体内容，又包括程序内容，是实体法和程序法的合体的法律规范。

它既包括规定治安行政强制的种类、适用条件的实体性质的法律规范，也包括规定适用、决定、执行治安行政强制程序的程序性质的法律规范。因此它既非单纯的实体法，也非单纯的程序法。这是治安行政强制法的一个显著特点，也是正确理解和诠释该法的一个重点问题。

第四，治安行政强制法是各种有关治安行政强制关系的全部法律规范的总和，是组成一整套完整法律体系的法律规范。

即治安行政强制法并不仅仅是指某一项法律或法规，而是一个广义上的概念。根据我国有关治安行政强制法的立法状况，治安行政强制法律规范体系主要由以下几个部分组成：

1. 全国人大及其常委会制定的有关治安行政强制的法律

主要有《立法法》《行政强制法》《人民警察法》《治安管理处罚法》《行政诉讼法》《行政复议法》《国家赔偿法》《全国人民代表大会常务委员会关于严禁卖淫嫖娼的决定》《全国人大常委会关于维护互联网安全的决定》《戒严法》《集会游行示威法》《枪支管理法》《禁毒法》《户口登记条例》《居民身份证法》《道路交通安全法》《消防法》《公民出

境入境管理法》《外国人入境出境管理法》等。

2. 国务院制定的有关治安行政强制的行政法规

主要有《大型群众性活动安全管理条例》《娱乐场所管理条例》《印刷业管理条例》《居住证暂行条例》《卖淫嫖娼人员收容教育办法》《报废汽车回收管理办法》《集会游行示威法实施条例》《民用爆炸物品管理条例》《危险化学品安全管理条例》《易制毒化学品管理条例》《放射性同位素与射线装置放射防护条例》《计算机信息系统安全保护条例》《计算机信息网络国际联网管理暂行规定》《互联网上网服务营业场所管理条例》《道路交通安全法实施条例》《企业事业单位内部治安保卫条例》《公民出境入境管理法实施细则》《外国人入境出境管理法实施细则》《中国公民因私事往来香港地区或者澳门地区的暂行管理办法》《中国公民往来台湾地区管理办法》《出境入境边防检查条例》《人民警察使用警械和武器条例》《看守所条例》等。

3. 经国务院批准由公安部发布的有关治安行政强制的行政法规

主要有《旅馆业治安管理办法》《废旧金属收购业治安管理办法》《印铸刻字业暂行管理规则》《对部分刀具实行管制的暂行规定》等。

4. 公安部制定的有关治安行政强制的行政规章

主要有《机动车修理业、报废机动车回收业治安管理办法》《机动车号牌生产管理办法》《计算机信息网络国际联网安全保护管理办法》《租赁房屋治安管理规定》《道路交通安全违法行为处理程序规定》《交通事故处理程序规定》《公共娱乐场所消防安全管理规定》《看守所条例实施办法（试行）》《收容教育所管理办法》《强制戒毒所管理办法》《治安拘留所管理办法（试行）》《公安机关适用继续盘问规定》《公安机关办理行政案件程序规定》《公安机关内部执法监督工作规定》等。

5. 公安部与国务院有关部门联合制定的有关治安行政强制的部门行政规章

主要有公安部、商务部联合制定的《典当管理办法》，国内贸易部、公安部联合制定的《旧货流通管理办法（试行）》，公安部、轻工业部、农业部、商业部、铁道部、交通部联合制定的《关于运输烟花爆竹的规定》，商业部、公安部联合制定的《商业、供销社系统烟花爆竹安全经营管理暂行规定》等。

6. 公安部制定的有关具体实施治安行政强制的具有规章效力的文件

主要有《公安部关于认真贯彻执行全国人民代表大会常务委员会〈关于严禁卖淫嫖娼的决定〉的通知》《公安部关于公安机关贯彻实施〈中华人民共和国行政复议法〉若干问题的意见》《公安部关于公安机关贯彻实施〈行政诉讼法〉若干问题的通知》《公安部关于公安机关贯彻实施〈国家赔偿法〉有关问题的通知》《关于坚决取缔非法刻制印章摊点严厉查处伪造印章违法犯罪活动的通知》《公安部关于加强刻字业治安管理打击伪造印章犯罪活动的通知》《公安部关于实施〈暂住证申领办法〉有关问题的通知》《公安部关于执行中国公民出境入境管理法及实施细则若干问题的说明》《公安部关于实施〈出境入境边防检查条例〉中检查、监护和阻止出入境等问题处理办法的通知》《公安部关于执行〈出境入境边防检查条例〉等法律、法规中的处罚程序和应用法律文书的通知》《公安机关执法质量考核评议规定》《公安部关于在全国公安机关普遍实行警务公开制度的通知》等。

7. 公安部对治安行政法律规范中有关治安行政强制问题所作的行政解释

如《公安部关于公安机关执行〈人民警察法〉有关问题的解释》《公安部关于对同性之间以钱财为媒介的性行为定性处理问题的批复》《公安部关于携带、藏匿淫秽 VCD 是否属传播淫秽物品问题的批复》，这种行政解释也是治安行政强制法律规范的一个组成部分。

以上七个部分，共同构成我国治安行政强制法律规范的整体。

第二节　治安行政强制措施的概念与特征

治安行政强制措施是治安行政强制的一个类别，是指治安行政机关在行政管理过程中，为制止违法行为、防止证据损毁、避免危害发生、控制危险扩大等情形，依法对公民的人身自由实施暂时性限制，或者对公民、法人或者其他组织的财物实施暂时性控制的行为。

一、治安行政强制措施的主体是公安机关

公安机关是依照法律规定具有治安行政强制措施专项职能的国家行政机关。我国《人民警察法》第 7 条规定，公安机关的人民警察对违反治安管理或者其他公安行政管理法律、法规的个人或者组织，依法可以实施行政强制措施。《公安机关适用继续盘问规定》第 5 条规定：继续盘问强制措施由人民警察执行，严禁不具有人民警察身份的人员从事有关继续盘问的执法工作。

治安行政强制措施职能仅仅分工由公安机关全面承担，只有它才能享有并能行使治安行政强制措施权，其他一切国家机关、企事业单位、社会团体、或个人，均无实施治安行政强制措施的权力。这一特征表明了治安行政强制措施实施主体的特定性。

二、治安行政强制措施的对象是治安行政相对人

治安行政相对人是指参与治安行政法律关系，对治安行政主体享有权利或承担义务的公民、法人或其他组织。根据我国治安行政法律规范的规定，可以成为治安行政强制措施对象的治安行政相对人主要是公民，即自然人，包括我国公民和在我国领域的外国人和无国籍人。

除自然人外，治安行政强制措施对象的治安行政相对人也包括特定的法人或其他组织，即单位对象。如《道路交通安全法》规定：机动车所有人、管理人未按照国家规定投保机动车第三者责任强制保险的，由公安机关交通管理部门扣留车辆至依照规定投保后，并处依照规定投保最低责任限额应缴纳的保险费的二倍罚款。这里扣留车辆的“机动车所有人、管理人”，既可以是自然人，也可以是单位。治安行政强制措施这一特征表明了其对象的特定性。

三、治安行政强制措施的依据是治安行政法律规范

治安行政强制法律规范是指由国家制定的、规定治安行政强制措施行为的构成、种类、适用对象、条件、程序等相关问题的一整套法律规范体系。包括全国人大及其常委会制定的有关治安行政法律；国务院制定的有关治安行政法规；地方人大及其常委会制定的有关治安行政地方性法规；国务院部、委、地方人民政府制定的有关治安行政的部门规章和政府规章等。这一特征表明了治安行政处罚法律依据的特定性。

四、治安行政强制措施的性质是非处分性

治安行政强制措施是对治安行政相当人的人身、财产等权利实施暂时性限制和暂时性控

制的具体行政行为。治安行政强制措施只是在一段时间内限制和控制行政相对人的权利，本质上属于程序性的限制，而不是直接剥夺即处分行政相对人的权利，不是对相对人的违法行为的实体处理结果。它是迫使义务人履行义务而限制权利，而不是设定某种义务而剥夺处分权利。治安行政强制措施的非处分性特征，既说明了它的性质，又确定了它的类别。

第三节　治安行政强制措施与治安行政处罚的区别

治安行政强制措施与治安行政处罚同为治安行政具体行政行为，同为治安行政管理的法律手段，在治安行政法中占有重要地位，是治安行政法的重要内容。虽然两者有紧密联系，但仍是不同的两个事物，归属于两个不同的范畴。其主要区别是：

一、两者的主体不完全相同

治安行政强制措施与治安行政处罚的主体虽然都是公安机关，但治安行政强制措施的公安机关主体范围相对来说比较广泛，包括所有具有办案执法权的公安机关内设机构和大量的执行现场警务的警察个人，特别是执行现场警务的警察个人具有不确定性。而治安行政处罚的内设机构主体和警察个人主体则有严格限制，内设机构主体一般为公安交通管理部门和公安消防机构；警察个人主体则限于行使当场处罚权的警察个人，如对违法事实确凿并有法定依据，对个人处以 50 元以下、对单位处以 1000 元以下罚款或者警告的行政处罚，可以由办案人员当场作出行政处罚决定。对道路交通违法行为人予以警告、200 元以下罚款，交通警察可以当场作出行政处罚决定。

二、两者的适用对象不同

治安行政处罚的对象是达到法定责任年龄，具有责任能力的人。如《行政处罚法》第 25 条规定：不满 14 周岁的人有违法行为的，不予行政处罚。《治安管理处罚法》第 13 条规定：精神病人在不能辨认或者不能控制自己行为的时候违反治安管理的，不予处罚。

但治安行政强制措施的对象没有责任年龄和责任能力的限制，如限制通行、没收非法财物、没收违禁品等。如《人民警察法》规定：县级以上人民政府公安机关，为预防和制止严重危害社会治安秩序的行为，可以在一定的区域和时间，限制人员、车辆的通行或者停留，必要时可以实行交通管制。而且对某些没有责任能力但对社会有危害或有潜在危险的人，还必须采取治安行政强制措施，如《人民警察法》规定：公安机关的人民警察对严重危害公共安全或者他人人身安全的精神病人，可以采取保护性约束措施。

三、两者的适用条件不同

治安行政处罚的适用条件必须是行为人有违反治安行政法律规范的行为，违法行为的存在是治安行政处罚的前提条件。《治安管理处罚法》规定：违法事实不能成立的，应作出不予处罚决定。

而治安行政强制措施的适用条件不以违法行为为要件，对没有违法行为或仅有违法嫌疑的人，也可以采取治安行政强制措施。如《人民警察法》规定：为维护社会治安秩序，公安机关的人民警察对有违法犯罪嫌疑的人员，经出示相应证件，可以当场盘问、检查。《公民出境入境管理法》规定：中国公民出境、入境，从对外开放的或者指定的口岸通行，接受边防检查机关的检查。

四、两者的适用目的不同

治安行政处罚的目的是制裁违法行为人，迫使行为人承担违法后果。而治安行政强制措施的目的是预防或制止治安事件或治安行政违法行为，搜集违法证据，执行处罚决定。一个是实体目的，一个是程序目的。

五、两者的适用环节不同

治安行政强制措通常处于预防或制止违法行为、搜集违法证据环节，即在违法行为人的违法事实查清之前的环节。而治安行政处罚是在违法事实查清以后给予的制裁，处于违法事实查清之后的环节。

六、两者的适用程序不同

治安行政处罚的程序，按照《行政处罚法》《治安管理处罚法》等处罚法律规范的规定实施；治安行政强制措施的程序，按照《行政强制法》等强制法律规范的规定实施。

七、两者的适用频率不同

治安行政处罚是一事一罚，对同一事实和理由，公安机关只能给予一次处罚，不得给予两次以上处罚。而治安行政强制措施是为了预防或制止违法行为、搜集违法证据，只要出于预防或制止违法行为、搜集违法证据的需要，对同一违法行为人或违法嫌疑人、对同一违法事实可以多次反复采取强制措施，如多次传唤。

八、两者的执行方式不同

治安行政强制措施的执行必须伴以公安机关代表国家的强制力，没有强制力的相伴，强制措施无法执行，自愿执行或无须强制力伴以执行的，则不能称其为强制措施。而治安行政处罚既可以强制执行（此时为行政强制执行措施），也可以自愿执行。如《治安管理处罚法》规定：受到罚款处罚的人应当自收到处罚决定书之日起 15 日内，到指定的银行缴纳罚款。

第四节　治安行政强制措施的种类和设定

一、治安行政强制措施的种类

治安行政强制措施具体包括：限制公民人身自由，查封场所、设施或者财物，扣押财物，冻结存款、汇款以及其他行政强制措施共五种。依据不同的划分标准，可以把治安行政强制措施分为不同的类别。

1. 根据治安行政强制措施的对象，可将其分为对人身的强制措施和对财产的强制措施

对人身的强制措施是指针对人身权利而采取的暂时性限制，如强制传唤、当场盘问检查、继续盘问、保护性约束精神病人、约束醒酒、强制身体检查、强制健康检查、强制性病检查、强制人体毒品成分检测、强制人体酒精度检测、收容教育、强制戒毒、强行驱散、强行带离现场、立即拘留、使用警械和武器、阻止出境、入境、对外国人的拘留审查、监视居住、遣送出境等。

对财产的强制措施是指针对财产权利而采取的暂时性控制，如强制物品、车辆检查、强制场所搜查、查封、扣押、扣留财产、物品、工具、车辆、强制铲除毒品原植物、强制拆除、排除妨碍、强制保险、强制报废车辆、强制拖移车辆、强制转运、卸载超载的人员和物品、强制取缔等。

2. 根据治安行政强制措施的目的，可将其分为预防性强制措施、保全性强制措施和执行性强制措施

预防性强制措施是指预防或制止治安事件或治安行政违法行为而采取的强制措施。如当场盘问检查、保护性约束精神病人、约束醒酒、强行驱散、强行带离现场、立即拘留、使用警械和武器、强制铲除毒品原植物、强制拆除、排除妨碍、强制报废车辆、强制拖移车辆、强制转运、卸载超载的人员和物品等。

保全性强制措施是指搜集、保全违法证据而采取的强制措施。如强制传唤、继续盘问、强制性病检查、强制人体毒品成分检测、强制人体酒精度检测、查封、扣押、扣留财产、物品、工具、车辆等。

执行性强制措施是指被处罚人不自愿履行处罚决定而采取的强制其履行的强制措施。如强制执行治安拘留、扣押财物折抵罚款等。

3. 根据治安行政强制措施的程序，可将其分为紧急性强制措施和一般性强制措施

紧急性强制措施是指在事态紧急的情况下，为排除紧急妨碍、消除紧急危险，在来不及先行调查、批准的情况下，由现场执行警务的警察个人或负责人直接对相对人的人身、财产或行为采取断然行动的强制措施。如强制传唤、当场盘问检查、强制人体酒精度检测、强行驱散、强行带离现场、立即拘留、使用警械和武器、强制物品、车辆检查等。

一般性强制措施是指经过先行调查、核实、批准后再采取的强制措施。如继续盘问、强制性病检查、强制人体毒品成分检测、收容教育、强制戒毒、查封、扣押财产、物品、工具、强制保险、强制报废车辆、强制取缔等。

4. 根据治安行政强制措施的秩序范畴，可将其分为出境、入境强制措施和其他治安行政强制措施

出境、入境强制措施是指维护出境、入境治安秩序，对出境、入境人员、物品、交通工具而采取的特别强制措施。如：出境、入境人身、物品、交通工具检查、交通运输工具进行监护、阻止出境、入境、限制活动范围、设立住所或者办公处所、不得进入不对外开放的场所、拘留审查、监视居住、遣送出境等。

其他治安行政强制措施是指除出境、入境强制措施以外的其他与出境、入境活动无关的强制措施。

二、治安行政强制措施的设定

根据《立法法》《行政强制法》的规定，治安行政强制措施设定的法律规范层级为法律。《立法法》第 8 条规定：对公民政治权利的剥夺、限制人身自由的强制措施和处罚只能制定法律。《行政强制法》第 10 条规定：行政强制措施由法律设定。

1. 限制人身自由和冻结存、汇款治安行政强制措施的法律设定唯一性

限制公民人身自由和冻结存款、汇款的治安行政强制措施，只能由全国人大及其常委会制定法律来设定，其他法律规范无权设定。

2. 其他治安行政强制措施的法律设定变通性

（1）行政法规变通设定。尚未制定法律，且属于国务院行政管理职权事项的，行政法规可以设定除限制公民人身自由和冻结存款、汇款以及应当由法律规定的行政强制措施以外的其他治安行政强制措施。

（2）地方性法规变通设定。尚未制定法律、行政法规，且属于地方性事务的，地方性法规可以设定查封场所、设施或者财物和扣押财物的治安行政强制措施。

法律、法规以外的其他规范性文件不得设定行政强制措施。

第五节 治安行政强制措施的权限

治安行政强制措施的权限，除《行政强制法》涉及的几种强制措施予以集中规定以外，多分布在有关治安行政管理的各种单行法律规范中，且这些法律规范条文中也无集中规定。综合这些法律规范的分散规定，各种治安行政强制措施的权限是：

一、警察个人的当场治安行政强制措施权

警察个人的当场治安行政强制措施权是指由警察个人自我意志当场决定、当场实施的强制措施权。主要有：口头传唤、当场盘问检查、强制物品、车辆检查、强制拖移车辆、扣留机动车驾驶证、扣留机动车、非机动车、使用警械和武器等。如《道路交通安全法》规定：行人、乘车人、非机动车驾驶人违反道路交通安全法律、法规关于道路通行规定的，处警告或者 5 元以上 50 元以下罚款；非机动车驾驶人拒绝接受罚款处罚的，可以扣留其非机动车。

当场治安行政强制措施权的行使虽然由警察个人当场决定，但当场表明警察身份为必经程序。如《人民警察法》规定：为维护社会治安秩序，公安机关的人民警察对有违法犯罪嫌疑的人员，经出示相应证件，可以当场盘问、检查。《治安管理处罚法》规定：对现场发现的违反治安管理行为人，人民警察经出示工作证件，可以口头传唤，但应当在询问笔录中注明。

有的当场治安行政强制措施权的行使还须当场出具法律文书。如《道路交通安全法》规定：公安机关交通管理部门扣留机动车、非机动车，应当当场出具凭证，并告知当事人在规定期限内到公安机关交通管理部门接受处理。

二、现场负责人的当场治安行政强制措施权

现场负责人的当场治安行政强制措施权是指由执行警务的人民警察现场指挥人员自我意志当场决定、当场实施的强制措施权。主要有强行驱散、强行带离现场、立即拘留等。如《集会游行示威法》规定：有未依照本法规定申请或者申请未获许可的；未按照主管机关许可的目的、方式、标语、口号、起止时间、地点、路线进行的；在进行中出现危害公共安全或者严重破坏社会秩序情况的情形之一，不听制止的，人民警察现场负责人有权命令解散；拒不解散的，人民警察现场负责人有权依照国家有关规定决定采取必要措施强行驱散，并对拒不服从的人员强行带离现场或者立即予以拘留。

现场负责人的当场治安行政强制措施权一般由现场负责警察当场决定，由被指挥的其他警察当场执行，虽无明确程序规定，但至少应表明警察执法身份。

三、办案部门及以上负责人的治安行政强制措施权

办案部门及以上负责人的治安行政强制措施权是指由办案部门及以上负责人决定后实施的强制措施权。根据《公安机关办理行政案件程序规定》的规定，“办案部门”是指公安派出所及相当于公安派出所一级的办案单位。其强制措施权主要有：继续盘问、保护性约束精神病人、约束醒酒、强制身体检查、强制健康检查、强制性病检查、强制人体毒品成分检测、强制人体酒精度检测、阻止出境、入境、查封、扣押财产、强制铲除毒品原植物、强制拆除、排除妨碍、强制保险、强制报废车辆、强制取缔等。

办案部门及以上负责人的治安行政强制措施权的行使，通常由办案部门及以上负责人事先决定并开具法律文书后方能实施。如《公安机关适用继续盘问规定》规定：公安派出所的人民警察对符合本规定所列条件，确有必要继续盘问的有违法犯罪嫌疑的人员，可以立即带回，并制作《当场盘问、检查笔录》、填写《继续盘问审批表》报公安派出所负责人审批决定继续盘问 12 小时。对有违法犯罪嫌疑的人员批准继续盘问的，公安派出所应当填写《继续盘问通知书》，送达被盘问人，并立即通知其家属或者单位；未批准继续盘问的，应当立即释放。

四、县级及县级以上公安机关的治安行政强制措施权

县级及县级以上公安机关的治安行政强制措施权是指由县级及县级以上公安机关决定后实施的强制措施权。县级及县级以上公安机关是指县级及县级以上人民政府公安机关。其强制措施权主要有：继续盘问、强制取缔、对外国人的拘留审查、监视居住、遣送出境等。

县级及县级以上公安机关的治安行政强制措施权的行使通常由县级及县级以上公安机关事先决定并开具法律文书后方能实施，有的还需报上一级公安机关批准。如《公安机关适用继续盘问规定》规定：确有必要将继续盘问时限从 24 小时延长至 48 小时的，公安派出所应当填写《延长继续盘问时限审批表》，报县、市、旗公安局或者城市公安分局的主管负责人审批。《外国人入境出境管理法》规定：对外国人的拘留审查、监视居住、遣送出境由县级以上公安机关作出决定；但县级公安机关在作出决定前，应当报上一级公安机关批准。

五、适用治安行政处罚权限的治安行政强制措施

适用治安行政处罚权限的治安行政强制措施，主要是指对吸毒成瘾人员的强制隔离戒毒强制措施和对卖淫嫖娼人员的收容教育强制措施。《公安机关办理行政案件程序规定》规定：本规定所称行政案件，是指公安机关依照法律、法规和规章的规定对违法行为人决定行政处罚以及强制隔离戒毒、收容教育等处理措施的案件。因此，强制隔离戒毒和收容教育强制措施适用治安行政处罚案件的办理权限。

第十二章　对人身强制措施

第一节　传唤强制措施

一、传唤的概念

传唤是指公安机关对违反治安管理的行为人或嫌疑人，限令其在指定时间到指定地点接受询问的一项强制措施。

1. 传唤的对象。传唤的对象是违反治安管理的行为人，而不是报案人、证人、受害人。

2. 接受询问地点。询问违法嫌疑人，可以到违法嫌疑人住处或者单位进行，也可以将违法嫌疑人传唤到其所在市、县内的指定地点进行。询问违法嫌疑人，应当在公安机关的办案场所进行。询问查证期间应当保证违法嫌疑人的饮食和必要的休息时间，并在询问笔录中注明。在询问查证的间隙期间，可以将违法嫌疑人送入候问室，并按照候问室的管理规定执行。

3. 传唤的程序环节。受案是传唤的前置程序，传唤是在公安机关受理治安行政案件以后使用的强制措施，即公安机关对报案、控告、举报或者违反治安管理行为人主动投案，以及其他行政主管部门、司法机关移送的违反治安管理案件，应当及时受理，并进行登记。公安机关受理报案、控告、举报、投案后，认为属于违反治安管理行为的，应当立即进行调查；认为不属于违反治安管理行为的，应当告知报案人、控告人、举报人、投案人，并说明理由。

4. 传唤的告知。公安机关应当将传唤的原因和依据告知被传唤人，并通知其家属。

二、传唤的形式

1. 书面传唤。即使用传唤证传唤，公安机关传唤违法嫌疑人时，应当表明执法身份，并出示传唤证。其权限由公安派出所、县级以上公安机关办案部门或者出入境边防检查机关负责人批准，警察个人无权决定。使用传唤证传唤的，违法嫌疑人被传唤到案后和询问查证结束后，由其在传唤证上填写到案和离开时间并签名。拒绝填写或者签名的，由办案人民警察在传唤证上注明。

2. 口头传唤。对现场发现的违法嫌疑人，人民警察经出示工作证件，可以口头传唤，并在询问笔录中注明违法嫌疑人到案经过、到案时间和离开时间。口头传唤可由当场警察个人决定。显然，口头传唤不能延伸为电话传唤、口信传唤。

3. 强制传唤。对违反治安管理的违法嫌疑人，对无正当理由不接受传唤或者逃避传唤的违反治安管理、消防安全管理、出境入境管理的嫌疑人以及法律规定可以强制传唤的其他违法嫌疑人，可以强制传唤。强制传唤时，可以依法使用手铐、警绳等约束性警械。强制传唤的权限由公安派出所、县级以上公安机关办案部门或者出入境边防检查机关负责人批准。

三、传唤后的询问查证时间

1. 无间隔时间。对违反治安管理行为人，公安机关传唤后应当及时询问查证。

2. 一般询问查证时间为 8 小时。公安机关询问查证的时间一般不得超过 8 小时。

3. 最长询问查证时间为 24 小时。案情复杂，违法行为依法可能适用行政拘留处罚的，询问查证的时间不得超过 24 小时。

不得以连续传唤的形式变相拘禁违法嫌疑人。

第二节　当场盘问检查强制措施

当场盘问检查是指公安机关的人民警察为维护社会治安秩序，对有违法犯罪嫌疑的人员，当场盘问、检查的强制措施。

一、当场盘问检查的主体

当场盘问检查的主体只限于公安机关的人民警察，不包括公安机关、国家安全机关、监狱、劳动教养管理机关的人民警察和人民法院、人民检察院的司法警察。

二、当场盘问检查的权限

当场盘问检查权由现场警察个体决定，无须公安机关办案部门以上负责人批准。

三、当场盘问检查的对象

当场盘问检查的对象包括形迹可疑、有违法犯罪嫌疑的任何人员。是否有违法犯罪嫌疑，由现场警察个体自主判断和认定，但需有认定的理由和依据。

四、当场盘问检查的程序

对有违法犯罪嫌疑的人员的当场盘问检查需表明执法身份后实施，未穿着制式服装的人民警察在当场盘问、检查前，必须出示执法证件表明人民警察身份。

五、当场盘问检查的内容

当场盘问检查的内容包括对有违法犯罪嫌疑的人员的有关情况的现场盘问和对被盘问人的证件、人身及其携带物品的检查两个方面。但对人身的检查应当由两名与被检查人同性别的人民警察进行。

第三节　继续盘问强制措施

继续盘问是指公安机关的人民警察为了维护社会治安秩序，对有违法犯罪嫌疑的人员当场盘问、检查后，发现具有法定情形而将其带至公安机关继续进行盘问的措施。

一、继续盘问的对象

对有违法犯罪嫌疑的人员当场盘问、检查后，不能排除其违法犯罪嫌疑，且具有下列情形之一的，警察可以将其带至公安机关继续盘问：

1. 被害人、证人控告或者指认其有犯罪行为的；
2. 有正在实施违反治安管理或者犯罪行为嫌疑的；
3. 有违反治安管理或者犯罪嫌疑且身份不明的；
4. 携带的物品可能是违反治安管理或者犯罪的赃物的。

二、不得适用继续盘问的对象

对具有下列情形之一的人员，不得适用继续盘问：

1. 有违反治安管理或者犯罪嫌疑，但未经当场盘问、检查的；
2. 经过当场盘问、检查，已经排除违反治安管理和犯罪嫌疑的；
3. 涉嫌违反治安管理行为的法定最高处罚为警告、罚款或者其他非限制人身自由的行政处罚的；
4. 从其住处、工作地点抓获以及其他应当依法直接适用传唤或者拘传的；
5. 已经到公安机关投案自首的；
6. 明知其所涉案件已经作为治安案件受理或者已经立为刑事案件的；
7. 不属于公安机关管辖的案件或者事件当事人的；
8. 患有精神病、急性传染病或者其他严重疾病的；
9. 其他不符合继续盘问的对象所列条件的。

三、候问室的设置

1. 候问室的性质

候问室是指在继续盘问间隙期间，被盘问人等候盘问的场所。未设置候问室的，在继续盘问间隙期间，由人民警察在询问室、办公室看管，或者送入就近公安派出所的候问室。禁止将被盘问人送入看守所、拘役所、拘留所、强制戒毒所、收容教育所或者其他监管场所关押。

2. 候问室的设置地点

候问室只能设置在符合条件的公安派出所，即确有维护社会治安秩序的工作需要，在警力配置上能够保证在使用候问室时由人民警察值班、看管和巡查的派出所。

县、市、旗公安局或者城市公安分局以上公安机关及其内设机构，不得设置候问室。县、市、旗公安局或者城市公安分局其他办案部门和设区的市级以上公安机关及其内设机构的人民警察对有违法犯罪嫌疑的人员，应当依法直接适用传唤、拘传、刑事拘留、逮捕、取保候审或者监视居住，不得适用继续盘问。对符合条件，确有必要继续盘问的有违法犯罪嫌疑的人员，可以带至就近的公安派出所，按照规定适用继续盘问。

3. 候问室的设置程序

（1）由县、市、旗公安局或者城市公安分局经报请设区的市级以上公安机关批准后设立；

（2）必须经过设区的市级以上公安机关验收合格后，才能投入使用。

4. 候问室的设置标准

（1）房屋牢固、安全、通风、透光，单间使用面积不得少于 6 平方米，层高不低于 2.55 米；

（2）室内应当配备固定的坐具，并保持清洁、卫生；

（3）室内不得有可能被直接用以行凶、自杀、自伤的物品；

（4）看管被盘问人的值班室与候问室相通，并采用栏杆分隔，以便于观察室内情况。

对有违法犯罪嫌疑的人员继续盘问 12 小时以上的，应当为其提供必要的卧具。候问室应当标明名称，并在明显位置公布有关继续盘问的规定、被盘问人依法享有的权利和候问室管理规定。

四、候问室进出管理制度

1. 设立《继续盘问登记表》

载明被盘问人的姓名、性别、年龄、住址、单位以及办案部门、承办人、批准人、继续盘问的原因、起止时间、处理结果等情况。

2. 建立值班、看管和巡查制度

明确值班岗位责任，候问室有被盘问人时，应当由人民警察值班、看管和巡查，如实记录有关情况，并做好交接工作。

3. 建立档案管理制度

对《继续盘问登记表》等有关资料按照档案管理的要求归案保存，以备查验。

4. 问清、记录、报告身体状况

被盘问人被送入候问室时，看管的人民警察应当问清其身体状况，并做好记录。发现被盘问人有外伤、有严重疾病发作的明显症状的，或者具有四小时以内盘问完毕对象的，应当立即报告县、市、旗公安局或者城市公安分局警务督察部门和主管公安派出所工作的部门，并做好详细记录。

5. 暂存、保管随身携带的物品

将被盘问人送入候问室时，对其随身携带的物品，公安机关应当制作暂存物品清单，经被盘问人签名或者捺指印确认后妥为保管，不得侵吞、挪用或者损毁。

6. 移交或者处理证据和违禁品

继续盘问结束后，被盘问人的物品中属于违法犯罪证据或者违禁品的，应当依法随案移交或者作出处理，并在暂存物品清单上注明。与案件无关的，应当立即返还被盘问人，并在暂存物品清单上注明，由被盘问人签名或者捺指印。

7. 提供基本饮食

在继续盘问期间，公安机关应当为被盘问人提供基本的饮食。

8. 方便如厕

候问室没有厕所和卫生用具的，人民警察应带领被盘问人离开候问室如厕，但必须严加看管，防止发生事故。

五、继续盘问的时限和权限

公安派出所的人民警察对符合继续盘问所列条件，确有必要继续盘问的有违法犯罪嫌疑的人员，可以立即带回，并填写继续盘问审批表，制作《当场盘问、检查笔录》。对批准继续盘问的，应当将继续盘问审批表复印、传真或者通过计算机网络报所属县、市、旗公安局或者城市公安分局主管公安派出所工作的部门备案。

继续盘问的时限一般为 12 小时；对在 12 小时以内确实难以证实或者排除其违法犯罪嫌疑的，可以延长至 24 小时；对不讲真实姓名、住址、身份，且在 24 小时以内仍不能证实或者排除其违法犯罪嫌疑的，可以延长至 48 小时。时限计算自有违法犯罪嫌疑的人员被带至公安机关之时起，至被盘问人可以自由离开公安机关之时或者被决定刑事拘留、逮捕、行政拘留、收容教育、强制戒毒而移交有关监管场所执行之时止，包括呈报和审批继续盘问、延长继续盘问时限、处理决定的时间。

1. 4 小时盘问

下列特殊对象 4 小时内继续盘问完毕，由公安派出所负责人审批决定。

（1）怀孕或者正在哺乳自己不满 1 周岁婴儿的妇女；

（2）不满 16 周岁的未成年人；

（3）已满 70 周岁的老年人。

上述对象必须在带至公安机关之时起的 4 小时以内盘问完毕，且不得送入候问室。对上述人员在晚上 9 点至次日早上 7 点之间释放的，应当通知其家属或者监护人领回；对身份不明或者没有家属和监护人而无法通知的，应当护送至其住地。

2. 12 小时盘问

继续盘问的时限一般为 12 小时，对符合继续盘问所列条件的对象，可以立即带回，报公安派出所负责人审批决定继续盘问 12 小时。

3. 24 小时盘问

对在 12 小时以内确实难以证实或者排除其违法犯罪嫌疑的，可以延长至 24 小时。确有必要将继续盘问时限延长至 24 小时的，由公安派出所填写延长继续盘问时限审批表，报县、市、旗公安局或者城市公安分局的值班负责人审批。

4. 48 小时盘问

对不讲真实姓名、住址、身份，且在 24 小时以内仍不能证实或者排除其违法犯罪嫌疑的，可以延长至 48 小时。确有必要将继续盘问时限从 24 小时延长至 48 小时的，由公安派出所填写延长继续盘问时限审批表，报县、市、旗公安局或者城市公安分局的主管负责人审批。

5. 不得跳越时限

县、市、旗公安局或者城市公安分局的值班或者主管负责人应当在继续盘问时限届满前作出是否延长继续盘问时限的决定，但不得决定将继续盘问时限直接从 12 小时延长至 48 小时。

6. 第一次盘问起始时间

对有违法犯罪嫌疑的人员批准继续盘问后，应当立即结合当场盘问、检查的情况继续对其进行盘问，以证实或者排除其违法犯罪嫌疑。

六、继续盘问的告知

1. 立即告知

批准继续盘问的，由公安派出所填写继续盘问通知书，送达被盘问人，并立即通知其家属或者单位。

2. 注明告知

对被盘问人身份不明或者没有家属和单位而无法通知的，在继续盘问通知书上注明，并由被盘问人签名或者捺指印。但对因身份不明而无法通知的，如在继续盘问期间查明身份后，应再通知其家属或者单位。

3. 告知并安置

被盘问人的家属为老年人、残疾人、精神病人、不满十六周岁的未成年人或者其他没有独立生活能力的人，因公安机关实施继续盘问而使被盘问人的家属无人照顾的，公安机关应通知其亲友予以照顾或者采取其他适当办法妥善安排，并将安排情况及时告知被盘问人。

七、继续盘问的终止及处理

1. 立即释放

具有下列情形之一的，立即终止继续盘问，并立即释放被盘问人。

（1）未批准继续盘问的；

（2）发现有不得适用继续盘问的九种情形之一的对象的；

（3）已经排除违法犯罪嫌疑的；

（4）经过批准的继续盘问、延长继续盘问时限届满，尚不能证实其违法犯罪嫌疑的；

（5）依法作出取保候审、监视居住或者警告、罚款等行政处罚决定的。

2. 移交监管场所

对被盘问人依法作出下列处罚和强制措施的，立即终止继续盘问，移交有关监管场所执行。

（1）刑事拘留的；

（2）逮捕的；

（3）行政拘留的；

（4）收容教育的；

（5）强制戒毒的。

对终止继续盘问或者释放被盘问人的，应当在继续盘问登记表上载明终止继续盘问或者释放的具体时间、原因和处理结果，由被盘问人核对无误后签名或者捺指印。被盘问人拒绝签名和捺指印的，应当在继续盘问登记表上注明。

八、被盘问人患病、受伤或死亡后的处理

1. 对被盘问人患病、受伤的处理

对在继续盘问期间突患疾病或者受伤的被盘问人，公安派出所应当立即采取措施做好以下处置：

（1）救治。立即予以救治。

（2）通知。通知其家属或者单位。

（3）报告。向县、市、旗公安局或者城市公安分局负责人报告，并做好详细记录。对被盘问人身份不明或者没有家属和单位而无法通知的，应当在继续盘问登记表上注明。

（4）安排救治费。一般情况由被盘问人或者其家属承担救治费。但由于公安机关或者他人的过错导致被盘问人患病、受伤的，救治费由有过错的一方承担。

2. 对被盘问人死亡的处理

（1）公安派出所的职责

①保护好现场；

②保管好尸体；

③立即报告所属县、市、旗公安局或者城市公安分局的主管负责人或者值班负责人、警务督察部门和主管公安派出所工作的部门；

④立即通知被盘问人的家属或者单位。

（2）县、市、旗公安局或者城市公安分局职责

①立即通报同级人民检察院；

②在 24 小时以内委托具有鉴定资格的人员进行死因鉴定；

③在作出鉴定结论后 3 日以内将鉴定结论送达被盘问人的家属或者单位。对被盘问人身份不明或者没有家属和单位而无法通知的，应当在鉴定结论上注明。

（3）家属和单位的权利

被盘问人的家属或者单位对鉴定结论不服的，可以在收到鉴定结论后 7 日以内向上一级公安机关申请重新鉴定。上一级公安机关接到申请后，应当在 3 日以内另行委托具有鉴定资格的人员进行重新鉴定。

九、违法继续盘问的行为方式

1. 超适用范围继续盘问；
2. 超时限继续盘问；
3. 适用继续盘问不履行审批、登记手续；
4. 批准继续盘问后不立即对有违法犯罪嫌疑的人员继续进行盘问；
5. 将被盘问人送入未经验收合格的候问室；
6. 将不同性别的被盘问人送入同一个候问室；
7. 指派不具有人民警察身份的人员从事有关继续盘问的执法工作；
8. 不按规定通知被盘问人家属或者单位、安排被盘问人无人照顾的家属；
9. 不按规定报告情况；
10. 不按规定终止继续盘问、释放被盘问人；
11. 以继续盘问代替处罚；
12. 将继续盘问作为催要罚款、收费的手段；
13. 刑讯逼供或者殴打、体罚、虐待、侮辱被盘问人；
14. 违法使用警械、武器；
15. 以连续继续盘问的方式变相拘禁他人。

十、被盘问人死亡的警察责任

因违法使用警械、武器或者疏于管理导致被盘问人在继续盘问期间自杀身亡、被殴打致死或者其他非正常死亡的，警察及其部门承担下列责任：

1. 追究有关责任人员的法律责任；
2. 开除负有直接责任的警察；
3. 撤销公安派出所的主要负责人职务；

4. 处分所属公安机关的分管负责人和主要负责人；
5. 取消该公安派出所及其所属公安机关参加本年度评选先进的资格；
6. 赔偿对被盘问人合法权益造成的损害。

第四节　收容教育强制措施

收容教育是指对卖淫、嫖娼人员集中进行法律教育和道德教育、组织参加生产劳动以及进行性病检查、治疗的行政强制教育措施。

一、收容教育的对象

对卖淫、嫖娼人员，除依法给予治安管理处罚外，对尚不够实行劳动教养的，可以收容教育。但有下列情形之一的卖淫、嫖娼人员，可以不予收容教育：

1. 年龄不满 14 周岁的；
2. 患有性病以外其他急性传染病的；
3. 怀孕或者哺乳本人所生 1 周岁以内婴儿的；
4. 被拐骗、强迫卖淫的。

二、收容教育的方针

收容教育工作实行教育、感化、挽救的方针。通过强制集中进行法律、道德教育、生产劳动和性病检查、治疗，教育、挽救卖淫、嫖娼人员，使之改掉恶习，制止性病蔓延。

三、收容教育的权限和程序

对卖淫、嫖娼人员实行收容教育，由县级公安机关决定。决定实行收容教育的，有关县级公安机关应当填写收容教育决定书。收容教育决定书副本应当交给被收容教育人员本人，并自决定之日起 15 日内通知其家属、所在单位和户口所在地的公安派出所。

四、收容教育的期限

收容教育期限为 6 个月至 2 年。收容教育日期自执行之日起计算。被收容教育人员被刑事拘留的行为与被决定收容教育的行为系同一行为，其被刑事拘留 1 日折抵收容教育 1 日。被收容教育人员因同一行为被公安机关治安拘留后，并被决定收容教育的，治安拘留期限不应当折抵收容教育期限。

被收容教育人员请假离所和所外就医的期限应当计算在收容教育期限内。违反有关规定的，离所期限不计算在收容教育期限内。

五、收容教育所的设立

收容教育所是公安机关依法对卖淫、嫖娼人员进行法律和道德教育、组织参加劳动生产以及进行性病检查、治疗的行政强制教育场所。收容教育所的设立，由省、自治区、直辖市或者自治州、设区的市的公安机关根据收容教育工作的需要提出方案，报同级人民政府批准。地方计委、财政部门应当将收容教育所的基本建设投资和所需经费列入基建计划和财政预算。

被收容教育人员的收容室应当通风、采光，防暑、防寒、防潮。收容室人均使用面积不得少于 3 平方米。收容教育所根据工作需要，配备辅导、医务、财会等工作人员。收容教育所应当设置办公区、收容教育区、劳动生产区、医疗区等，配备必要的医疗设施和教育、文体活动器材及交通、通讯设备。

六、收容教育的管理

1. 接受入所

收容教育所接收被收容教育人员，须凭县级以上公安机关签发的收容教育决定书，填写收容教育人员入所登记表，并对其进行健康和性病检查，填写收容教育人员健康及性病检查表。对非日常用品及现金登记造册，填写财物保管登记表，由收容教育所代为保管。对接收后发现不应收容教育的，应当提请办案单位依法作其他处理；对吸食、注射毒品成瘾的，应当先行强制戒毒；对可能患有精神病的，由办案单位负责鉴定。

收容教育所接收被收容教育人员，应当告知其依法享有的合法权益和必须遵守的所规，并在入所后的 24 小时内进行第一次谈话。

2. 日常管理

收容教育所对被收容教育人员，应当按性别、有无性病和是否成年等不同情况实行分别管理。女性被收容教育人员，应当由女性工作人员进行管理。收容教育所允许被收容教育人员的家属按照有关规定进行探访。一般情况下，每月可探访 1 次，每次不超过 3 人。其他人员、国外、境外亲属要求会见的，须经收容教育所所长批准。

被收容教育人员在所期间的生活、医疗费用由本人或者家属负担。确有困难的，可以由收容教育所报请当地财政部门解决。对被收容教育人员可以组织他们参加生产劳动，学习生产技能，被收容教育人员参加生产劳动所获得的劳动收入，用于改善被收容教育人员的生活和收容教育所的建设。对参加生产劳动的被收容教育人员，按照规定支付一定的劳动报酬。

收容教育期间，发现被收容教育人员有其他违法犯罪行为尚未处理或者有新的违法犯罪行为的，收容教育所应当及时通知办案机关依法处理。

3. 请假离所

被收容教育人员在所期间，遇有子女出生、直系亲属患严重疾病、死亡以及其他正当理由需要离所的，由家属或者其所在单位担保并交纳保证金，经所长批准并报主管收容教育所的公安机关备案后，可以离所。经批准离所的，发给收容教育人员准假证明。离所期限一般不超过 7 日。保证金按准假天数收取，每日最高不得超过 1000 元。无力交纳的，可以适当减免。保证金由保证人持公安机关出具的收容教育人员请假离所保证金缴纳通知书向公安机关指定的银行专户一次性交纳。

经批准离所的被收容教育人员按期回所的，保证金应当如数退还；对逾期不归的，收容教育所负责追回，并由主管收容教育所的公安机关对其处以 1000 元以下的罚款；保证人未履行保证义务的，由主管收容教育所的公安机关处以 1000 元以下罚款，构成违反治安管理行为的，依照《治安管理处罚法》予以处罚。罚款可以从保证金中扣除，其余部分的保证金应当退还。

4. 所外就医

对患有严重疾病或者传染病的被收容教育人员，收容教育所不具备医疗条件或者短期内无法治愈的，经省级人民政府指定的县级以上医院诊断鉴定后，由家属或者其所在单位担保，收容教育所提出意见，报主管收容教育所的公安机关批准，可以予以所外就医，并通报原决定收容教育的公安机关。但自伤、自残的，不予所外就医。批准所外就医的，收容教育所发给收容教育人员所外就医证明，并与被收容教育人员所在单位、街道（乡、镇）和常住户口所在地或者暂住地公安派出所共同签订联合帮教协议。

所外就医的被收容教育人员应定期回所报告，行动不便或者路途较远的可以书面报告。收容教育所定期考察，日常的监督、考察、帮教工作由被收容教育人员所在单位、街道（乡、镇）和常住户口所在地或者暂住地公安派出所负责。所外就医的被收容教育人员，有新的违法犯罪行为，按有关法律法规处理；无新的违法犯罪行为，收容教育期满的可按期解除收容教育；有立功表现的，可按规定提前解除收容教育。所外就医情形消失的，应当立即收回所内执行。

5. 死亡处理

被收容教育人员在收容教育期间死亡的，由主管收容教育所的公安机关组织法医或者指定医生作出死亡鉴定，经同级人民检察院检验，报上一级公安机关和人民检察院备案，并填写收容教育人员死亡通知书，通知死者的家属、所在单位和户口所在地公安派出所；家属不予认领尸体的，由公安机关拍照后处理。其遗留财物在有关法律规定的时限内无人领取的，上缴国库。

6. 提前解除

被收容教育人员确有悔改或者立功表现的，可以提前解除收容教育。需要提前解除收容教育的，由收容教育所提出意见，报原决定收容教育的公安机关批准，同时向主管收容教育所的公安机关备案。提前解除收容教育的，实际执行的收容教育期限不得少于原决定收容教育期限的二分之一。

7. 延长期限

收容教育所对拒绝接受教育、不服从管理或者有危害收容教育所安全行为的被收容教育人员，可以延长收容教育。需要延长收容教育的，由收容教育所提出意见，报原决定收容教育的公安机关批准，同时向主管收容教育所的公安机关备案。延长收容教育的，实行执行的收容教育期限最长不得超过 2 年。

8. 期满解除

对收容教育期满的被收容教育人员，立即解除收容教育，发给解除收容教育证明书，通知家属或者单位领回，同时通报其常住户口所在地或者暂住地公安派出所。

第五节　强制隔离戒毒强制措施

强制隔离戒毒，是指对吸食、注射毒品成瘾人员，在一定时期内通过行政措施对其强制进行药物治疗、心理治疗和法制教育、道德教育，使其戒除毒瘾的强制措施。

一、强制隔离戒毒的对象

对吸毒成瘾人员，有下列情形之一的，予以强制隔离戒毒：

1. 拒绝接受社区戒毒的；
2. 在社区戒毒期间吸食、注射毒品的；
3. 严重违反社区戒毒协议的；

4. 经社区戒毒、强制隔离戒毒后再次吸食、注射毒品的。

对于吸毒成瘾严重，通过社区戒毒难以戒除毒瘾的人员，公安机关可以直接作出强制隔离戒毒的决定。

吸毒成瘾人员自愿接受强制隔离戒毒的，经公安机关同意，可以进入强制隔离戒毒场所戒毒。

二、不适用强制隔离戒毒的人员

1. 怀孕或者正在哺乳自己不满 1 周岁婴儿的妇女吸毒成瘾的，不适用强制隔离戒毒。

2. 不满 16 周岁的未成年人吸毒成瘾的，可以不适用强制隔离戒毒。

对不适用强制隔离戒毒的吸毒成瘾人员，依照规定进行社区戒毒，由负责社区戒毒工作的城市街道办事处、乡镇人民政府加强帮助、教育和监督，督促落实社区戒毒措施。

三、强制隔离戒毒的权限和程序

强制隔离戒毒，由县级以上人民政府公安机关作出决定并制作强制隔离戒毒决定书。强制隔离戒毒决定书在执行强制隔离戒毒前送达被决定人，并在送达后 24 小时以内通知被决定人的家属、所在单位和户籍所在地公安派出所；被决定人不讲真实姓名、住址，身份不明的，公安机关自查清其身份后通知。

对被决定予以强制隔离戒毒的人员，由作出决定的公安机关送强制隔离戒毒场所执行。

四、强制隔离戒毒的期限

强制隔离戒毒的期限为 2 年。执行强制隔离戒毒一年后，经诊断评估，对于戒毒情况良好的戒毒人员，强制隔离戒毒场所可以提出提前解除强制隔离戒毒的意见，报强制隔离戒毒的决定机关批准。

强制隔离戒毒期满前，经诊断评估，对于需要延长戒毒期限的戒毒人员，由强制隔离戒毒场所提出延长戒毒期限的意见，报强制隔离戒毒的决定机关批准。强制隔离戒毒的期限最长可以延长 1 年。

五、强制隔离戒毒所的设立

强制隔离戒毒所是公安机关依法通过行政强制措施，对吸食、注射毒品成瘾人员在一定时期内，进行生理脱毒、心理矫治、适度劳动、身体康复和法律、道德教育的场所。

强制隔离戒毒所的设置，由县级以上人民政府公安机关根据省、自治区、直辖市人民政府的统一规划，提出方案，报请同级人民政府批准后，报公安部备案。县级以上地方各级人民政府计划部门、财政部门，将强制隔离戒毒所的基本建设投资和所需经费，列入本级基本建设计划和财政预算。公安机关不得与任何单位、个人合资开办强制戒毒所。强制戒毒所必须单独设置，床位不少于 60 张。强制戒毒所选址应当尽量远离机关、学校、居民区、托幼园所及其他人群密集的繁华区域，远离环境嘈杂、污染的地方。戒毒病室的面积每人平均不得少于 3 平方米，应当通风、采光，能够防寒、防暑、防潮。

医疗单位开办戒毒脱瘾治疗业务，须经省、自治区、直辖市人民政府卫生部门按照有关规定批准，并报同级公安机关备案。医疗单位开办的戒毒脱瘾治疗业务，应当接受公安机关监督。任何个人不得开办戒毒脱瘾治疗业务。

六、强制隔离戒毒的管理

1. 接受入所

强制戒毒所凭县级以上人民政府公安机关开具的《强制隔离戒毒决定书》，接收戒毒人员。强制隔离戒毒所接收戒毒人员，填写《强制隔离戒毒人员入所登记表》，并对其进行健康检查，填写《强制隔离戒毒人员健康检查表》。除生活必需品外，其他财物由强制隔离戒毒所代为保管，填写《强制隔离戒毒人员财物保管登记表》。强制隔离戒毒所接收戒毒人员入所时，告知其依法享有的权利及必须遵守的规定。

2. 日常管理

强制隔离戒毒所依照法律和有关规定建立戒毒人员档案，实行计算机管理；对戒毒人员按照性别实行分别管理，女性戒毒人员由女性工作人员管理；根据戒毒情况，按生理脱毒、心理治疗、身体康复等实行分区管理；戒毒治疗区实行封闭式管理，除管教、医护、工勤人员外，其他人员未经所长批准，不得进入戒毒治疗区。强制隔离戒毒所允许戒毒人员的家属或者所在单位的有关人员探访，探访由强制隔离戒毒所统一安排。探访人员必须遵守强制隔离戒毒所的规定。

强制隔离戒毒所发现戒毒人员有其他违法犯罪行为尚未处理的，应当依照有关法律、法规的规定提请有关部门处理。戒毒人员因其他违法犯罪行为被批准刑事拘留、逮捕或者劳动教养、少年收容教养、收容教育的，强制隔离戒毒所应当根据有关法律文书，终止其在强制隔离戒毒所内戒毒，办理出所移交手续。

戒毒人员在强制隔离戒毒期间的生活费和治疗费由本人或者其家属承担。戒毒人员确实无力交纳的，由其户口所在地派出所出具证明，强制隔离戒毒所拟定预算计划，报请当地财政部门解决。

3. 请假离所

戒毒人员在强制隔离戒毒期间，遇有直系亲属病危、死亡或者有其他正当理由需暂时离所的，由当地派出所出具证明，其亲属或者所在单位写出书面保证，经所长批准并报所属公安机关备案后，可以离所。离所期限不得超过 3 日，离所时间计入强制隔离戒毒期限。

4. 死亡处理

戒毒人员在强制隔离戒毒期间死亡的，由公安机关组织法医或者指定医生作出死亡鉴定，经同级人民检察院检验后，填写死亡通知书，通知死者家属、所在单位和户口所在地公安派出所。家属不予认领的尸体，由公安机关拍照后处理。公安机关同时将死亡鉴定等有关情况报上一级公安机关备案。

5. 指定戒毒

对于已办理刑事拘留、逮捕手续关押在看守所的犯罪嫌疑人、被告人和在收容教育所的被收容教育人员，确需在强制隔离戒毒所进行生理脱毒治疗的，由看守所和收容教育所提出意见，报经县级以上公安机关批准，可以在指定的强制隔离戒毒所治疗。治疗期间的监护工作由原监管场所派人承担，生理脱毒后立即押送回原监管场所。

6. 期满解除

决定强制隔离戒毒或者批准延长强制隔离戒毒期限届满的，强制隔离戒毒所解除强制隔离戒毒，由原作出决定的公安机关发给解除强制隔离戒毒证明书，并通知其家属、所在单位和户口所在地公安派出所。

对强制隔离戒毒期满后，经检验已生理脱毒的戒毒人员，由强制隔离戒毒所所长批准后办理出所手续，发给解除强制隔离戒毒证明书，通知其家属或者所在单位领回。戒毒人员凭强制隔离戒毒人员财物保管登记表，领取入所时所存财物。戒毒人员出所时，强制隔离戒毒所进行出所登记，填写强制隔离戒毒人员出所登记表。

第六节　人身检查搜查强制措施

人身检查搜查包括与违反治安管理行为有关的人身检查、戒严期间人身检查、搜查、出入境人身检查和执行场所人身检查等。

一、与违反治安管理行为有关的人身检查

根据《治安管理处罚法》的规定，公安机关对与违反治安管理行为有关的人身可以进行检查。检查时，人民警察不得少于2人，并应当出示工作证件和县级以上人民政府公安机关开具的检查证明文件。对确有必要立即进行检查的，人民警察经出示工作证件，可以当场检查，检查妇女的身体，应当由女性工作人员进行。检查的情况应当制作检查笔录，由检查人、被检查人和见证人签名或者盖章；被检查人拒绝签名的，人民警察应当在笔录上注明。

二、戒严期间人身检查、搜查

涉及戒严期间人身检查、搜查的法律规范和适用条件主要是《戒严法》的规定，根据该法的规定，戒严执勤人员依照戒严实施机关的规定，有权对被扣留者的人身进行搜查，有权对被拘留的人员的人身进行搜查。在个别县、市的局部范围内突然发生严重骚乱，严重危及国家安全、社会公共安全和人民的生命财产安全，国家没有作出戒严决定时，当地省级人民政府报经国务院批准，可以决定并组织人民警察、人民武装警察对参与骚乱的人强行予以搜查。

三、出入境人身检查

涉及出入境人身检查的主要法律规范和适用条件包括：

1.《公民出境入境管理法》规定，中国公民出境、入境，从对外开放的或者指定的口岸通行，接受边防检查机关的检查。

2.《外国人入境出境管理法》规定，外国人入境、出境、过境，必须从对外国人开放的或者指定的口岸通行，接受边防检查机关的检查。

3.《出境入境边防检查条例》规定，边防检查站认为必要时，可以对出境、入境的人员进行人身检查。人身检查应当由两名与受检查人同性别的边防检查人员进行。

4.《公安部关于实施〈出境入境边防检查条例〉中检查、监护和阻止出入境等问题处理办法的通知》规定，检查站实施人身检查的范围是：

（1）非法出境、入境的；

（2）被国外遣返的；

（3）出境后第三国退回的外国人；

（4）有犯罪嫌疑的；

（5）有携带法律、法规规定的违禁物品嫌疑的；

（6）有非法携带国家秘密文件、资料、枪支弹药嫌疑的；

（7）其他检查站认为有必要进行人身检查的。

人身检查必须经检查站值班领导批准，由与受检查人同性别的两名检查员实施检查，并填写人身检查登记表。

四、执行场所人身检查

涉及执行场所人身检查的法律规范和适用条件包括：

1.《禁毒法》规定，戒毒人员进入强制隔离戒毒场所戒毒时，应当接受对其身体的检查。

2.《收容教育所管理办法》规定，收容教育所接收被收容教育人员，应当对其人身进行检查。对女性被收容教育人员的人身检查，应当由女工作人员进行。

3.《看守所条例》规定，看守所收押人犯，应当对其人身进行严格检查。发现犯罪证据和可疑物品，要当场制作记录，由人犯签字捺指印后，送案件主管机关处理。对女性人犯的人身检查，由女工作人员进行。

4.《看守所条例实施办法（试行）》规定，对出所的人，应当对其人身进行检查，防止给其他在押人犯带出信件和物品。

第七节　强制身体检测治疗和隔离强制措施

强制身体检测、治疗和隔离包括强制性病检查、治疗、强制毒品检测、检查、强制酒精检测、强制健康检查和强制隔离等。

一、强制性病检查、治疗

涉及强制性病检查、治疗的法律规范和适用条件包括：

1.《全国人大常委会关于严禁卖淫嫖娼的决定》规定，对卖淫、嫖娼的，一律强制进行性病检查。对患有性病的卖淫、嫖娼人员，进行强制治疗。

2.《收容教育所管理办法》规定，收容教育所应当定期对被收容教育人员进行身体检查；积极配合当地卫生部门，对被收容教育人员进行强制性病检查；对患有性病的被收容教育人员应当实行隔离治疗。发现被收容教育人员患有传染病的，必须立即隔离治疗。

二、强制毒品检测、检查

涉及强制毒品检测、检查的法律规范和适用条件是：

1.《禁毒法》规定，公安机关可以对涉嫌吸毒的人员进行必要的检测，被检测人员应当予以配合；对拒绝接受检测的，经县级以上人民政府公安机关或者其派出机构负责人批准，可以强制检测

2.《道路交通安全法实施条例》规定，机动车驾驶人有服用国家管制的精神药品或者麻醉药品嫌疑的，应当接受测试、检验。

三、强制酒精检测

涉及强制酒精检测的法律规范和适用条件包括：

1.《道路交通安全法实施条例》规定，机动车驾驶人有饮酒、醉酒嫌疑的，接受测试、检验。

2.《公安机关办理行政案件程序规定》规定，对有酒后驾驶机动车嫌疑的人，对其进行呼气酒精测试，符合情形之，立即提取血样，检验血液酒精含量。

四、强制健康检查

涉及强制健康检查的法律规范和适用条件主要是《看守所条例》的规定，根据该规定，看守所收押人犯，应当进行健康检查，对患有精神病或者急性传染病的；患有其他严重疾病，在羁押中可能发生生命危险或者生活不能自理的（但是罪大恶极不羁押对社会有危险性的除外）；怀孕或者哺乳自己不满一周岁的婴儿的妇女，不予收押。

五、强制隔离

涉及强制隔离的法律规范和适用条件是：

1.《禁毒法》规定，强制隔离戒毒场所对患有传染病的戒毒人员，应当依法采取必要的隔离、治疗措施。

2.《收容教育所管理办法》规定，发现被收容教育人员患有传染病的，必须立即隔离治疗。

3.《治安拘留所管理办法（试行）》规定，对患传染病的被拘留人要立即隔离。

第八节　保护性约束强制措施

保护性约束是指对特定相对人的人身自由予以暂时限制，以防止其危害自身、他人及公共安全的治安行政强制措施。包括对精神病人的保护性约束、对醉酒的人的保护性约束和对戒毒人员的保护性约束等。

一、对精神病人的保护性约束

根据《人民警察法》的规定，公安机关的人民警察对严重危害公共安全或者他人人身安全的精神病人，可以采取保护性约束措施。需要送往指定的单位、场所加以监护的，应当报请县级以上人民政府公安机关批准，并及时通知其监护人。

二、对醉酒的人的保护性约束

涉及对醉酒的人的保护性约束的法律规范和适用条件是：

1.《治安管理处罚法》规定，醉酒的人在醉酒状态中，对本人有危险或者对他人的人身、财产或者公共安全有威胁的，应当对其采取保护性措施约束至酒醒。

2.《道路交通安全法》规定，醉酒后驾驶机动车的，由公安机关交通管理部门约束至酒醒。

三、对戒毒人员的保护性约束

根据《禁毒法》规定，强制隔离戒毒场所对可能发生自伤、自残等情形的戒毒人员，可以采取相应的保护性约束措施。

第九节　指定强制措施

此处指定强制措施是指对相对人人身自由权予以一定限制，使其按特定要求行使人身自由权的治安行政强制措施。包括对集会游行示威法人员的指定强制措施、对驾驶人员的指定强制措施和对出入境人员的指定强制措施等。

一、对集会游行示威法人员的指定强制措施

根据《集会游行示威法实施条例》的规定，对不听制止的集会、游行、示威，需要命令解散的，应当通过广播、喊话等明确方式告知在场人员在限定时间内按照指定通道离开现场。

二、对驾驶人员的指定强制措施

根据《道路交通安全法实施条例》的规定，在道路上学习驾驶，应当按照公安机关交通管理部门指定的路线、时间进行。

三、对出入境人员的指定强制措施

根据《公民出境入境管理法》的规定，中国公民出境、入境，从对外开放的或者指定的口岸通行。

根据《外国人入境出境管理法实施细则》的规定，被签证机关指定通行口岸的外国人和外国人的交通工具，必须从指定的口岸入、出境。出于维护国家安全、社会秩序或者其他公共利益的原因、市、县公安局可以限制外国人或者外国机构在某些地区设立住所或者办公处所；已在上述限制地区设立住所或者办公处所的，必须在市、县公安局迁移通知书指定的期限内迁至许可的地区。在中国定居的外国人必须每年一次在指定的时间到居住地的公安局缴验外国人居留证。公安局认为必要时，可通知外国人到出入境管理部门缴验外国人居留证，外国人应按通知指定的时间前往缴验。

第十三章　对财产权经营权强制措施

第一节　检查搜查强制措施

此处的检查、搜查是指对违反治安行政法律规范的物品、车辆、场所的检查、搜查。包括对与违反治安管理行为有关的场所、物品的检查、对戒严期间的物品、车辆、场所的检查、搜查、对出境入境行李、物品、货物和交通工具的检查和对执行场所物品的检查等。

一、对与违反治安管理行为有关的场所、物品的检查

根据《治安管理处罚法》的规定，公安机关对与违反治安管理行为有关的场所、物品可以进行检查。检查时，人民警察不得少于2人，并应当出示工作证件和县级以上人民政府公安机关开具的检查证明文件。对确有必要立即进行检查的，人民警察经出示工作证件，可以当场检查，

但检查公民住所的，必须有证据表明或者有群众报警公民住所内正在发生危害公共安全或者公民人身安全的案（事）件，或者违法存放危险物质，不立即检查可能会对公共安全或者公民人身、财产安全造成重大危害。

二、对戒严期间的物品、车辆、场所的检查、搜查

根据《戒严法》的规定，戒严执勤人员依照戒严实施机关的规定，有权对戒严地区公共道路上或者其他公共场所内的车辆、物品进行检查。戒严执勤人员依照戒严实施机关的规定，有权对违反宵禁规定的人携带的物品进行检查。戒严执勤人员依照戒严实施机关的规定，有权对犯罪嫌疑分子的住所和涉嫌藏匿犯罪分子、犯罪嫌疑分子或者武器、弹药等危险物品的场所进行搜查。

在个别县、市的局部范围内突然发生严重骚乱，严重危及国家安全、社会公共安全和人民的生命财产安全，国家没有作出戒严决定时，当地省级人民政府报经国务院批准，可以决定并组织人民警察、人民武装警察实施交通管制和现场管制，对进出管制区域人员的车辆、物品进行检查。

三、对出入境行李、物品、货物和交通工具的检查

涉及对出入境行李、物品、货物和交通工具的检查的法律规范和适用条件是：

1.《公民出境入境管理法》规定，中国公民出境、入境，从对外开放的或者指定的口岸通行，接受边防检查机关的检查。

2.《外国人入境出境管理法》规定，外国人入境、出境、过境，必须从对外国人开放的或者指定的口岸通行，接受边防检查机关的检查。外国的交通工具入境、出境，必须从对

外国人开放的或者指定的口岸通行，接受边防检查机关的检查和监护。

3.《出境入境边防检查条例》规定，边防检查站有权对出境、入境人员的行李物品、交通运输工具及其载运的货物实施边防检查。

四、对执行场所物品的检查

涉及对执行场所物品检查的法律规范和适用条件是：

1.《禁毒法》规定，戒毒人员进入强制隔离戒毒场所戒毒时，应当接受对其所携带物品的检查。

2.《收容教育所管理办法》规定，收容教育所接收被收容教育人员，应当对其携带的物品进行检查，严防将违禁物品带入所内。捎带或者邮寄给被收容教育人员的物品，须经收容教育所检查、登记后交本人。

3.《治安拘留所管理办法（试行）》规定，被拘留人入所时，对被拘留人随身携带的物品要检查登记，除允许随身携带的生活、学习必需品外，其余物品由治安拘留所统一保管。

4.《看守所条例》规定，看守所收押人犯，应当对其携带的物品进行严格检查。非日常用品应当登记，代为保管，出所时核对发还或者转监狱、劳动改造机关。违禁物品予以没收。发现犯罪证据和可疑物品，要当场制作记录，由人犯签字捺指印后，送案件主管机关处理。人犯近亲属给人犯的物品，须经看守人员检查。

5.《看守所条例实施办法（试行）》规定，对出所的人，应当对其人身和携带的物品进行检查，防止给其他在押人犯带出信件和物品。

第二节　查封扣押强制措施

此处的查封、扣押是指对违反治安行政法律规范的物品、车辆、场所、企业的查封、扣押、扣留。包括对与治安案件有关的物品的扣押、对违反特种行业治安管理的物品的扣留、对违反枪支、危险物品治安管理的枪支、企业的扣留、查封、对违反互联网上网服务营业场所治安管理的场所、工具、设备的查封、扣押和对违反道路交通安全管理的企业、车辆的查封、扣留等。

一、对与治安案件有关的物品的扣押

根据《治安管理处罚法》的规定，公安机关办理治安案件，对与案件有关的需要作为证据的物品，可以扣押。但对公民个人及其所扶养家属的生活必需品、被侵害人或者善意第三人合法占有的财产，不得扣押，应当予以登记。对与案件无关的物品，不得扣押。对扣押的物品，应当会同在场见证人和被扣押物品持有人查点清楚，当场开列清单一式二份，由调查人员、见证人和持有人签名或者盖章，一份交给持有人，另一份附卷备查。

扣押期限为30日，情况复杂的，经县级以上公安机关负责人批准，可以延长30日；法律、行政法规另有规定的除外。延长扣押期限的，及时书面告知当事人，并说明理由。

二、对违反特种行业治安管理的物品的扣留

涉及对违反特种行业治安管理的物品的扣留的法律规范和适用条件是：

1.《废旧金属收购业治安管理办法》规定，公安机关对赃物或者有赃物嫌疑的物品应当予以扣留，并开付收据。

2.《机动车修理业、报废机动车回收业治安管理办法》规定，公安机关在接到机动车修理企业和个体工商户对可疑情况的报告后，应在48小时内作出处理决定。对有赃物嫌疑的，公安机关应当予以扣留，并开具凭证。

3.《国内贸易部、公安部关于发布〈旧货流通管理办法（试行）〉的通知》规定，公安机关对赃物、走私物品或者有赃物、走私嫌疑的物品，应当及时予以扣留，并开具收据。

三、对违反枪支、危险物品治安管理的枪支、企业的扣留、查封

涉及对违反枪支、危险物品治安管理的枪支、企业的扣留、查封的法律规范和适用条件是：

1.《枪支管理法》规定，携带枪支时未携带持枪证件的；没有枪支运输许可证件或者没有按照枪支运输许可证件的规定运输枪支的，由公安机关扣留携带和运输的枪支。

2.《公安部关于检查、整顿公安机关民用爆炸物品安全管理工作的方案》规定，对生产经营企业管理措施不落实，违反规定生产、经销爆炸物品，问题严重的，由公安机关予以查封。

四、对违反互联网上网服务营业场所治安管理的场所、工具、设备的查封、扣押

根据《互联网上网服务营业场所管理条例》的规定，擅自设立互联网上网服务营业场所，或者擅自从事互联网上网服务经营活动的，由工商行政管理部门或者由工商行政管理部门会同公安机关依法查封其从事违法经营活动的场所，扣押从事违法经营活动的专用工具、设备。

五、对违反道路交通安全管理的企业、车辆的查封、扣留

根据《道路交通安全法》的规定，没有营业执照擅自生产、销售未经国家机动车产品主管部门许可生产的机动车型的，予以查封。

因收集证据的需要，可以扣留事故车辆，但是应当妥善保管，以备核查。非机动车驾驶人拒绝接受罚款处罚的，可以扣留其非机动车。

上道路行驶的机动车未悬挂机动车号牌，未放置检验合格标志、保险标志，或者未随车携带行驶证、驾驶证的，公安机关交通管理部门应当扣留机动车，通知当事人提供相应的牌证、标志或者补办相应手续。当事人提供相应的牌证、标志或者补办相应手续的，应当及时退还机动车。

伪造、变造或者使用伪造、变造的机动车登记证书、号牌、行驶证、检验合格标志、保险标志、驾驶证或者使用其他车辆的机动车登记证书、号牌、行驶证、检验合格标志、保险标志的，由公安机关交通管理部门扣留该机动车。当事人提供相应的合法证明或者补办相应手续的，应当及时退还机动车。

机动车所有人、管理人未按照国家规定投保机动车第三者责任强制保险的，由公安机关交通管理部门扣留车辆至依照规定投保后。

公安机关交通管理部门扣留机动车、非机动车，应当当场出具凭证，并告知当事人在规

定期限内到公安机关交通管理部门接受处理。公安机关交通管理部门对被扣留的车辆应当妥善保管，不得使用。逾期不来接受处理，并且经公告3个月仍不来接受处理的，对扣留的车辆依法处理。

第三节　强制铲除、拆除、清除、排除妨碍等强制措施

强制铲除、拆除、清除、破损、排除妨碍、销毁、报废、截断、限制、拖移、撤离、转运、卸载等属于行政强制代执行制度。即相对人不履行治安行政法律规范规定的或治安行政行为所确立的可代替作为义务，由公安机关或第三人代为履行，并向相对人征收必要费用的治安行政强制措施。包括违反毒品治安管理的强制铲除、违反枪支、民用爆炸物品治安管理的销毁、违反道路交通安全管理的强制拆除、排除妨碍、报废、拖移、撤离、转运、卸载和违反消防管理的强制拆除、破损、清除、截断、限制等。

一、违反毒品治安管理的强制铲除

根据《禁毒法》的规定，地方各级人民政府发现非法种植毒品原植物的，应当立即采取措施予以制止、铲除。

二、违反枪支、民用爆炸物品治安管理的销毁

涉及对违反枪支、民用爆炸物品治安管理的销毁的法律规范和适用条件是：

1.《枪支管理法》规定，报废的枪支应当及时销毁。销毁枪支，由省级人民政府公安机关负责组织实施。

2.《民用爆炸物品管理条例》规定，变质和过期失效的爆破器材，应及时清理出库，在登记造册，报上级主管部门批准，并向所在地县、市公安局备案的情况下，在县、市公安局指定的适当地点妥善销毁。

三、违反道路交通安全管理的强制拆除、排除妨碍、报废、拖移、撤离、转运、卸载

涉及违反道路交通安全管理的强制拆除、排除妨碍、报废、拖移、撤离、转运、卸载的法律规范和适用条件是：

1.《道路交通安全法》规定，非法安装警报器、标志灯具的，由公安机关交通管理部门强制拆除

在道路两侧及隔离带上种植树木、其他植物或者设置广告牌、管线等，遮挡路灯、交通信号灯、交通标志，妨碍安全视距的，行为人拒不排除妨碍的，由公安机关交通管理部门强制排除妨碍，所需费用由行为人负担。国家实行机动车强制报废制度，根据机动车的安全技术状况和不同用途，规定不同的报废标准。驾驶拼装的机动车或者已达到报废标准的机动车上道路行驶的，公安机关交通管理部门应当强制报废。

机动车驾驶人不在现场或者虽在现场但拒绝立即驶离，妨碍其他车辆、行人通行的，可以将该机动车拖移至不妨碍交通的地点或者公安机关交通管理部门指定的地点停放。公安机关交通管理部门拖车不得向当事人收取费用，并应当及时告知当事人停放地点。因采取不正确的方法拖车造成机动车损坏的，应当依法承担补偿责任。

2.《道路交通安全法实施条例》规定，非法拼装的机动车予以拆除

机动车驾驶人不能出示本人有效驾驶证的；驾驶的机动车与驾驶证载明的准驾车型不符的；饮酒、服用国家管制的精神药品或者麻醉药品、患有妨碍安全驾驶的疾病，或者过度疲劳仍继续驾驶的；学习驾驶人员没有教练人员随车指导单独驾驶的，有上述行为之一，又无其他机动车驾驶人即时替代驾驶的，公安机关交通管理部门除依法给予处罚外，可以将其驾驶的机动车移至不妨碍交通的地点或者有关部门指定的地点停放。

公安机关交通管理部门或者交通警察接到交通事故报警，应当及时赶赴现场，对未造成人身伤亡，事实清楚，并且机动车可以移动的，应当在记录事故情况后责令当事人撤离现场，恢复交通。对拒不撤离现场的，予以强制撤离。

公路客运载客汽车超过核定乘员、载货汽车超过核定载质量的，驾驶人应当将超载的乘车人转运、将超载的货物卸载，费用由超载机动车的驾驶人或者所有人承担。

四、违反消防管理的强制拆除、破损、清除、截断、限制

根据《消防法》的规定，公安消防机构在统一组织和指挥火灾的现场扑救时，火场总指挥员有权根据扑救火灾的需要，决定拆除或者破损毗邻火场的建筑物、构筑物；截断电力、可燃气体和液体的输送；限制用火用电。火灾扑灭后，公安消防机构有权根据需要封闭火灾现场，负责调查、认定火灾原因，核定火灾损失，查明火灾事故责任。埋压、圈占消火栓或者占用防火间距、堵塞消防通道的，或者损坏和擅自挪用、拆除、停用消防设施、器材，逾期不恢复原状的，强制拆除或者清除，所需费用由违法行为人承担。

第四节　取缔强制措施

取缔，是指取消相对人从事某种活动的法律资格的治安行政强制措施。包括违反特种行业治安管理的取缔、违反危险物品治安管理的取缔和违反互联网上网服务营业场所治安管理的取缔等。

一、违反特种行业治安管理的取缔

涉及违反特种行业治安管理的取缔的法律规范和适用条件是：

1.《印刷业管理条例》规定，擅自设立印刷企业或者擅自从事印刷经营活动的，由公安部门、工商行政管理部门依据法定职权予以取缔。

2.《公安部关于加强刻字业治安管理打击伪造印章犯罪活动的通知》规定，对非法刻制印章的个体刻字人员和单位要按照《通知》的精神，坚决予以取缔；

3.《公安部关于加强刻字业治安管理打击伪造印章犯罪活动的通告》规定，对无照经营刻字业务的单位和个人，公安机关予以取缔。

4.《废旧金属收购业治安管理办法》规定，未领取特种行业许可证收购生产性废旧金属的；非法设点收购废旧金属的，予以取缔。

二、违反危险物品治安管理的取缔

涉及违反危险物品治安管理的取缔的法律规范和适用条件是：

1.《对部分刀具实行管制的暂行规定》规定，违反本规定，非法制造、销售、携带和

私自保存管制范围刀具的，公安机关应予取缔。

2.《公安部关于检查、整顿公安机关民用爆炸物品安全管理工作的方案》规定，对生产经营企业管理措施不落实，违反规定生产、经销爆炸物品问题严重的，予以查封取缔。严厉查禁非法生产、销售爆炸物品的活动，彻底取缔非法生产、销售厂（点）。

三、违反大型群众性活动安全管理的取缔

《大型群众性活动安全管理条例》规定，未经公安机关安全许可的大型群众性活动，由公安机关予以取缔。

四、违反互联网上网服务营业场所治安管理的取缔

根据《互联网上网服务营业场所管理条例》的规定，违反本条例的规定，擅自设立互联网上网服务营业场所，或者擅自从事互联网上网服务经营活动的，由工商行政管理部门或者由工商行政管理部门会同公安机关依法予以取缔。

第五节　指定强制措施

此处指定强制措施，是指对相对人财产、经营权予以一定限制，使其按特定要求行使财产、经营权的治安行政强制措施。包括特种行业治安管理的指定强制措施、危险物品治安管理的指定强制措施和出入境指定强制措施等。

一、特种行业治安管理的指定强制措施

涉及特种行业治安管理的指定强制措施的法律规范和适用条件是：

1.《印刷业管理条例》规定，印刷布告、通告、重大活动工作证、通行证、在社会上流通使用的票证的，委托印刷单位必须出具主管部门的证明，并按照国家有关规定向印刷企业所在地公安部门办理准印手续，在公安部门指定的印刷企业印刷。

2.《国务院关于国家行政机关和企业事业单位社会团体印章管理的规定》规定，国家行政机关和企业事业单位、社会团体刻制印章，应到当地公安机关指定的刻章单位刻制。

3.《公安部关于加强刻字业治安管理打击伪造印章犯罪活动的通知》规定，个体刻字人员须在当地公安机关指定的地点经营刻字业务。

4.《废旧金属收购业治安管理办法》规定，在铁路、矿区、油田、港口、机场、施工工地、军事禁区和金属冶炼加工企业附近，不得设点收购废旧金属。

二、危险物品治安管理的指定强制措施

涉及危险物品治安管理的指定强制措施的法律规范和适用条件是：

第一，《民用爆炸物品管理条例》规定，变质和过期失效的爆破器材，应及时清理出库，在县、市公安局指定的适当地点妥善销毁。

县级以下厂矿企业和农村基层生产单位以及科研、文艺、医疗等单位需用爆破器材时，应当报经上级主管部门审查同意，向所在地县、市公安局申请领取《爆炸物品购买证》，凭证向指定的供应点购买。厂矿企业和农村基层生产单位需用黑火药、烟火剂时，海上运输、捕捞及其他作业船需用民用信号弹时，应当报上级主管部门审查同意，向所在地县、市公安

局申请领取《爆炸物品购买证》，向指定的供应点购买。狩猎者需要的黑火药和火帽（底火），凭《猎枪证》和所在单位保卫部门或常住地公安派出所的证明，到指定供应点限量购买。

经销黑火药、烟火剂的供应点，由商业部门和公安机关协商定点，由所在地县、市公安局核发《爆炸物品销售许可证》，并向所在地县、市工商行政管理局办理登记手续，领取营业执照，方准销售。销售烟花爆竹的供应点，由商业部门的公安机关协商定点，由县、市公安局发给《爆炸物品销售许可证》，方准销售。

在公路上运输爆破器材经过人烟稠密的城镇时，必须事先通知当地公安机关，按公安机关指定的路线和时间通行。

第二，《危险化学品安全管理条例》规定，通过公路运输危险化学品，不得进入危险化学品运输车辆禁止通行的区域；确需进入禁止通行区域的，应当事先向当地公安部门报告，由公安部门为其指定行车时间和路线，运输车辆必须遵守公安部门规定的行车时间和路线。

三、出入境指定强制措施

根据《出境入境边防检查条例》的规定，出境、入境的交通运输工具在中国境内必须按照规定的路线、航线行驶。外国船舶未经许可不得在非对外开放的港口停靠。出境、入境的船舶、航空器，由于不可预见的紧急情况或者不可抗拒的原因，驶入对外开放口岸以外地区的，必须立即向附近的边防检查站或者当地公安机关报告并接受检查和监护；在驶入原因消失后，必须立即按照通知的时间和路线离去。

第十四章　对证件强制措施

第一节　证件检查查验强制措施

对证件的检查、查验包括戒严期间的证件检查、特种行业治安管理的证件检查、危险物品治安管理的证件查验、身份证、暂住证治安管理的查验、执行场所证件查验、道路交通安全管理的证件检查、查验和出入境管理的证件检查、查验等。

一、戒严期间的证件检查

根据《戒严法》的规定，戒严执勤人员依照戒严实施机关的规定，有权对戒严地区公共道路上或者其他公共场所内的人员的证件检查。在个别县、市的局部范围内突然发生严重骚乱，严重危及国家安全、社会公共安全和人民的生命财产安全，国家没有作出戒严决定时，当地省级人民政府报经国务院批准，可以决定并组织人民警察、人民武装警察对进出管制区域人员的证件进行检查。

二、特种行业治安管理的证件检查

涉及特种行业治安管理的证件检查的法律规范和适用条件包括：

1.《印刷业管理条例》规定，公安部门指定的印刷企业必须验证主管部门的证明和公安部门的准印证明，并保存主管部门的证明副本和公安部门的准印证明副本 2 年，以备查验。

2.《国内贸易部、公安部关于发布〈旧货流通管理办法（试行）〉的通知》规定，跨省运输旧货，凭国务院商品流通主管部门及其授权的省、自治区、直辖市商品流通主管部门出具统一的准运证明和有效票据，公安机关检查后予以放行。

三、危险物品治安管理的证件查验

根据《民用爆炸物品管理条例》的规定，按照国家分配计划签订的爆破器材供销合同，必须经物资主管部门签证盖章，方为有效。合同副本应及时送所在地县、市公安局，以备查验。

四、身份证治安管理的查验

根据《居民身份证法》规定，人民警察依法执行职务，对有违法犯罪嫌疑的人员，需要查明身份的；依法实施现场管制时，需要查明有关人员身份的；发生严重危害社会治安突发事件时，需要查明现场有关人员身份的；法律规定需要查明身份的其他情形的，经出示执法证件，可以查验居民身份证。拒绝人民警察查验居民身份证的，依照有关法律规定，分别不同情形，采取措施予以处理。

五、执行场所证件查验

根据《治安拘留所管理办法（试行）》的规定，被拘留人入所时，要查验其居民身份证或者其他证明身份的证件。

六、道路交通安全管理的证件检查、查验

根据《道路交通安全法》的规定，驾驶机动车上道路行驶，应随车携带机动车行驶证。驾驶人驾驶机动车时，应当随身携带机动车驾驶证。

七、出入境管理的证件检查、查验

涉及出入境管理的证件检查、查验的法律规范和适用条件是：

1.《公民出境入境管理法》规定，中国公民出境、入境，从对外开放的或者指定的口岸通行，接受边防检查机关的检查。

2.《外国人入境出境管理法》规定，外国人入境、出境、过境，必须从对外国人开放的或者指定的口岸通行，接受边防检查机关的检查。县级以上公安机关外事民警在执行任务时，有权查验外国人的护照和其他证件。外事民警查验时，应当出示自己的工作证件，有关组织或者个人有协助的责任。

3.《外国人入境出境管理法实施细则》规定，在中国居留或者停留的年满16周岁以上的外国人必须随身携带居留证件或者护照，以备外事民警查验。

4.《中国公民因私事往来香港地区或者澳门地区的暂行管理办法》规定，内地公民往来香港、澳门以及港澳同胞来往内地，须向对外开放口岸或者指定口岸的边防检查站出示出入境证件，填交出境、入境登记卡，接受查验。

5.《中国公民往来台湾地区管理办法》规定大陆居民往来台湾，台湾居民来往大陆，须向开放的或者指定的出入境口岸边防检查站出示证件，填交出境、入境登记卡，接受查验。

第二节　证件扣留强制措施

证件扣留包括违反道路交通安全管理的证件扣留和违反出入境管理的证件扣留等。

一、违反道路交通安全管理的证件扣留

根据《道路交通安全法》的规定，执行职务的交通警察认为应当对道路交通违法行为人给予暂扣或者吊销机动车驾驶证处罚的，可以先予扣留机动车驾驶证，并在二十四小时内将案件移交公安机关交通管理部门处理。

公安机关交通管理部门对机动车驾驶人违反道路交通安全法律、法规的行为，除依法给予行政处罚外，实行累积记分制度，记分周期为12个月。对在一个记分周期内记分达到12分的，由公安机关交通管理部门扣留机动车驾驶证，对其进行道路交通安全法律、法规教育，重新考试。考试合格的，记分予以清除，发还机动车驾驶证；考试不合格的，继续参加学习和考试。

暂扣机动车驾驶证的期限从处罚决定生效之日起计算；处罚决定生效前先予扣留机动车驾驶证的，扣留一日折抵暂扣期限一日。

二、违反出入境管理的证件扣留

根据《出境入境边防检查条例》的规定，出境、入境的人员持用他人出境、入境证件的；持用伪造或者涂改的出境、入境证件的，边防检查站可以扣留其出境、入境证件。对国务院公安部门、国家安全部门通知不准出境、入境的中国公民；法律、行政法规规定不准出境、入境的中国公民，边防检查站可以扣留其出境、入境证件。

第十五章　紧急强制措施

第一节　交通管制和现场管制强制措施

交通管制、现场管制是指对一定区域内的交通秩序和治安秩序实施特别管制的治安行政强制措施。包括一般性的交通管制和现场管制、戒严期间的交通管制和现场管制和集会游行示威期间的交通管制和现场管制等。

一、一般性的交通管制和现场管制

根据《人民警察法》的规定，县级以上人民政府公安机关，为预防和制止严重危害社会治安秩序的行为，可以在一定的区域和时间，限制人员、车辆的通行或者停留，必要时可以实行交通管制，采取相应的交通管制措施。县级以上人民政府公安机关，经上级公安机关和同级人民政府批准，对严重危害社会治安秩序的突发事件，可以根据情况实行现场管制。

二、戒严期间的交通管制和现场管制

根据《戒严法》的规定，戒严期间，戒严实施机关可以决定在戒严地区采取交通管制措施，限制人员进出交通管制区域，并对进出交通管制区域人员的证件、车辆、物品进行检查。在个别县、市的局部范围内突然发生严重骚乱，严重危及国家安全、社会公共安全和人民的生命财产安全，国家没有作出戒严决定时，当地省级人民政府报经国务院批准，可以决定并组织人民警察、人民武装警察实施交通管制和现场管制。

三、集会游行示威期间的交通管制和现场管制

根据《集会游行示威法》的规定，为了保障依法举行的游行的行进，负责维持交通秩序的人民警察可以临时变通执行交通规则的有关规定。游行在行进中遇有不可预料的情况，不能按照许可的路线行进时，人民警察现场负责人有权改变游行队伍的行进路线。集会、游行、示威在国家机关、军事机关、广播电台、电视台、外国驻华使馆领馆所在地举行或者经过的，主管机关为了维持秩序，可以在附近设置临时警戒线，未经人民警察许可，不得逾越。

根据《集会游行示威法实施条例》的规定，对依法举行的集会，公安机关应当根据实际需要，派出人民警察维持秩序，保障集会的顺利举行。对依法举行的游行、示威，负责维持秩序的人民警察应当在主管公安机关许可举行游行、示威的路线或者地点疏导交通，防止他人扰乱、破坏游行、示威秩序，必要时还可以临时变通执行交通规则的有关规定，保障游行、示威的顺利进行。

游行队伍在行进中遇有前方路段临时发生自然灾害事故、交通事故及其他治安灾害事

故，或者游行队伍之间、游行队伍与围观群众之间发生严重冲突和混乱，以及突然发生其他不可预料的情况，致使游行队伍不能按照许可的路线行进时，人民警察现场负责人有权临时决定改变游行队伍的行进路线。

第二节　强行驱散和解散强制措施

强行驱散和解散是指针对违反治安行政法律规范有危害公共安全危险的特定人群，依法使用警械或武器使其散开从而离开现场的治安行政强制措施。包括一般性强行驱散、违反戒严规定的强行驱散、违反集会游行示威治安管理的强行驱散和违反群众性文化体育活动治安管理的强行解散等。

一、一般性强行驱散

根据《人民警察法》的规定，县级以上人民政府公安机关，经上级公安机关和同级人民政府批准，对严重危害社会治安秩序的突发事件，根据情况实行现场管制后，可以采取必要手段强行驱散。

二、违反戒严规定的强行驱散

根据《戒严法》的规定，在戒严地区非法进行集会、游行、示威以及其他聚众活动的；非法占据公共场所或者在公共场所煽动进行破坏活动的；冲击国家机关或者其他重要单位、场所的；扰乱交通秩序或者故意堵塞交通的；哄抢或者破坏机关、团体、企业事业组织和公民个人的财产的，经阻止无效的，戒严执勤人员根据有关规定，可以使用警械强行驱散

在个别县、市的局部范围内突然发生严重骚乱，严重危及国家安全、社会公共安全和人民的生命财产安全，国家没有作出戒严决定时，当地省级人民政府报经国务院批准，可以决定并组织人民警察、人民武装警察对参与骚乱的人可以强行予以驱散。

三、违反集会游行示威治安管理的强行驱散

根据《集会游行示威法》的规定，举行集会、游行、示威，未依照本法规定申请或者申请未获许可的；未按照主管机关许可的目的、方式、标语、口号、起止时间、地点、路线进行的；在进行中出现危害公共安全或者严重破坏社会秩序情况的，人民警察现场负责人有权依照国家有关规定决定采取必要措施强行驱散。

根据《集会游行示威法实施条例》的规定，依照《集会游行示威法》的规定，对非法举行集会、游行、示威或者在集会、游行、示威进行中出现危害公共安全或者严重破坏社会秩序情况，在限定时间内拒不离去的，人民警察现场负责人有权依照国家有关规定，命令使用警械或者采用其他警用手段强行驱散。

第三节　强行带离现场和强行遣回原地强制措施

强行带离现场是指将特定相对人带离开特定地点的治安行政强制措施。强行遣回原地是指将特定相对人遣送回原籍的治安行政强制措施。强行带离现场和强行遣回原地包括一般性强行带离现场、违反戒严规定的强行带离现场、违反集会游行示威治安管理的强行带离现场

及强行遣回原地和违反群众性文化体育活动治安管理的强行带离现场等。

一、一般性强行带离现场

根据《人民警察法》的规定，县级以上人民政府公安机关，经上级公安机关和同级人民政府批准，对严重危害社会治安秩序的突发事件，根据情况实行现场管制后，可以对拒不服从的人员强行带离现场。

二、违反戒严规定的强行带离现场

根据《戒严法》的规定，在戒严地区非法进行集会、游行、示威以及其他聚众活动的；非法占据公共场所或者在公共场所煽动进行破坏活动的；冲击国家机关或者其他重要单位、场所的；扰乱交通秩序或者故意堵塞交通的；哄抢或者破坏机关、团体、企业事业组织和公民个人的财产的，戒严执勤人员根据有关规定，可以将其组织者和拒不服从的人员强行带离现场。在个别县、市的局部范围内突然发生严重骚乱，严重危及国家安全、社会公共安全和人民的生命财产安全，国家没有作出戒严决定时，当地省级人民政府报经国务院批准，可以决定并组织人民警察、人民武装警察对参与骚乱的人强行带离现场。

三、违反集会游行示威治安管理的强行带离现场和强行遣回原地

根据《集会游行示威法》和《集会游行示威法实施条例》的规定，举行集会、游行、示威，未依照本法规定申请或者申请未获许可的；未按照主管机关许可的目的、方式、标语、口号、起止时间、地点、路线进行的；在进行中出现危害公共安全或者严重破坏社会秩序情况的，人民警察现场负责人有权依照国家有关规定决定强行带离现场。参加集会、游行、示威的人员越过依照本法规定设置的临时警戒线、进入本法所列不得举行集会、游行、示威的特定场所周边一定范围或者有其他违法犯罪行为的，人民警察可以将其强行带离现场。被强行带离现场的，公安机关应当在24小时以内进行询问。不需要追究法律责任的，可以令其具结悔过后释放；需要追究法律责任的，依照有关法律规定办理。

公民在本人居住地以外的城市发动、组织当地公民的集会、游行、示威的，公安机关有权强行遣回原地。需要强行遣回原地的，由行为地的主管公安机关制作强行遣送决定书，并派人民警察执行。负责执行的人民警察应当将被遣送人送回其居住地，连同强行遣送决定书交给被遣送人居住地公安机关，由居住地公安机关依法处理。

四、违反大型群众性活动安全管理的强行带离现场

根据《大型群众性活动安全管理条例》的规定，参加大型群众性活动的人员有危害社会治安秩序、威胁公共安全行为的，公安机关可以将其强行带离现场，依法给予治安管理处罚。

第四节　立即拘留强制措施

立即拘留是指在紧急情形下即时限制相对人人身自由的治安行政强制措施。包括一般性立即拘留、违反戒严规定的立即拘留和违反集会游行示威治安管理的立即拘留等。

一、一般性立即拘留

根据《人民警察法》的规定，县级以上人民政府公安机关，经上级公安机关和同级人民政府批准，对严重危害社会治安秩序的突发事件，根据情况实行现场管制后，可以对拒不服从的人员立即予以拘留。

二、违反戒严规定的立即拘留

根据《戒严法》的规定，戒严执勤人员依照戒严实施机关的规定，有权对正在实施危害国家安全、破坏社会秩序的犯罪或者有重大嫌疑的人员；阻挠或者抗拒戒严执勤人员执行戒严任务的人员；抗拒交通管制或者宵禁规定的人员；从事其他抗拒戒严令的活动的人员，立即予以拘留。在戒严地区非法进行集会、游行、示威以及其他聚众活动的；非法占据公共场所或者在公共场所煽动进行破坏活动的；冲击国家机关或者其他重要单位、场所的；扰乱交通秩序或者故意堵塞交通的；哄抢或者破坏机关、团体、企业事业组织和公民个人的财产的，戒严执勤人员根据有关规定，可以将其组织者和拒不服从的人员立即予以拘留。戒严执勤人员对于依照本法规定予以拘留的人员，应当及时登记和询问，发现不需要继续拘留的，应当立即释放。

在个别县、市的局部范围内突然发生严重骚乱，严重危及国家安全、社会公共安全和人民的生命财产安全，国家没有作出戒严决定时，当地省级人民政府报经国务院批准，可以决定并组织人民警察、人民武装警察对参与骚乱的组织者和拒不服从的人员可以立即予以拘留。

三、违反集会游行示威治安管理的立即拘留

根据《集会游行示威法》和《集会游行示威法实施条例》的规定，举行集会、游行、示威，未依照本法规定申请或者申请未获许可的；未按照主管机关许可的目的、方式、标语、口号、起止时间、地点、路线进行的；在进行中出现危害公共安全或者严重破坏社会秩序情况的，人民警察现场负责人有权依照国家有关规定决定对拒不服从的人员立即予以拘留。参加集会、游行、示威的人员越过依照本法规定设置的临时警戒线、进入本法所列不得举行集会、游行、示威的特定场所周边一定范围或者有其他违法犯罪行为的，人民警察可以将其立即予以拘留。

对于依照《集会游行示威法》的规定被立即予以拘留的，公安机关应当在二十四小时以内进行询问。不需要追究法律责任的，可以令其具结悔过后释放；需要追究法律责任的，依照有关法律规定办理。

第五节　使用警械和武器强制措施

使用警械和武器是指人民警察为及时有效地制止违法犯罪行为，维护公共安全和社会秩序，保护公民的人身安全和合法财产，保护公共财产，根据需要，依法使用警械以及在使用警械不能制止，或者不使用武器制止，可能发生严重危害后果的情形下而依法使用武器的强制措施。根据《人民警察法》《人民警察使用警械和武器条例》《看守所条例》《看守所条例实施办法（试行）》和《治安拘留所管理办法（试行）》的规定，使用警械和武器的主

要内容和基本要求如下：

一、警械和武器的概念

警械，是指人民警察按照规定装备的警棍、催泪弹、高压水枪、特种防暴枪、手铐、脚镣、警绳等警用器械。武器，是指人民警察按照规定装备的枪支、弹药等致命性警用武器。

二、警械和武器的使用原则

人民警察使用警械和武器，应当以制止违法犯罪行为，尽量减少人员伤亡、财产损失为原则。使用警械和武器前，应当命令在场无关人员躲避；在场无关人员应当服从人民警察的命令，避免受到伤害或者其他损失。

三、警械的使用条件

1. 使用驱逐性、制服性警械的条件

人民警察遇有下列情形之一，经警告无效的，可以使用警棍、催泪弹、高压水枪、特种防暴枪等驱逐性、制服性警械：

（1）结伙斗殴、殴打他人、寻衅滋事、侮辱妇女或者进行其他流氓活动的；

（2）聚众扰乱车站、码头、民用航空站、运动场等公共场所秩序的；

（3）非法举行集会、游行、示威的；

（4）强行冲越人民警察为履行职责设置的警戒线的；

（5）以暴力方法抗拒或者阻碍人民警察依法履行职责的；

（6）袭击人民警察的；

（7）危害公共安全、社会秩序和公民人身安全的其他行为，需要当场制止的；

（8）法律、行政法规规定可以使用警械的其他情形。

依照上述情形使用警械，应当以制止违法犯罪行为为限度。当违法犯罪行为得到制止时，应当立即停止使用。

2. 使用约束性警械的条件

人民警察依法执行下列任务，遇有违法犯罪分子可能脱逃、行凶、自杀、自伤或者有其他危险行为的，可以使用手铐、脚镣、警绳等约束性警械：

（1）抓获违法犯罪分子或者犯罪重大嫌疑人的；

（2）执行逮捕、拘留、看押、押解、审讯、拘传、强制传唤的；

（3）法律、行政法规规定可以使用警械的其他情形。

看守所使用的械具为手铐、脚镣、警绳。警绳只能在追捕人犯或者对死刑犯执行死刑的时候使用。使用手铐、脚镣的时间，除死刑犯外，一般不得超过 15 日。特殊情况下需要延长使用时间的，须经主管公安局、处长批准。人犯在戴手铐、脚镣期间，看守干警应当加强教育，在危险行为清除时，应当立即解除。

治安拘留所必须注意防止被拘留人逃跑、行凶、自杀、哄闹和其他危害安全的行为。对于有证据表明确实有上述行为可能的被拘留人，经县级公安机关负责人批准可以使用戒具。

依照上述条件使用警械，不得故意造成人身伤害。

四、武器的使用条件

人民警察判明有下列暴力犯罪行为的紧急情形之一，经警告无效的，可以使用武器：

1. 放火、决水、爆炸等严重危害公共安全的；

2. 劫持航空器、船舰、火车、机动车或者驾驶车、船等机动交通工具，故意危害公共安全的；

3. 抢夺、抢劫枪支弹药、爆炸、剧毒等危险物品，严重危害公共安全的；

4. 使用枪支、爆炸、剧毒等危险物品实施犯罪或者以使用枪支、爆炸、剧毒等危险物品相威胁实施犯罪的；

5. 破坏军事、通讯、交通、能源、防险等重要设施，足以对公共安全造成严重、紧迫危险的；

6. 实施凶杀、劫持人质等暴力行为，危及公民生命安全的；

7. 国家规定的警卫、守卫、警戒的对象和目标受到暴力袭击、破坏或者有受到暴力袭击、破坏的紧迫危险的；

8. 结伙抢劫或者持械抢劫公私财物的；

9. 聚众械斗、暴乱等严重破坏社会治安秩序，用其他方法不能制止的；

10. 以暴力方法抗拒或者阻碍人民警察依法履行职责或者暴力袭击人民警察，危及人民警察生命安全的；

11. 在押人犯、罪犯聚众骚乱、暴乱、行凶或者脱逃的；

12. 劫夺在押人犯、罪犯的；

13. 实施放火、决水、爆炸、凶杀、抢劫或者其他严重暴力犯罪行为后拒捕、逃跑的；

14. 犯罪分子携带枪支、爆炸、剧毒等危险物品拒捕、逃跑的；

15. 法律、行政法规规定可以使用武器的其他情形。

人民警察依照前款规定使用武器，来不及警告或者警告后可能导致更为严重危害后果的，可以直接使用武器。

五、不得使用武器的情形

人民警察遇有下列情形之一的，不得使用武器：

1. 发现实施犯罪的人为怀孕妇女、儿童的，但是使用枪支、爆炸、剧毒等危险物品实施暴力犯罪的除外；

2. 犯罪分子处于群众聚集的场所或者存放大量易燃、易爆、剧毒、放射性等危险物品的场所的，但是不使用武器予以制止，将发生更为严重危害后果的除外。

六、立即停止使用武器的情形

人民警察遇有下列情形之一的，应当立即停止使用武器：

1. 犯罪分子停止实施犯罪，服从人民警察命令的；

2. 犯罪分子失去继续实施犯罪能力的。

七、使用武器后的确认、处理程序

人民警察使用武器造成犯罪分子或者无辜人员伤亡的，应当及时抢救受伤人员，保护现场，并立即向当地公安机关或者该人民警察所属机关报告。当地公安机关或者该人民警察所属机关接到报告后，应当及时进行勘验、调查，并及时通知当地人民检察院。当地公安机关或者该人民警察所属机关应当将犯罪分子或者无辜人员的伤亡情况，及时通知其家属或者其所在单位。人民警察使用武器的，应当将使用武器的情况如实向所属机关书面报告。

八、违法使用警械、武器的法律责任

人民警察违法使用警械、武器，造成不应有的人员伤亡、财产损失，构成犯罪的，依法追究刑事责任；尚不构成犯罪的，依法给予行政处分；对受到伤亡或者财产损失的人员，由该人民警察所属机关依照《中华人民共和国国家赔偿法》的有关规定给予赔偿。人民警察依法使用警械、武器，造成无辜人员伤亡或者财产损失的，由该人民警察所属机关参照《国家赔偿法》的有关规定给予补偿。

第六节 紧急征用强制措施

紧急征用是指公安机关的人民警察因履行职责的紧急需要，征集、调用其他单位、组织和个人的交通、通信工具、场地及建筑物的治安行政强制措施。包括一般性紧急征用和消防紧急征用等。

一、一般性优先征用

根据《人民警察法》的规定，公安机关的人民警察因履行职责的紧急需要，经出示相应证件，可以优先乘坐公共交通工具，遇交通阻碍时，优先通行。公安机关因侦查犯罪的需要，必要时，按照国家有关规定，可以优先使用机关、团体、企业事业组织和个人的交通工具、通信工具、场地和建筑物，用后应当及时归还，并支付适当费用；造成损失的，应当赔偿。

二、消防优先征用

根据《消防法》的规定，公安消防机构在统一组织和指挥火灾的现场扑救时，火场总指挥员有权根据扑救火灾的需要，决定使用各种水源、利用邻近建筑物和有关设施、调动供水、供电、医疗救护、交通运输等有关单位协助灭火救助等事项。消防车、消防艇前往执行火灾扑救任务或者执行其他灾害、事故的抢险救援任务时，不受行驶速度、行驶路线、行驶方向和指挥信号的限制，其他车辆、船舶以及行人必须让行，不得穿插、超越。交通管理指挥人员应当保证消防车、消防艇迅速通行。

第十六章　出入境特别强制措施

第一节　阻止出入境强制措施

阻止出境、入境，是指阻却违反出入境管理法律规范的中国公民、来大陆的台湾居民、外国人以及交通运输工具离开和进入我国国边境的治安行政强制措施。根据《公民出境入境管理法》《公民出境入境管理法实施细则》《公安部关于执行中国公民出境入境管理法及实施细则若干问题的说明》《外国人入境出境管理法》《外国人入境出境管理法实施细则》《中国公民因私事往来香港地区或者澳门地区的暂行管理办法》《中国公民往来台湾地区管理办法》《出境入境边防检查条例》和《公安部关于实施〈出境入境边防检查条例〉中检查、监护和阻止出入境等问题处理办法的通知》的规定，阻止出境、入境的主要内容和基本要求是：

一、阻止出境、入境的对象和条件

1. 中国公民

（1）未持有中华人民共和国护照或者其他出境入境证件的中国公民。包括未持有往来港澳通行证件、港澳同胞回乡证或其他有效证件、往来台湾地区旅行证件。

（2）持用无效护照或者其他无效出境入境证件的中国公民。包括持用无效往来港澳通行证件、港澳同胞回乡证、往来台湾地区旅行证件。“无效护照或者其他无效出境入境证件”是指：损坏、过期或被吊销的护照、证件；过期或被吊销的签证、签注；我不承认的护照、证件和通过不正当渠道非法取得的护照、证件、签证。

（3）持用伪造、涂改的护照、证件或者冒用他人护照、证件的中国公民。包括持用伪造、涂改的往来港澳通行证件、港澳同胞回乡证、往来台湾地区旅行证件，冒用他人往来港澳通行证件、港澳同胞回乡证、往来台湾地区旅行证件。“伪造、涂改的护照、证件”是指：伪假护照、证件、签证、出境卡、出境证明；涂改的护照、证件、签证、出境卡、出境证明以及护照、证件上的验讫章或其他章印系伪造或涂改的。

（4）申请前往台湾而不予批准的大陆居民。包括

①刑事案件的被告人或者犯罪嫌疑人；

②人民法院通知有未了结诉讼事宜不能离境的；

③被判处刑罚尚未执行完毕的；

④正在被劳动教养的；

⑤国务院有关主管部门认为出境后将对国家安全造成危害或者对国家利益造成重大损失的；

⑥有编造情况、提供假证明等欺骗行为的。

“被判处刑罚尚未执行完毕的”，包括被判处管制、拘役、有期徒刑、无期徒刑尚未执行完毕的。

“被认为出境后将对国家利益造成重大损失的”，是指掌握党和国家政治、军事、技术、经济等重要机密，中央、国务院、中央军委各部门和省级党、政、军主管部门认为不宜出境的。

（5）申请来大陆而不予批准的台湾居民。包括

①被认为有犯罪行为的；

②被认为来大陆后可能进行危害国家安全、利益等活动的；

③有编造情况、提供假证明等欺骗行为的；

④精神疾病或者严重传染病患者。

（6）拒绝接受边防检查的中国公民；

（7）未在限定口岸通行的中国公民；

（8）国务院公安部门、国家安全部门通知不准出境、入境的中国公民。

（9）法律、行政法规规定不准出境、入境的中国公民。

2. 外国人

外国人是指依照《国籍法》不具有中国国籍的人。

（1）未持有效护照、证件或者签证的外国人；

（2）持伪造、涂改或者他人护照、证件的外国人；

（3）拒绝接受边防检查的外国人；

（4）未在限定口岸通行的外国人；

（5）公安部或者国家安全部通知不准入境、出境的外国人；

（6）法律、行政法规规定不准出境、入境的外国人。

根据《外国人入境出境管理法》的规定，不准出境的外国人包括以下几种情形：

①刑事案件的被告人和公安机关或者人民检察院或者人民法院认定的犯罪嫌疑人；

②人民法院通知有未了结民事案件不能离境的；

③有其他违反中国法律的行为尚未处理，经有关主管机关认定需要追究的。

根据《外国人入境出境管理法实施细则》的规定，不准入境的外国人包括以下几种情形：

①被中国政府驱逐出境，未满不准入境年限的；

②被认为入境后可能进行恐怖、暴力、颠覆活动的；

③被认为入境后可能进行走私、贩毒、卖淫活动的；

④患有精神病和麻风病、艾滋病、性病、开放性肺结核病等传染病的；

⑤不能保障其在中国期间所需费用的；

⑥被认为入境后可能进行危害我国国家安全和利益的其他活动的。

3. 交通运输工具

出境、入境的交通运输工具是指一切离开、进入或者通过中华人民共和国国（边）境的船舶、航空器、火车和机动车辆、非机动车辆以及驮畜。出境、入境的交通运输工具有下列情形之一的，推迟或者阻止其出境、入境。

（1）离、抵口岸时，未经边防检查站同意，擅自出境、入境的；

（2）拒绝接受边防检查、监护的；

（3）被认为载有危害国家安全、利益和社会秩序的人员或者物品的；

（4）被认为载有非法出境、入境人员的；

（5）拒不执行边防检查站依法作出的处罚或者处理决定的；

（6）未经批准擅自改变出境、入境口岸的。

二、阻止出入境强制措施方式

1. 对被阻止出境人员的强制措施方式

（1）对出境的人员持用他人出境证件的；持用伪造或者涂改的出境证件的；是国务院公安部门、国家安全部门通知不准出境的；是法律、行政法规规定不准出境的，边防检查站可以扣留或者收缴其出境证件。

（2）对未持出境、入境证件的；持有无效出境、入境证件的；持用他人出境、入境证件的；持用伪造或者涂改的出境、入境证件的被阻止出境的人员，边防检查站可以限制其活动范围，调查核实其身份及证件来源等情况，调查核实后，根据具体情况予以处罚或者移送有关机关处理。

（3）对上级机关或者其他部门通知进行口岸查控的不准出境人员，按照有关查控工作的规定处理。其中需要限制人身自由的，交控单位应事先出具有关法律手续。

2. 对被阻止入境人员的强制措施方式

（1）对被阻止入境的人员，检查站应限制其活动范围，令其沿原路出境。对乘交通运输工具抵达口岸的，检查站应令其乘原交通运输工具或者最近一班交通运输工具沿原路出境，并将被阻止入境人员的情况和离境的时间通知有关交通运输部门。

（2）载运被阻止入境人员的交通运输工具负责人应担负被阻止入境人员离境及在中国境内停留期间的一切费用（含检查站监管人员的住宿、监管费用）。被阻止入境人员如愿自费从该口岸前往其他允其入境的国家或者地区，检查站可以同意。

（3）入境的人员持用他人入境证件的；持用伪造或者涂改的入境证件的；是国务院公安部门、国家安全部门通知不准入境的；是法律、行政法规规定不准入境的，边防检查站可以扣留或者收缴其入境证件。

（4）对持用他人入境证件的、持用伪造或者涂改的入境证件的被阻止入境的人员，检查站可以收缴其护照，应将护照复印件交交通运输工具负责人。

（5）被阻止入境人员滞留口岸期间，检查站对当事人应采取措施限制其活动范围。

三、阻止出入境权限、程序及应注意的问题

1. 阻止出境、入境的主体是边防检查机关或边防检查站。

2. 对“被认为出境后将对国家利益造成重大损失的”情形，公安机关或国家安全机关在决定是否批准出境之前，要征得有关部门同意。上述不批准出境的，一律由各省、自治区、直辖市公安厅、局报送公安部备案。公安机关与有关主管部门对是否批准出境有不同意见的，由公安厅、局报送公安部审批。

3. 对中国公民不批准出境的情形，在刑事、民事案件了结，犯罪嫌疑解除，或者服刑期满，或者解除劳教，或者在了解的机密失效后，仍可批准出境。对于有一些违法活动情节并不严重的，如果能够获得前往国签证，也可以批准出境。

4. 对不准出境的外国人一般不采取扣留护照的办法。对扣留的中国护照、证件，边防

检查站应妥善保管，不得损坏。

5. 对推迟或者阻止交通运输工具出境、入境要严格掌握。检查站应力保交通运输工具的正点运行。对出境的飞机，检查站在办理完边防检查手续并认为可允许飞机出境时，应在总申报单的“官方专用”栏加盖出境验讫章。

推迟或者阻止交通运输工具出境、入境应当严格按照《出境入境边防检查条例》规定的范围执行，不得因个别旅客或者员工的手续不符等原因而推迟或者阻止交通运输工具出境、入境。推迟或者阻止交通运输工具出境、入境的决定一般应由站长做出。阻止大型交通运输工具（飞机、客班轮、客运列车、大型货轮）出境、入境、应请示省、自治区、直辖市公安厅、局边防局、处批准。决定作出后应当立即通知交通运输工具负责人，通报口岸的有关部门，并将有关情况及时报上级主管机关。在推迟或者阻止交通运输工具出境、入境期间，检查站要采取措施，迅速查明情况，依法处理。其中“员工”是指出境、入境的船舶、航空器、火车和机动车辆的负责人、驾驶员、服务员和其他工作人员。

第二节　限制活动范围和设立住所或者办公处所强制措施

一、限制活动范围

1. 对象和条件

根据出入境管理法律规范的规定，出境、入境的人员有下列情形之一的，边防检查站有权限制其活动范围：

（1）有持用他人出境、入境证件嫌疑的；

（2）有持用伪造或者涂改的出境、入境证件嫌疑的；

（3）国务院公安部门、国家安全部门和省、自治区、直辖市公安机关、国家安全机关通知有犯罪嫌疑的；

（4）有危害国家安全、利益和社会秩序嫌疑的。

2. 程序

（1）对主管机关或者省级以上公安机关通知有犯罪嫌疑的人员，检查站应当尽快移交通知机关。

（2）对有其他危害国家安全、利益和社会秩序行为的，检查站经调查，如不构成犯罪，按照《出境入境边防检查条例》有关规定处罚；对构成犯罪的，移交当地公安机关处理。

（3）检查站在限制有嫌疑的人活动范围并进行调查或者移交有关机关处理时，限制活动范围的时间一般不得超过48小时，遇有特殊情况，经省、自治区、直辖市公安厅、局批准，可延长至72小时。

二、不得进入不对外开放的场所

1. 对象和条件

外国人持有效的签证或者居留证件，可以前往中国政府规定的对外国人开放的地区旅行。外国人前往不对外国人开放的地区旅行，必须向当地公安机关申请旅行证件。外国人未经允许，不得进入不对外开放的场所。

2. 程序

外国人前往不对外国人开放的市、县旅行，须事先向所在市、县公安局申请旅行证，获准后方可前往。申请旅行证须履行下列手续：

（1）交验护照或者居留证件；

（2）提供与旅行事由有关的证明；

（3）填写旅行申请表。

外国人领取旅行证后，如要求延长旅行证有效期、增加不对外国人开放的旅行地点、增加偕行人数，必须向公安局申请延期或者变更。

3. 法律后果

根据《外国人入境出境管理法实施细则》第46条的规定，未经批准前往不对外国人开放地区旅行的外国人，可以处警告或者500元以下的罚款；情节严重的，并处限期出境。

三、限制设立住所或者办公处所

1. 对象和条件

出于维护国家安全、社会秩序或者其他公共利益的原因，公安机关可以限制外国人或者外国机构在某些地区设立住所或者办公处所。

2. 程序

限制外国人或者外国机构在某些地区设立住所或者办公处所，由市、县公安局决定。已在上述限制地区设立住所或者办公处所的，必须在市、县公安局迁移通知书指定的期限内迁至许可的地区。

持外国人居留证的人迁出所在市、县，须于迁移前向原居住地的公安局办理迁移登记，到达迁入地后，须于10日内向迁入地公安局办理迁入登记。定居的外国人申请迁移，须事先向迁入地公安局申请准予迁入的证明，凭该证明按前款规定办理迁移登记。

3. 法律后果

根据《外国人入境出境管理法实施细则》第42条的规定，不执行公安机关限制或迁移决定的外国人，在强制其执行决定的同时，可以处警告或者1000元以上、10000元以下的罚款；情节严重的，并处限期出境。

第三节 拘留审查和监视居住强制措施

一、拘留审查和监视居住的概念

拘留审查是指对违反出入境管理法律规范的外国人的人身自由予以限制，以审问和调查相关事实的治安行政强制措施。监视居住是指对违反出入境管理法律规范而不宜拘留审查的外国人，采取监控其居所使其不得随意离开的治安行政强制措施。

二、拘留审查和监视居住的对象和条件

对非法入境、非法居留且身份不明的外国人，可以拘留审查。对可以拘留审查，但正在怀孕、哺乳自己不满1周岁婴儿的外国妇女、患有严重疾病以及其他不宜拘留审查的外国人，应当监视居住。

三、拘留审查和监视居住的程序

对外国人的拘留审查、监视居住由县级以上公安机关作出决定。但县级公安机关在作出决定前，应当报上一级公安机关批准。对外国人拘留审查时间，一般不超过 1 个月；对于案情重大、复杂等特殊的行政案件，经报原批准机关批准可以延长 1 个月。

对外国人作出拘留审查、监视居住决定后，决定或者批准机关应当在 48 小时内将案件情况报告省级公安机关；省级公安机关应当在规定期限内，将外国人的姓名、性别、入境时间、护照或者其他身份证件号码，案件发生的时间、地点及有关情况，违法的主要事实，已采取的措施及其法律依据，通知该外国人所属国家的驻华使馆、领馆，并通报同级人民政府外事部门。当事人要求不通知使馆、领馆的，可以不通知，但应当由其本人提出书面请求。

经拘留审查、监视居住后，发现外国人有其他违法犯罪嫌疑的，移送有关机关处理；无其他违法犯罪嫌疑的，在对其非法入境、非法居留行为处理后，遣送出境。

第四节　遣送出境强制措施

一、遣送出境的概念

遣送出境，是指对违反出入境管理法律规范的外国人、来大陆的台湾居民，将其解送出境的治安行政强制措施。

二、遣送出境的对象和条件

1. 对非法入境、非法居留的外国人遣送出境

对非法入境、非法居留的外国人，有身份证件的，在对其非法入境、非法居留行为处理后，可以直接遣送出境。

2. 对非法入境、非法居留且身份不明的外国人遣送出境

对非法入境、非法居留且身份不明的外国人，经拘留审查、监视居住后，未发现有其他违法犯罪嫌疑的，在对其非法入境、非法居留行为处理后，遣送出境。

3. 对被决定限期出境、缩短在华停留期限或者取消在华居留资格的外国人遣送出境

被决定限期出境、缩短在华停留期限或者取消在华居留资格的外国人，未在指定期限内自动离境的，可以遣送出境。

4. 对来大陆的台湾居民遣送出境

对来大陆的台湾居民，违反《中国公民往来台湾地区管理办法》的规定或者有其他违法犯罪行为的，除依照有关法律、法规的规定处罚外，可以遣送出境。

5. 对申请来大陆的台湾居民遣送出境

申请来大陆的台湾居民有下列不予批准情形之一的，应当立即遣送出境。

（1）被认为有犯罪行为的；

（2）被认为来大陆后可能进行危害国家安全、利益等活动的；

（3）有编造情况、提供假证明等欺骗行为的；

（4）精神疾病或者严重传染病患者。

三、遣送出境的程序

对外国人的遣送出境由县级以上公安机关作出决定。但县级公安机关在作出决定前，应当报上一级公安机关批准。

第五节　交通运输工具监护强制措施

一、交通运输工具监护的概念

交通运输工具监护是指对特定的出入境交通运输工具实施监督和保护的治安行政强制措施。

二、交通运输工具监护的对象和条件

对有下列情形之一的出境、入境交通运输工具，可以进行监护：

1. 离、抵口岸的火车、外国船舶和中国客船在出境检查后到出境前、入境后到入境检查前和检查期间；
2. 火车及其他机动车辆在国（边）界线距边防检查站较远的区域内行驶期间；
3. 外国船舶在中国内河航行期间；
4. 边防检查站认为有必要进行监护的其他情形。

对航行国际航线的我国船舶和全部都是中国船员的中外合营船舶，不实施监护。对不实施监护的入出境交通运输工具，检查站应当令其负责人及其员工不得从事违反我国法律、法规的活动。对违反有关法律、法规的，按照有关法律、法规的规定进行处罚。

三、交通运输工具监护的权限和程序

边防检查站为维护国家主权、安全和社会秩序，履行对出境、入境的交通运输工具进行监护的职责。出境、入境的交通运输工具，必须经对外开放的口岸或者主管机关特许的地点通行，接受边防检查、监护和管理。

对按规定实施监护的交通运输工具，检查站可根据上级的指示及当地的实际情况，在保障安全的前提下，采取重点监护。对不予监护的交通运输工具，如发现有可疑情况，检查站可进行监护。对随交通运输工具执行监护职务的边防检查人员，交通运输工具的负责人应当提供必要的办公、生活条件。被监护的交通运输工具和上下该交通运输工具的人员应当服从监护人员的检查。

对出境、入境飞机的监护由民航部门负责，检查站不进行监护。如发现检查与登机人数不符或其他可疑情况时可以登机检查。

第四篇
治安行政处罚法篇

第十七章　治安行政处罚法概述

第一节　治安行政处罚法的概念与特征

治安行政处罚法是指由国家制定的、规定违反治安行政管理行为构成及其处罚种类和适用以及处罚决定程序等相关问题的一整套法律规范体系。根据这一概念，治安行政处罚法具有以下特征：

第一，治安行政处罚法的渊源是由国家制定的具有特定要式的法律规范，即由具有法定立法权的国家机关根据法定的立法权限和立法程序所制定的、具有国家强制力和普遍约束力的要式行为规则。

这些法律规范包括全国人大及其常委会制定的法律、国务院制定的行政法规、省、自治区、直辖市的人大及其常委会、较大的市的人大及其常务委员会制定的地方性法规、公安部制定的部门规章、省、自治区、直辖市和较大的市的人民政府制定的地方政府规章。除此之外，任何国家机关、部门和单位制定的其他规范性文件均不是治安行政处罚法的要式法律规范，不具有法律效力。

第二，治安行政处罚法调整对象是规定违反治安行政法律规范行为构成和适用治安行政处罚种类以及有关处罚其他问题的专门法律规范。

这是治安行政处罚法特定的、固有的内容，也是它同其他处罚法律规范的区别所在。它决定了治安行政处罚法有单独的类别性，决定了治安行政处罚法有着自己特定的调整对象，即调整的是在治安行政处罚中形成的一类特定具体社会关系。

第三，治安行政处罚法内容既包括实体内容，又包括程序内容，是实体法和程序法的合体的法律规范。

它既包括规定各种违反治安行政法律规范的行为构成及其处罚种类的实体性质的法律规范，也包括规定适用、决定、执行治安行政处罚程序的程序性质的法律规范。因此它既非单纯的实体法，也非单纯的程序法。这是治安行政处罚法的一个显著特点，也是正确理解和诠释该法的一个重点问题。

第四，治安行政处罚法是各种有关治安行政处罚关系的全部法律规范的总和，是组成一整套完整法律体系的法律规范。

即治安行政处罚法并不仅仅是指某一项法律或法规，而是一个广义上的概念，所以并不等同于我国的《治安管理处罚法》,《治安管理处罚法》只是治安行政处罚法律体系中的一个重要组成部分。根据我国有关治安行政处罚法的立法状况，治安行政处罚法律规范体系主要由以下几个部分组成：

1. 全国人大制定的《行政处罚法》

该法是一部对所有行政处罚作出系统、全面规定的专门法律，既包括行政处罚的实体内容，也包括行政处罚的程序内容，是整个行政处罚法律规范中最基本、最主要的组成部分。同样也是治安行政处罚法律规范的最基本、最主要的组成部分。

2. 全国人大常委会制定的《治安管理处罚法》

这是一部直接针对治安行政管理处罚的系统、全面的专门法律规定，既有治安行政管理处罚的实体规定，也有治安行政管理处罚的程序规定，同样是整个治安行政处罚法律规范中最基本、最主要的组成部分。

3. 全国人大及其常委会制定的其他有关治安行政处罚的法律

主要有《人民警察法》、《全国人大常委会关于严禁卖淫嫖娼的决定》《全国人大常委会关于维护互联网安全的决定》《戒严法》《集会游行示威法》《枪支管理法》《户口登记条例》《居民身份证法》《道路交通安全法》《消防法》《禁毒法》《公民出境入境管理法》《外国人入境出境管理法》等。

4. 国务院制定的有关治安行政处罚的行政法规

主要有《娱乐场所管理条例》《印刷业管理条例》《典当行管理条例》《报废汽车回收管理办法》《集会游行示威法实施条例》《民用爆炸物品管理条例》《危险化学品安全管理条例》《易制毒化学品管理条例》《放射性同位素与射线装置放射防护条例》《计算机信息系统安全保护条例》《计算机信息网络国际联网管理暂行规定》《互联网上网服务营业场所管理条例》《大型群众性活动安全管理条例》《居住证暂行条例》《道路交通安全法实施条例》《企业事业单位内部治安保卫条例》《公民出境入境管理法实施细则》《外国人入境出境管理法实施细则》《中国公民因私事往来香港地区或者澳门地区的暂行管理办法》《中国公民往来台湾地区管理办法》《出境入境边防检查条例》《看守所条例》等。

5. 经国务院批准由公安部发布的有关治安行政处罚的行政法规

主要有《旅馆业治安管理办法》《废旧金属收购业治安管理办法》《印铸刻字业暂行管理规则》《对部分刀具实行管制的暂行规定》等。

6. 公安部制定的有关治安行政处罚的部门行政规章

主要有《机动车修理业、报废机动车回收业治安管理办法》《机动车号牌生产管理办法》《计算机信息网络国际联网安全保护管理办法》《租赁房屋治安管理规定》《道路交通安全违法行为处理程序规定》《交通事故处理程序规定》《公共娱乐场所消防安全管理规定》《看守所条例实施办法（试行）》《收容教育所管理办法》《强制戒毒所管理办法》《治安拘留所管理办法（试行）》《公安机关办理行政案件程序规定》《公安机关内部执法监督工作规定》等。

7. 公安部与国务院有关部门联合制定的有关治安行政处罚的部门行政规章

主要有国内贸易部、公安部联合制定的《旧货流通管理办法（试行）》，公安部、轻工业部、农业部、商业部、铁道部、交通部联合制定的《关于运输烟花爆竹的规定》，商业部公安部联合制定的《商业、供销社系统烟花爆竹安全经营管理暂行规定》等。

8. 公安部制定的有关具体实施治安行政处罚的具有规章效力的规范性文件

主要有《公安部关于认真贯彻执行全国人大常委会〈关于严禁卖淫嫖娼的决定〉的通知》《公安部关于公安机关贯彻实施〈中华人民共和国行政复议法〉若干问题的意见》《公安部关于公安机关贯彻实施〈行政诉讼法〉若干问题的通知》《公安部关于公安机关贯彻实施〈国家赔偿法〉有关问题的通知》《关于坚决取缔非法刻制印章摊点严厉查处伪造印章违法犯罪活动的通知》《公安部关于加强刻字业治安管理打击伪造印章犯罪活动的通知》《公

安部关于实施〈暂住证申领办法〉有关问题的通知》《公安部关于执行中国公民出境入境管理法及实施细则若干问题的说明》《公安部关于实施〈出境入境边防检查条例〉中检查、监护和阻止出入境等问题处理办法的通知》《公安部关于执行〈出境入境边防检查条例〉等法律、法规中的处罚程序和应用法律文书的通知》《公安部关于治安拘留时间如何计算问题的批复》《公安机关执法质量考核评议规定》《公安部关于在全国公安机关普遍实行警务公开制度的通知》等。

9. 公安部对治安行政法律规范中有关处罚问题所作的行政解释

主要有《公安部关于公安机关执行〈人民警察法〉有关问题的解释》《公安部关于对同性之间以钱财为媒介的性行为定性处理问题的批复》《公安部关于携带、藏匿淫秽 VCD 是否属传播淫秽物品问题的批复》《公安部法制局对〈关于对将已经仪器识别为不中奖的彩票出售的行为如何定性处理的请示〉的答复》《公安部关于执行〈治安管理处罚条例〉若干问题的解释》等。

10. 其他各种法律、行政法规、地方性法规和行政规章中有关治安行政处罚问题的某些条文规定

如《国歌法》第 15 条规定：在公共场合，故意篡改国歌歌词、曲谱，以歪曲、贬损方式奏唱国歌，或者以其他方式侮辱国歌的，由公安机关处以警告或者 15 日以下拘留；《集会游行示威法》第 28 条规定：举行集会、游行、示威有违反治安管理行为的，依照《治安管理处罚条例》有关规定予以处罚。又如《国旗法》和《国徽法》分别规定了对于在公众场合故意以焚烧、毁损、涂改、玷污、践踏等方式侮辱国旗或国徽，情节较轻的参照治安管理处罚条例的规定，由公安机关处以 15 日以下拘留。再如《军事设施保护法》规定了数种违法行为比照治安管理处罚条例第 19 条关于扰乱公共秩序行为的规定处罚。类似规定实质上都是对治安行政处罚法律规范在违法行为的种类和处罚上的补充。

以上十个部分，共同构成我国治安行政处罚法律规范体系的整体。

第二节　治安行政处罚的概念与特征

治安行政处罚是公安机关对违反治安行政处罚法律规范的行政相对人所实施的制裁或惩戒的具体行政行为。如警告、罚款、拘留、吊销许可证和执照、责令停产停业、没收财物等。

治安行政处罚与治安行政处罚法是两个既有联系又有区别的不同概念，治安行政处罚是违反治安行政处罚法的法律后果，治安行政处罚法是实施治安行政处罚的法律依据。治安行政处罚具有以下特征：

一、治安行政处罚的主体是公安机关

公安机关是依照法律规定具有治安行政管理专项职能的国家行政机关，我国《人民警察法》第 7 条规定，公安机关的人民警察对违反治安管理或者其他公安行政管理法律、法规的个人或者组织，依法可以实施行政处罚。《治安管理处罚法》规定：治安管理处罚由县级以上人民政府公安机关决定；其中警告、五百元以下的罚款可以由公安派出所决定。因此治安行政处罚职能仅仅分工由公安机关承担，其他一切国家机关、企事业单位、社会团体、或个人，在无法律法规特别授权或公安机关委托的情况下，均无实施治安行政处罚的权力。

这一特征表明了治安行政处罚实施主体的特定性。

二、治安行政处罚的依据是治安行政处罚法律规范

治安行政处罚法律规范是由国家制定的、规定违反治安行政管理行为构成及其处罚种类和适用以及处罚决定程序等相关问题的一整套法律规范体系。包括全国人大及其常委会制定的有关治安行政法律；国务院制定的有关治安行政法规；地方人大及其常委会制定的有关治安行政地方性法规；国务院部、委、地方人民政府制定的有关治安行政的部门规章和政府规章等。这一特征表明了治安行政处罚法律依据的特定性。

三、治安行政处罚的对象是违反治安行政处罚法律规范的治安行政相对人

治安行政相对人是指参入治安行政法律关系，对治安行政主体享有权利或承担义务的公民、法人或其他组织。根据我国治安行政处罚法律规范的规定，可以成为治安行政处罚对象的治安行政相对人主要是公民，即自然人，包括我国公民和在我国领域的外国人和无国籍人。外国人和无国籍人在我国领域内有违反治安行政法律规范的行为，除法律有特别规定外，应承担法律责任。除自然人外，治安行政处罚对象的治安行政相对人也包括特定的法人或其他组织，即单位对象。这一特征表明了治安行政处罚对象的特定性。

1. 自然人对象

治安行政处罚的对象首先是违反治安行政处罚法律规范的自然人，但并非所有实施了这种行为的自然人都是治安行政处罚的对象，只有在行为人达到法定责任年龄，具有责任能力的情况下，才是治安行政处罚的对象。

（1）责任年龄

责任年龄是指行为人对自己的违法行为负法律责任必须达到的法定年龄。对行为人负法律责任的年龄，一般采用“三分法”，将责任年龄分成相互衔接的三个阶段，即绝对无责任年龄、相对无责任年龄、完全责任年龄。我国对违反治安行政处罚法律规范责任的年龄即采用了三分法。《行政处罚法》第 25 条规定：不满 14 周岁的人有违法行为的，不予行政处罚，责令监护人加以管教；已满 14 周岁不满 18 周岁的人有违法行为的，从轻或者减轻行政处罚。《治安管理处罚法》第 12 条规定：已满 14 周岁不满 18 周岁的人违反治安管理的，从轻或者减轻处罚；不满 14 周岁的人违反治安管理的，不予处罚，但是应当责令其监护人严加管教。

从上述规定可以看出，我国违反治安行政处罚法律规范的法定责任年龄分成以下三个阶段：

①实施违反治安行政处罚法律规范行为时已满 18 岁的人是完全负法律责任年龄阶段。因为已满 18 岁的人，他们的智力随着年龄的增长已具有分辨是非善恶的能力，应当要求他们对自己的违反治安行政处罚法律规范行为承担完全的法律责任。

②实施违反治安行政处罚法律规范行为时已满 14 岁不满 18 岁的人是相对负法律责任年龄阶段，即对已满 14 岁不满 18 岁的人可以从轻处罚。

③实施违反治安行政处罚法律规范行为时不满 14 岁的人是完全不负法律责任年龄阶段。对他们所实施的一切违反治安行政处罚法律规范的行为，一概不追究违法责任。但可以对他们进行劝诫，并责令他们的监护人严加管教。

我国治安行政处罚法律规范对法定责任年龄的上述规定，与刑法规定的刑事责任年龄是

相互吻合的。

(2) 责任能力

责任能力是指行为人对自己的违法行为能够辨别和控制并能够负法律责任的能力。辨别能力是指行为人对自己行为的意义、性质、后果的分辨认识能力。控制能力是指行为人具备决定是否以行为触犯法律规范的能力。一般情况下，行为人达到了法定责任年龄，就具备了责任能力，就应当承担治安行政处罚法律责任。影响自然人责任能力的因素主要有两个方面，一是精神状况，一是生理缺陷。

①精神病人的责任能力。《行政处罚法》第 26 条规定：精神病人在不能辨认或者不能控制自己行为时有违法行为的，不予行政处罚，但应当责令其监护人严加看管和治疗。《治安管理处罚法》第 13 条规定：精神病人在不能辨认或者不能控制自己行为的时候违反治安管理的，不予处罚，但是应当责令其监护人严加看管和治疗。因此对精神病人违反治安管理不予处罚，是以精神病人在行为时无责任能力状态为依据的。无责任能力状态，是指精神病患者在精神病发作期间，他们的正常精神活动发生了紊乱现象，因而不能辨认或控制自己的行为，这是精神病人对自己的违反治安行政处罚法律规范行为不负责任的原因。

关于间歇性精神病人的责任能力问题，《行政处罚法》第 26 条规定：间歇性精神病人在精神正常时有违法行为的，应当给予行政处罚。《治安管理处罚法》第 13 条规定：间歇性的精神病人在精神正常的时候违反治安管理的，应当给予处罚。《公安机关办理行政案件程序规定》第 127 条规定：尚未完全丧失辨认或者控制自己行为能力的精神病人有违法行为的，应当予以行政处罚，但可以从轻或者减轻行政处罚。间歇性的精神病人的特点是他们的精神时而正常，时而不正常，因此，对间歇性精神病人的责任能力不能一概而论。如果间歇性精神病人在实施违反治安行政法律规范行为时精神正常，没有丧失辨认或控制自己行为的能力，仍然要负法律责任。但是在治安管理处罚实践中，对行为人提出是否予以处罚的问题总是在行为人实施了违反治安管理行为之后，因而确定间歇性精神病人行为时的精神状态是否正常，往往比较困难。在这种情况下，行为人究竟有无责任能力，应当通过司法精神病学鉴定和深入了解行为人的具体情况来确定。

②盲人或者又聋又哑的人的责任能力。《治安管理处罚法》第 14 条规定：盲人或者又聋又哑的人违反治安管理的，可以从轻、减轻或者不予处罚。盲人和又聋又哑的人是否具有责任能力也不能一概而论，应当区别具体的行为来分析。盲人和又聋又哑的人违反治安管理有两类情况：一类是由于自身生理缺陷，从而对自己的行为失去了辨别和控制的能力，因而处于无责任能力状态。如又聋又哑的人因听不见交警的指挥、盲人因看不见道路交通标志而妨碍了道路交通，都是因为自身的生理缺陷而违反了治安行政处罚法律规范，对这类情况应不予处罚。另一类情况是，盲人和又聋又哑的人实施了违反治安行政处罚法律规范的行为，但并不是由于盲人和聋哑人自身的生理缺陷造成，有的甚至利用自身生理缺陷，则具备责任能力，应负治安行政处罚法律责任。如又聋又哑的人拍车门拎包偷窃、盲人利用封建迷信手段算命骗取财物等，但可以从轻、减轻处罚。

③醉酒的人的责任能力。《治安管理处罚法》第 15 条规定：醉酒的人违反治安管理的，应当给予处罚。因此醉酒的人不属于无责任能力的人。这是因为在醉酒的状态下，行为人并没有完全丧失辨认和控制自己行为的能力，而只是有某种程度的减弱，而且在醉酒前，行为人对自己醉酒后可能实施的违反治安行政处罚法律规范的可能性应当预见到。不仅如此，在醉酒的状态下进行某些行为，本身就是违反治安行政管理法律规范的行为，并且比在正常状

态下处罚还要重。如《道路交通安全法》规定：醉酒后驾驶机动车的，处15日以下拘留和暂扣3个月以上6个月以下机动车驾驶证，并处500元以上2000元以下罚款。而饮酒后驾驶机动车的，处暂扣1个月以上3个月以下机动车驾驶证，并处200元以上500元以下罚款。

2. 单位对象

单位作为治安行政处罚的对象，有双罚制和单罚制两种情况。

（1）双罚制。双罚制是指单位和单位负责人员均为处罚对象，既处罚单位，同时处罚负责人。如《娱乐场所管理条例》第40条规定：娱乐场所经营单位对发生在本单位的卖淫、嫖娼活动放任不管，不采取措施制止的，由公安机关责令停业整顿，并处10000元以上100000元以下的罚款；情节严重的，由工商行政管理部门吊销营业执照；对直接负责的主管人员和其他直接责任人员，按照规定给予纪律处分，并由公安机关处1000元以下的罚款。《消防法》第40条规定：单位违反本法的规定，依法应当进行消防设计的建筑工程竣工时未经消防验收或者经验收不合格，擅自使用的，责令限期改正；逾期不改正的，责令停止施工、停止使用或者停产停业，可以并处罚款。并对其直接负责的主管人员和其他直接责任人员处警告或者罚款。

（2）单罚制。单罚制是指在单位和单位负责人之间选择一方作为处罚对象，要么只对单位予以处罚，要么只对单位负责人予以处罚。如《印刷业管理条例》第41条规定：不是公安部门指定的印刷企业，擅自印刷布告、通告、重大活动工作证、通行证、在社会上流通使用的票证的，由公安部门给予警告，没收印刷品和违法所得，违法经营额1万元以上的，并处违法经营额5倍以上10倍以下的罚款；违法经营额不足1万元的，并处1万元以上5万元以下的罚款；情节严重的，责令停业整顿或者吊销特种行业许可证。上述处罚规定便只是对单位的处罚。

又如《治安管理处罚法》第18条规定：单位违反治安管理的，对其直接负责的主管人员和其他直接责任人员依照本法的规定处罚。《道路交通安全法》第92条规定：运输单位的公路客运车辆载客超过额定乘员或者违反规定载货、货运机动车超过核定载质量或者违反规定载客，经处罚不改的，对直接负责的主管人员处2000元以上5000元以下罚款。上述处罚规定便只是对单位负责人的处罚。

四、治安行政处罚的性质是行政制裁

行政制裁是国家行政机关在行政管理活动中对违反行政法律规范的人给予的各类惩处的总称。可分为两大基本类型：一类为行政处分，是指行政机关对机关内部工作人员违反政纪的惩处。另一类为行政处罚，是指行政机关对外部违法对象予以的惩处。这类行政处罚按实施处罚的各种行政机关的职权分工、管理事务的区别和适用对象的不同，又可分为治安行政处罚、税务行政处罚、财政金融行政处罚、工商行政处罚、文化教育行政处罚、卫生行政处罚等多种，治安行政处罚便属于其中的一种。这一特征，既说明了治安行政处罚的性质，又确定了它的类别。治安行政处罚的这一行政制裁性质可理解为：

1. 治安行政处罚是由治安行政违法行为而引起的法律后果。

也是由违法者所承担的法律后果，因此，治安行政处罚这种法律责任只能对应违法行为与违法者，对于合法行为与行为者则无治安行政处罚的后果。

2. 治安行政处罚是一种行政法律责任。

其法律性质与刑事责任、民事责任不同，是行政法上的法律责任体系。所以，作为一种独立的责任体系有它自身的本质、规律与特点，如它的程度已超出了一般批评，教育的界限，同时又因它属于行政制裁，而不像刑事处罚那样在性质上的严厉性。

3. 治安行政处罚具有最终性或结论性。

它不是临时性措施，也不是处理违法行为人过程的中间环节，只有这种法律责任后果，才是行政处理的最终结论或最终评价。这是其与治安行政强制措施的本质区别。

第三节 治安行政处罚的种类

治安行政处罚的种类是指治安行政处罚法律规范规定的各种具体的制裁方式。有的按照内容性质分类，有的按照具体法条规定分类。此处采用综合交叉分类法。

一、申诫罚

申诫罚又称声誉罚、精神罚或名誉罚，是指公安机关依法对违反治安行政法律规范的违法行为人的名誉权、荣誉权及其他精神权益造成不利损害的行政处罚。通过给予精神上的谴责和警戒，申明其违法行为，避免其再犯。主要有警告、责令具结悔过、训诫、通报批评等。申戒罚的特征表现为：

1. 申戒罚的责任后果是治安行政处罚种类中最轻的一种处罚，它只涉及单一的精神权益，而不涉及其他财产权益、人身权益。

2. 申戒罚的适用对象通常是轻微的违反治安行政法律规范的行为人，重在谴责、教育、警戒，避免其再犯。

3. 申戒罚的性质表现为精神权益。精神权益包括三个方面的内容：一是名誉权益，名誉权是与生俱来的权利，是以人的名誉所受利益为内容的权利，是社会对公民的品德行为、信誉才干等各方面的评价。它关系到公民的人格尊严，关系到公民在社会生活中的地位和应受社会、他人信赖和尊重的程度。

二是荣誉权益。荣誉权益就是一种好名声的权益，它不是每个人都享有的权利，它是社会对部分成员卓越贡献与优良品行的一种奖励或美名。如果获得特定荣誉之后，因违法行为该荣誉被剥夺或取消，则构成了以荣誉权受损为内容的声誉罚。

三是除名誉权、荣誉权以外的其他精神权益，包括权利和权利派生的利益，有既得权益和可期待权益，表现形式有精神上的权益还有物质上的权益，如就业、晋级、奖金等。

二、财产罚

财产罚是指公安机关依法强迫违反治安行政法律规范的行为人缴纳一定数量的货币或财物的一种处罚形式。财产罚以科处受罚人财产权益受损或增加财产义务负担为内容，主要有：罚款、没收违法所得、没收非法工具、设备、没收违禁品等。申戒罚的特征表现为：

1. 财产罚的责任后果是一种较轻的治安行政处罚，只影响治安行政违法行为人的财产权益，不影响其他的人身权益、行为能力。

2. 财产罚的内容是损害或剥夺治安行政违法行为人的财产权益。虽然财产罚的具体形式多种多样，但其本质特征仍然是以受罚人财产权益为处罚内容，要么是剥夺其部分财产权益，要么是增加其财产义务负担。

3. 财产罚的法定特征表现为在大多数情形下都有一定的范围与幅度。如对个人的治安行政处罚从 1 元至 50000 元不等。《外国人入境出境管理法实施细则》规定，对私自雇用外国人的个人，可以处 5000 元以上 50000 元以下的罚款。对单位的治安行政处罚从 1 元至 100000 元不等。《全国人大常委会关于严禁卖淫嫖娼的决定》规定，旅馆业、饮食服务业、文化娱乐业、出租汽车业等单位，对发生在本单位的卖淫、嫖娼活动，放任不管、不采取措施制止的，处 10000 元以上 100000 元以下罚款。而没收非法所得、没收非法工具、设备、没收违禁品等则是范围罚表现。财产罚的这种范围与幅度限制已经成为了这类处罚的法定特征，使其在适用中具有拘束和自由的双重属性，一方面受法律的拘束，不能超出范围与幅度；另一方面在法定幅度内有宽泛的自由裁量权。

4. 财产罚从适用来讲是目前执法实践中运用得最多的治安行政处罚种类，尤其是罚款最为普遍。一般来说，财产类处罚可以适用于一切治安行政违法行为，因为财产是所有人生产与生活的物质基础与条件，由于违法行为使其财产权益受损，也是处罚的目的。

三、人身罚

人身罚，又称自由罚、人身自由罚，是指公安机关依法剥夺违反治安行政法律规范的行为人一定期限的人身自由权的行政处罚，主要指治安行政拘留。人身罚的特征表现为以下方面：

1. 人身罚的对象只能是自然人。由于人身罚以限制人身自由权为内容，在一定期限内使被处罚人丧失人身自由，而人身自由只能为公民这个自然人所享有，不能为法人或其他组织所享有，所以人身罚只能适用于自然人，而不能适用于非自然人。

2. 人身罚的主体只能是公安机关，其他任何行政机关没有人身自由处罚权，或者说只有违反治安行政法律规范的行为才能给予人身罚。《行政处罚法》规定：限制人身自由的行政处罚权只能由公安机关行使。

3. 人身罚的期限为有限制期限的剥夺人身自由。它不同于刑罚可以无限期剥夺人身自由，一般来讲，其最长期限为 15 日以下。也有最长为 10 日以下的，如《居民身份证法》规定，冒用他人居民身份证或者使用骗领的居民身份证的；购买、出售、使用伪造、变造的居民身份证的，处 10 日以下拘留。还有最长为 5 日以下的，如《公民出境入境管理法实施细则》规定，持用伪造、涂改等无效证件或者冒用他人证件出境、入境的，处以 5 日以下拘留。

4. 人身罚的责任后果是治安行政处罚种类中最为严厉的处罚。因为人身自由权是人的最重要的、最基本的权利，是其他一切权利的基础。所以，人身罚只适用于最严重的治安行政违法行为。

四、资格罚

资格罚又称能力罚，是指公安机关依法剥夺、终止或限制违反治安行政法律规范的行为人从事一定职业与活动的权利资格的行政处罚。主要有：暂扣许可证和执照、吊销许可证和执照、责令停产停业整顿等。资格罚的特征表现为：

1. 资格罚的对象只能是享有某种特定的权利资格的治安行政违法行为人，没有特定的权利资格便无资格可罚，便不能实施资格罚。它既包括自然人，也包括法人。

2. 资格罚的主体通常是赋予行为人权利资格的公安机关，行为人若没有履行其取得的权利资格应尽的义务，不再符合这种权利资格的法定条件，则由赋予的公安机关取消资格。

3. 资格罚的内容以减损行为人从事一定职业与一定活动的权利资格为本质特征。人有两种权利与资格，一是与生俱来的为所有人所普遍享有的权利与资格，如生命健康权、名誉权等。另一类权利资格是因具备一定条件而依法赋予给特定人享有的权利资格，如机动车驾驶资格、爆破员资格、经营特种行业资格等。这种权利资格，是特定人从事特定职业、行业、活动所必须具备的前提或合法性条件，如果取消了这种资格，行为人自然就丧失了继续从事的权利。

4. 资格罚的期限有三种情形，一是有期限的取消或剥夺资格，在一定期限以内取消特定资格或禁止从事特定行为活动，如《道路交通安全法》规定的饮酒后驾驶机动车的，处暂扣 1 个月以上 3 个月以下机动车驾驶证处罚；其他治安行政法律规范规定的限期停产停业整顿等。

二是无期限的取消或剥夺资格，使其全部丧失从事特定职业、行业、活动的资格。如《道路交通安全法》规定的机动车行驶超过规定时速 50%的，吊销机动车驾驶证处罚；其他治安行政法律规范规定的吊销特种行业许可证处罚等。不过这类被取消或剥夺资格处罚的行为人，如果符合法定条件、经过法定程序可重新再取得资格，但通常有间隔时间限制。如《机动车驾驶证申领和使用规定》规定：吊销机动车驾驶证未满 2 年的，不得申请机动车驾驶证。《道路交通安全法》规定：1 年内有醉酒后驾驶机动车的行为，被处罚两次以上的，吊销机动车驾驶证，5 年内不得驾驶营运机动车。《印刷业管理条例》规定，从事其他印刷品印刷经营活动的个人被处以吊销许可证行政处罚的，自许可证被吊销之日起 10 年内不得从事印刷经营活动，等等。

三是终身取消或剥夺资格，使其终身丧失从事特定职业、行业、活动的资格。如《道路交通安全法》规定的造成交通事故后逃逸的，吊销机动车驾驶证，且终生不得重新取得机动车驾驶证。

5. 资格罚的责任特点是通常会间接给行为人的财产权益造成损害。虽然资格罚不是财产罚，但其资格通常是行为人从事特定职业、行业、活动而获取经济利益的资格，取消或限制这种资格就意味着取消或限制行为人借此获取财产收益的权利。

6. 资格罚的责任后果是一种比较严厉的治安行政处罚，比起申戒罚、财产罚来讲要严厉得多，因为它从根本上取消了被处罚人的特定行为活动资格，从而使其丧失通过特定手段劳动和谋生的权利。

五、行为罚

行为罚又称救济罚，是指公安机关依法科处违反治安行政法律规范的行为人履行改过治安行政违法行为、恢复被侵害的治安秩序的作为行为义务的行政处罚，如责令限期整改、责令管教、责令其退出活动场所、责令恢复原状或赔偿损失、责令限期补办手续等。行为罚的特征表现为：

1. 行为罚的内容是作为行为，被处罚人必须以作为形态实施一定的行为，履行作为行为义务，以弥补、救济因违反治安行政法律规范而造成的损害，挽救、恢复被侵害的治安秩序。科处被处罚人履行不作为行为义务如责令停止侵害则不属于行为罚。

2. 行为罚的对象通常是那些实施能够改过、能够恢复原状的治安行政违法行为的人，既包括自然人，也包括法人。如实施财产损害行为的自然人，存在安全隐患的法人。

3. 行为罚的责任后果是一种较轻的治安行政处罚，其破坏的治安秩序为可恢复的治安秩序。

第四节　治安行政处罚的原则

治安行政处罚的原则是指由治安行政法律规范确定的对治安行政处罚的设定和适用具有普遍指导意义的基本准则。

一、合法原则

合法原则是指公安机关必须依据治安行政法律规范规定的职权范围、处罚种类、处罚幅度、处罚程序实施处罚。《行政处罚法》第 3 条规定：公民、法人或者其他组织违反行政管理秩序的行为，应当给予行政处罚的，依照本法由法律、法规或者规章规定，并由行政机关依照本法规定的程序实施。没有法定依据或者不遵守法定程序的，行政处罚无效。《人民警察法》规定：人民警察必须以宪法和法律为活动准则，严格执法。《公安机关办理行政案件程序规定》规定：公安机关办理行政案件应当遵循合法原则。合法原则的主要内容和基本要求是：

1. 处罚依据合法

治安行政处罚的依据必须是法律认可的具有普遍约束力的依据。《行政处罚法》规定：应当给予行政处罚的违反行政管理秩序的行为，依照本法由法律、法规或者规章规定；除本法特别规定外，其他规范性文件不得设定行政处罚。因此公安机关实施治安行政处罚必须以治安行政法律、法规、规章为依据，不得以法律、法规、规章以外的其他规范性文件为依据，更不能以“会议精神”、“领导讲话”为依据。公安机关设定部门规章，也必须符合《行政处罚法》关于规章设定的权限、处罚行为、种类和幅度的限制规定。法不禁止不处罚，法无明文规定不处罚，没有法定依据的治安行政处罚为无效处罚。《行政处罚法》规定：没有法定依据的行政处罚无效。

2. 主体合法

治安行政处罚只能由法定的公安机关主体在法定的职权范围内行使，特别是公安机关作为限制人身自由的行政处罚权的唯一行使主体。《行政处罚规定》：行政处罚由具有行政处罚权的行政机关在法定职权范围内实施。限制人身自由的行政处罚权只能由公安机关行使。因此其他一切国家机关、企事业单位、社会团体、或个人，在无法律法规特别授权或公安机关委托的情况下，均不能作为治安行政处罚的主体，公安机关私招滥雇的所谓保安员、协管员也不能参与治安行政处罚。其他机关和部门要求公安机关超越治安行政处罚权限处罚的指令视为无效指令，公安机关应当拒绝。《人民警察法》规定：人民警察对超越法律、法规规定的人民警察职责范围的指令，有权拒绝执行，并同时向上级机关报告。

3. 程序合法

治安行政处罚必须由公安机关在法定的职权范围内，依照法定依据，按照法定程序作出才有效。程序合法与实体合法一样重要，且程序合法是实体合法的重要保证。因此《行政处罚法》规定：不遵守法定程序的行政处罚无效。《治安管理处罚法》规定：治安管理处罚的程序，适用本法的规定；本法没有规定的，适用《行政处罚法》的有关规定。《治安管理处罚法》规定的处罚程序包括调查、决定、执行三个环节。

二、公正原则

公正原则是指公安机关实施治安行政处罚必须公平正直，没有偏袒。《行政处罚法》规定：行政处罚遵循公正的原则。《人民警察法》规定：人民警察必须做到秉公执法。《治安管理处罚法》规定：实施治安管理处罚，应当公正。公正原则的主要内容和基本要求是：

1. 认定事实证据公正

首先要客观公正地搜集案件证据。这是治安行政处罚公正的基础。《行政处罚法》规定：行政机关发现公民、法人或者其他组织有依法应当给予行政处罚的行为的，必须全面、客观、公正地调查，收集有关证据。《治安管理处罚法》规定：公安机关查处治安案件，对没有本人陈述，但其他证据能够证明案件事实的，可以作出治安管理处罚决定。但是，只有本人陈述，没有其他证据证明的，不能作出治安管理处罚决定。

其次要客观公正地认定案件事实，全面弄清案件发生的时间、地点、经过、后果、情节、行为人主观心态及行为与后果之间的因果关系，不能先入为主，有“过”推定，而应疑案从无，无“过”推定。《行政处罚法》规定：违法事实不能成立的，不得给予行政处罚。《公安机关办理行政案件程序规定》规定：公安机关在办理行政案件中必须查明违法事实，审查、核实有关证据材料；违法事实不清的，不得作出行政处罚决定。

2. 行使自由裁量权公正

首先，治安行政处罚后果必须与治安行政违法行为相适应，即过罚相当，不能重过轻罚或轻过重罚。《行政处罚法》规定：设定和实施行政处罚必须与违法行为的事实、性质、情节以及社会危害程度相当；确有应受行政处罚的违法行为的，根据情节轻重及具体情况，作出行政处罚决定。《治安管理处罚法》规定：治安管理处罚必须与违反治安管理行为的性质、情节以及社会危害程度相当。从惩罚的角度来讲，由于违法行为与危害后果之间本身就存在着客观的、有限的平衡，这就决定了作为惩罚措施的行政处罚必须与违法行为的危害程度这一客观事实保持相应的平衡。从责任的角度来讲，一定的违法行为只能产生与之相适应、相平衡的法律责任后果，违法行为人只对由他的违法行为所造成的危害后果承担相应的法律责任。因此公安机关在行使自由裁量权即处罚种类自由裁量权、处罚幅度自由裁量权时，必须与治安行政违法行为的事实、性质、情节以及社会危害程度平衡。

其次，对相同性质、相同情节的治安行政违法行为相同对待。对相同性质、相同情节的治安行政违法行为，在行使自由裁量权时，应当相同对待，案件与案件之间、处罚对象与处罚对象之间给予什么样处罚种类和什么样处罚幅度应当平衡，不能畸轻畸重。

最后，对不同性质、不同情节的治安行政违法行为区别对待。对不同性质、不同情节的治安行政违法行为特别是一案多人的治安行政案件，在行使自由裁量权时，应当区别对待，对性质、情节严重的行为人，应适用较重的处罚种类和较高的处罚幅度，对性质、情节较轻的行为人，应适用较轻的处罚种类和较低的处罚幅度，案件行为人之间的处罚应当平衡，不能性质、情节严重的行为人比性质、情节较轻的行为人处罚还轻，而性质、情节较轻的行为人比性质、情节严重的行为人处罚还要重。《治安管理处罚法》规定：共同违反治安管理的，根据违反治安管理行为人在违反治安管理行为中所起的作用，分别处罚。《行政处罚法》规定：当事人有主动消除或者减轻违法行为危害后果的；受他人胁迫有违法行为的；配合行政机关查处违法行为有立功表现的，应当依法从轻或者减轻行政处罚。

3. 回避公正

为保证治安行政处罚决定的公正性，应排除一切可能影响公正决定的人为因素，因此可能影响处罚公正的治安行政执法人员应避开相关案件。尽管应当回避的执法人员或许并没有真正偏袒任何一方的意图，但从法律上讲，应当回避而不回避仍然是有悖公正原则的。《行政处罚法》规定：执法人员与当事人有直接利害关系的，应当回避。《治安管理处罚法》规定：人民警察在办理治安案件过程中，遇有法定情形之一的，应当回避；违反治安管理行为人、被侵害人或者其法定代理人也有权要求他们回避。治安行政处罚案件的回避要求包括：

（1）应予回避的人员。包括公安机关负责人、办案人员，也包括鉴定人和翻译人员。

（2）应予回避的情形。包括：是本案的当事人或者当事人的近亲属；本人或者其近亲属与本案有利害关系；是本案的证人或者鉴定人；与本案当事人有其他关系，可能影响案件公正处理的。

（3）回避申请的提出和决定。当事人及其法定代理人有权要求、申请应予回避的人员回避；公安机关负责人、办案人员可以申请自我回避；公安机关负责人、办案人员具有应当回避的情形之一，本人没有申请回避，当事人及其法定代理人也没有申请他们回避的，有权决定的公安机关负责人可以指令他们回避。办案人员的回避，由本级公安机关负责人决定；公安机关负责人的回避，由上一级公安机关负责人决定。

三、公开原则

公开原则是指公安机关实施治安行政处罚必须透明和公之于众，让被处罚人和社会公众知晓明白。《行政处罚法》规定：行政处罚遵循公开的原则。《治安管理处罚法》规定：实施治安管理处罚，应当公开。《公安机关办理行政案件程序规定》规定：公安机关办理行政案件应当遵循公开原则。公开原则的主要内容和基本要求是：

1. 治安行政处罚的依据公开

即公安机关据以认定治安行政相对人的行为违法和应当给予何种治安行政处罚的法律规范应公开。《行政处罚法》规定：对违法行为给予行政处罚的规定必须公布；未经公布的，不得作为行政处罚的依据。将治安行政处罚法律规范予以公开，可使公众对自己的行为和行为后果具有可预期性，知道哪些行为是法律所禁止的，实施了法律所禁止的这些行为要承担什么样的法律后果。有利于公众选择调适自己的行为规范，使自己的行为规范与法律规范要求保持一致。目前，治安行政处罚的法律依据、行政法规和地方性法规依据、行政规章依据公开已符合公开原则的要求，但公安部制定的有关具体实施治安行政处罚的具有规章效力的文件依据、公安部对治安行政法律规范所作的行政解释依据的公开范围和公开形式尚有待完善。

2. 治安行政处罚的过程或程序公开

包括实施治安行政处罚的公安机构、部门、管辖、职责、权限、程序以及当事人的权利、义务等的公开。具体来讲：

（1）执法人员的身份公开。公安机关实施治安行政处罚的人员，在调查取证、采取强制措施及处罚相对人时，应向有关人员出示自己的执法证件，使有关人员了解自己的合法身份。《行政处罚法》规定：行政机关在调查或者进行检查时，执法人员应当向当事人或者有关人员出示证件。《治安管理处罚法》规定：需要传唤违反治安管理行为人接受调查的，经公安机关办案部门负责人批准，使用传唤证传唤；对现场发现的违反治安管理行为人，人民警察经出示工作证件，可以口头传唤。

（2）传唤、询问地点公开。《治安管理处罚法》规定：公安机关应当及时将传唤的原因和处所通知被传唤人家属；询问不满16周岁的违反治安管理行为人，应当通知其父母或者其他监护人到场；《人民警察法》规定：对于批准继续盘问的，应当立即通知其家属或者其所在单位。

（3）拟处罚的事实、理由及依据公开。《行政处罚法》规定：行政机关在作出行政处罚决定之前，应当告知当事人作出行政处罚决定的事实、理由及依据。《治安管理处罚法》规定：公安机关作出治安管理处罚决定前，应当告知违反治安管理行为人作出治安管理处罚的事实、理由及依据。此举便于当事人对公安机关认定的事实、理由及依据提出陈述和申辩。

（4）诉权公开。《行政处罚法》规定：行政机关在作出行政处罚决定之前，应当告知当事人依法享有的权利。《治安管理处罚法》规定：公安机关作出治安管理处罚决定前，应当告知违反治安管理行为人依法享有的权利。这些权力包括陈述权、申辩权、要求举行听证权、申请行政复议权、提起行政诉讼权。将治安行政处罚的过程或程序公开，有利于公安机关接受案件当事人和社会公众的监督，依法实施治安行政处罚，防止玩忽职守和滥用职权；有利于保护案件当事人的诉权，保证处罚的客观公正，防止非法取证、侵犯人权。

3. 治安行政处罚的结果公开

《行政处罚法》规定：行政处罚应当制作盖有作出行政处罚决定的行政机关的印章的行政处罚决定书并在宣告后当场交付当事人；当事人不在场的应当在7日内依照民事诉讼法的有关规定送达当事人。行政处罚决定书应当载明当事人的姓名或者名称、地址；违反法律、法规或者规章的事实和证据；行政处罚的种类和依据；行政处罚的履行方式和期限；不服行政处罚决定，申请行政复议或者提起行政诉讼的途径和期限；作出行政处罚决定的行政机关名称和作出决定的日期。《治安管理处罚法》规定：公安机关应当向被处罚人宣告治安管理处罚决定书，并当场交付被处罚人；无法当场向被处罚人宣告的，应当在2日内送达被处罚人；决定给予行政拘留处罚的，应当及时通知被处罚人的家属；有被侵害人的，公安机关应当将决定书副本抄送被侵害人。

将治安行政处罚的结果公开，既是判明公安机关的治安行政处罚是否合法、公正的依据，也是当事人行使申请行政复议权和提起行政诉讼权的依据。

四、及时原则

及时原则是指公安机关实施治安行政处罚必须迅疾快捷，从速从快。因为治安行政处罚是仅次于刑罚的处罚手段，是唯一包含限制人身自由处罚种类的行政处罚，比其他行政处罚要严厉得多，行为人的社会危害性也大得多。《治安管理处罚法》规定：扰乱公共秩序，妨害公共安全，侵犯人身权利、财产权利，妨害社会管理，具有社会危害性，依照《中华人民共和国刑法》的规定构成犯罪的，依法追究刑事责任；尚不够刑事处罚的，由公安机关依照本法给予治安管理处罚。因此只有及时实施治安行政处罚，才能及时制止治安行政违法行为，及时传唤治安行政违法人，及时搜集证据，及时保护受害人。《公安机关办理行政案件程序规定》规定：公安机关办理行政案件应当遵循及时原则。及时原则的主要内容和基本要求是：

1. 及时受案

受案即接受案件。只有及时受案，才能及时保护现场，及时发现制止违法行为，及时控制违法嫌疑人，才能调查取证作前期准备。《治安管理处罚法》规定：公安机关对报案、控告、举报或者违反治安管理行为人主动投案，以及其他行政主管部门、司法机关移送的违反治安管理案件，应当及时受理，并进行登记。《人民警察法》规定：人民警察遇到公民人身、财产安全受到侵犯或者处于其他危难情形，应当立即救助；对公民的报警案件，应当及时查处；人民警察在非工作时间，遇有其职责范围内的紧急情况，应当履行职责。

2. 及时调查取证

为防止违法嫌疑人逃逸、串供、毁灭证据，防止证据破坏、灭失，必须及时开展调查，保全、搜集证据。《治安管理处罚法》规定：对违反治安管理行为人，公安机关传唤后应当及时询问查证；询问查证的时间不得超过8小时；情况复杂，依照本法规定可能适用行政拘留处罚的，询问查证的时间不得超过24小时。《人民警察法》规定：对被盘问人的留置时间自带至公安机关之时起不超过24小时，特殊情况下可以延长至48小时。《道路交通安全法》规定：执行职务的交通警察认为应当对道路交通违法行为人给予暂扣或者吊销机动车驾驶证处罚的，可以先予扣留机动车驾驶证，并在24小时内将案件移交公安机关交通管理部门处理。

3. 及时决定

在查清违法事实后，应及时处罚治安违法行为人。只有这样，才能有效惩罚治安违法行为，减少违法行为带来的损失和不利影响，尽快恢复正常治安秩序。《治安管理处罚法》规定：公安机关办理治安案件的期限，自受理之日起不得超过30日；案情重大、复杂的，经上一级公安机关批准，可以延长30日；违反治安管理行为事实清楚，证据确凿，处警告或者200元以下罚款的，可以当场作出治安管理处罚决定。《道路交通安全法》规定：对道路交通违法行为人予以警告、200元以下罚款，交通警察可以当场作出行政处罚决定；对行人、乘车人和非机动车驾驶人的罚款，当事人无异议的，可以当场予以收缴罚款。

五、教育与处罚相结合原则

教育与处罚相结合原则是指公安机关实施治安行政处罚必须在惩罚和制裁的同时，警示违法行为人悔过改错，引领社会公众自觉守法，实现制裁与教育的双重功能。《行政处罚法》规定：实施行政处罚，纠正违法行为，应当坚持处罚与教育相结合，教育公民、法人或者其他组织自觉守法。《治安管理处罚法》规定：办理治安案件应当坚持教育与处罚相结合的原则。《公安机关办理行政案件程序规定》规定：公安机关办理行政案件应当坚持教育与处罚相结合的原则，教育公民、法人和其他组织自觉守法。

教育与处罚是治安行政管理不可或缺的两种手段。新时期治安行政管理贯彻预防为主、打防并举的策略，而教育与处罚相结合，都贯彻了预防的精神。处罚和教育违法行为人，是为了“特殊预防”，防止违法行为人重新再犯；通过处罚违法行为人教育公众，是为了“一般预防”，防止普通公众实施治安违法行为。只有把教育与处罚结合起来，才能取得良好的“特殊预防”和“一般预防”的社会效果。教育与处罚相结合原则的主要内容和基本要求是：

1. 情节轻微的重在教育

《行政处罚法》规定：违法行为轻微，依法可以不予行政处罚的，不予行政处罚。《治安管理处罚法》规定：违反治安管理情节特别轻微的、主动消除或者减轻违法后果，并取得被侵害人谅解的、出于他人胁迫或者诱骗的、主动投案，向公安机关如实陈述自己的违法行为的、有立功表现的，减轻处罚或者不予处罚。

2. 处罚时指出违法行为

《行政处罚法》规定：行政机关在作出行政处罚决定之前，应当告知当事人作出行政处罚决定的事实、理由及依据。《道路交通安全法》规定：对于情节轻微，未影响道路通行的道路交通安全违法行为，指出违法行为，给予口头警告后放行。此规定的意义不仅仅是保护被处罚人的诉权，也包含指出被处罚人的违法行为和社会危害性，教育警示被处罚人认识违法行为的应受惩罚性，促使改过守法。

3. 处罚时纠正违法行为

《行政处罚法》规定：行政机关实施行政处罚时，应当责令当事人改正或者限期改正违法行为。《道路交通安全法》规定：公安机关交通管理部门及其交通警察对道路交通安全违法行为，应当及时纠正；对违反道路交通安全法律、法规关于机动车停放、临时停车规定的，可以指出违法行为，并予以口头警告，令其立即驶离。治安行政处罚种类中的行为罚如责令限期整改、责令恢复原状或赔偿损失等实质上也是纠正违法行为的表现。

4. 主观恶性大的从重处罚

《治安管理处罚法》规定：违反治安管理有较严重后果的、教唆、胁迫、诱骗他人违反治安管理的、对报案人、控告人、举报人、证人打击报复的、六个月内曾受过治安管理处罚的，从重处罚。《道路交通安全法》规定：1 年内有醉酒后驾驶机动车的行为，被处罚两次以上的，吊销机动车驾驶证，5 年内不得驾驶营运机动车；违反交通管制的规定强行通行，不听劝阻的，可以并处 15 日以下拘留；造成交通事故后逃逸的，吊销机动车驾驶证，且终生不得重新取得机动车驾驶证。

5. 处罚本人教育他人

《治安管理处罚法》规定：治安管理处罚案件有被侵害人的，公安机关应当将决定书副本抄送被侵害人。《道路交通安全法》规定：公安机关交通管理部门及其交通警察执行职务时，应当加强道路交通安全法律、法规的宣传。《公安机关办理行政案件程序规定》规定：法律文书可以公告送达，公告的范围和方式应当便于公民知晓，公告期限不得少于 60 日；对因邻里纠纷引起的行政案件进行调解时，可以邀请居委会、村委会的人员或者双方当事人熟悉的人员参加。

六、人权保障原则

人权保障原则是指公安机关实施治安行政处罚必须保护被处罚人的人权，不得以任何理由限制、剥夺、侵犯被处罚人的人权。《治安管理处罚法》规定：实施治安管理处罚，应当尊重和保障人权，保护公民的人格尊严。治安行政处罚人权保障原则的主要内容和基本要求是：

1. 知情权

知情权是获取信息自由权的表现，是指治安行政违法行为人有获知与其处罚有关的情报信息的权利。知情权源于人类生存的基本需要，可以说是由生存权派生出来的一项基本人权。知情权以信息公开的法律制度为保障，因此《治安管理处罚法》规定：询问不通晓当地通用的语言文字的违反治安管理行为人、被侵害人或者其他证人，应当配备翻译人员；公安机关作出治安管理处罚决定前，应当告知违反治安管理行为人作出治安管理处罚的事实、理由及依据，并告知违反治安管理行为人依法享有的权利。如果违法行为人在不知情的情况下被处罚，其生存权将受到威胁。

2. 人身安全权

人身安全权是指治安行政违法行为人享有生命、健康和身体完整性不受侵犯的权利。它是仅次于生命的重要人身权益，是人从事一切活动的前提条件和基本要求。《治安管理处罚法》规定：公安机关及其人民警察对治安案件的调查，应当依法进行，严禁刑讯逼供或者采用威胁、引诱、欺骗等非法手段收集证据；公安机关及其人民警察办理治安案件，禁止对违反治安管理行为人打骂、虐待或者侮辱；毫无疑问刑讯逼供会严重侵犯治安行政违法行为人的人身安全权。

3. 监督权

《行政处罚法》规定：公民、法人或者其他组织对行政机关所给予的行政处罚，享有陈述权、申辩权，行政机关不得因当事人申辩而加重处罚；对行政处罚不服的，有权依法申请行政复议或者提起行政诉讼。陈述权、申辩权、申请行政复议权、提起行政诉讼权都是作为民主权的监督权的表现。监督权是指治安行政违法行为人对公安机关的活动及其工作人员的行为予以监察督促的权利。《治安管理处罚法》规定：公安机关及其人民警察办理治安案件，应当自觉接受社会和公民的监督。监督权是民主权的表现，民主权利既是国家权力产生和存在的基础和源泉，也是公民控制和对抗国家权力的主要武器，而监督权既是公民民主权利的重要内容，也是实现其他权利的重要保障。

第五节　治安行政处罚的量罚

治安行政处罚的量罚也称治安行政处罚的适用，是指公安机关裁量决定给予违反治安行政法律规范的行为人何种治安行政处罚种类以及处罚幅度的方法和规则。包括不予处罚、应予处罚、从轻处罚、从重处罚等。

一、不予处罚

不予处罚是指治安行政法律规范规定的，因有特殊的法定事由存在，对某些治安行政违法行为不应予以处罚的情形。不予处罚的情形主要有：

1. 未达到责任年龄的人违反治安行政法律规范的，不予处罚

一定的责任年龄表明一定的分辨是非善恶的能力，未达到责任年龄说明不具备分辨是非善恶的能力，所以不负法律责任。《行政处罚法》规定：不满 14 周岁的人有违法行为的，不予行政处罚，责令监护人加以管教。《治安管理处罚法》规定：不满 14 周岁的人违反治安管理的，不予处罚，但是应当责令其监护人严加管教。

2. 不具备责任能力的人违反治安行政法律规范的，不予处罚

一般情况下，正常人达到一定年龄后，就自然具备了责任能力，这体现了责任年龄与责任能力的统一性和一致性。但在特殊情况下，虽然达到了责任年龄，却无责任能力，如无法辨认和控制自己的行为的精神病患者，这体现了责任年龄与责任能力的非统一性。不具备责任能力的人，当然不应对其治安行政违法行为承担法律责任。《行政处罚法》规定：精神病人在不能辨认或者不能控制自己行为时有违法行为的，不予行政处罚，但应当责令其监护人严加看管和治疗。《治安管理处罚法》规定：精神病人在不能辨认或者不能控制自己行为的时候违反治安管理的，不予处罚，但是应当责令其监护人严加看管和治疗。

3. 由于生理缺陷的原因而违反治安管理的，不予处罚

由于生理缺陷，在某种情况下无法辨认和控制自己的行为而违反治安行政法律规范的，不予处罚。《治安管理处罚法》规定：盲人或者又聋又哑的人违反治安管理的，可以从轻、减轻或者不予处罚。又聋又哑的人或者盲人，并非是无责任能力的人，但如果又聋又哑的人或者盲人是因为生理缺陷的原因而无法辨认和控制自己的行为而违反治安管理的，则可不予处罚。如又聋又哑的人因听不见交警的指挥、盲人因看不见道路交通标志而妨碍了道路交通，都是因为自身的生理缺陷而违反了治安行政法律规范，对这类情况则不予处罚。

4. 违法行为轻微并及时纠正，没有造成危害后果的，不予处罚

治安行政违法行为人实施违法行为的方式较为温和，且实施的是可以纠正的违法行为并及时纠正，因而未造成危害后果的，根据处罚与行为相适应的过罚相当的公正原则，应不予处罚。《行政处罚法》规定：违法行为轻微并及时纠正，没有造成危害后果的，不予行政处罚。《治安管理处罚法》规定：违反治安管理情节特别轻微的；主动消除或者减轻违法后果，并取得被侵害人谅解的；出于他人胁迫或者诱骗的；主动投案，向公安机关如实陈述自己的违法行为的，减轻处罚或者不予处罚。

二、应予处罚

应予处罚是指对某些因一定的特殊事由而发生的表面上似不予处罚的行为，治安行政法律规范明确强调仍应该予以处罚的情形。应予处罚的情形主要有：

1. 间歇性精神病人在精神正常的时候违反治安行政法律规范的，应予处罚

间歇性精神病人的特点是他们的精神时而正常，时而不正常，因此，对间歇性精神病人的责任能力不能一概而论。如果间歇性精神病人在实施违反治安行政法律规范行为时精神正常，则表面其并没有丧失辨认或控制自己行为的能力，当然要负法律责任。《行政处罚法》规定：间歇性精神病人在精神正常时有违法行为的，应当给予行政处罚。《治安管理处罚法》规定：间歇性的精神病人在精神正常的时候违反治安管理的，应当给予处罚。

2. 醉酒的人违反治安行政法律规范的，应予处罚

醉酒的人本是完全正常的人，但在醉酒后其神经系统因受到强烈刺激而处于麻痹状态，以致引起大脑思维意识在一定程度上的混乱，其辨认和控制自己行为的能力受到减弱。但这种减弱状态并非病态，只是由于醉酒的人过量饮酒所致，醉酒的人并没有也不可能完全丧失行为能力。因此，醉酒的人与精神病人不同。况且，醉酒的人在喝酒以前，完全能够意识到过量饮酒会出现难以控制自己行为的后果，完全可以不饮或少饮酒而避免发生违反治安行政法律规范的行为。因此，这种明知会发生危害后果而故意酗酒的醉酒人，应对自己醉酒后的行为承担法律责任。《治安管理处罚法》规定：醉酒的人违反治安管理的，应当给予处罚。

三、从轻处罚和减轻处罚

从轻处罚是指公安机关对违反治安行政法律规范的行为在法定的处罚种类和处罚幅度范围内适用较轻的处罚种类或者较低的处罚幅度的方法。减轻处罚是指公安机关对违反治安行政法律规范的行为在法定的处罚幅度范围内适用最低限以下处罚的方法。根据《行政处罚法》《治安管理处罚法》和《公安机关办理行政案件程序规定》的规定，从轻处罚和减轻处罚的情形主要有：

1. 已满 14 周岁不满 18 周岁的人有违反治安行政法律规范行为的，从轻或者减轻处罚。

2. 盲人或者又聋又哑的人违反治安行政法律规范的，从轻或者减轻处罚。
3. 违反治安行政法律规范情节特别轻微的，减轻处罚。
4. 主动消除或者减轻违法后果，并取得被侵害人谅解的，减轻处罚。
5. 出于他人胁迫或者诱骗违反治安行政法律规范的，减轻处罚。
6. 主动投案，向公安机关如实陈述自己的违法行为的，减轻处罚。
7. 有立功表现的，减轻处罚。

四、从重处罚

从重处罚是指公安机关对违反治安行政法律规范的行为在法定的处罚种类和处罚幅度范围内适用较重的处罚种类或者较高的处罚幅度的方法。根据《治安管理处罚法》和《公安机关办理行政案件程序规定》的规定，从重处罚的情形主要有：
1. 违反治安行政法律规范有较严重后果的，从重处罚。
2. 教唆、胁迫、诱骗他人违反治安行政法律规范的，从重处罚。
3. 对报案人、控告人、举报人、证人打击报复的，从重处罚。
4. 6个月内曾受过治安行政处罚处罚的，从重处罚。

五、不执行行政拘留处罚

行政拘留处罚是公安机关依法剥夺违反治安行政法律规范的行为人一定期限的人身自由权的行政处罚，是最严厉的行政处罚种类，考虑到其实施后果的不可挽回性，对某些可以实施行政拘留处罚的特殊对象，不执行行政拘留处罚，而仅仅执行与行政拘留并处的其他处罚如罚款处罚。根据《治安管理处罚法》的规定，违反治安管理行为人有下列情形之一，依照本法应当给予行政拘留处罚的，不执行行政拘留处罚：
1. 已满14周岁不满16周岁的；
2. 已满16周岁不满18周岁，初次违反治安管理的；
3. 70周岁以上的；
4. 怀孕或者哺乳自己不满1周岁婴儿的。

六、一人一行为单处和并处

1. 单处是指是对任何一种治安行政处罚种类的单独适用。即公安机关对一人的一种违反治安行政法律规范的行为，除非法律规范有特别规定，通常给予一种处罚种类的处罚。如《治安管理处罚法》规定：扰乱车站、港口、码头、机场、商场、公园、展览馆或者其他公共场所秩序的，处警告或者200元以下罚款。即对上述扰乱公共秩序的行为，只能选择警告或者200元以下罚款这两种处罚种类中的一种给予处罚，不能同时给予两个处罚种类以上的处罚。

2. 并处是指对几种治安行政处罚种类的同时适用。即公安机关对一人的一种违反治安行政法律规范的行为，依照法律规范的规定，可同时给予几种处罚种类的处罚。并处的适用有两种情况：

（1）只能并处不能单处。如《道路交通安全法》规定：饮酒后驾驶营运机动车的，处暂扣3个月机动车驾驶证，并处500元罚款。这里的暂扣机动车驾驶证处罚和罚款处罚必须同时适用，不能只给予一种处罚。

（2）可以并处也可以单处。如《治安管理处罚法》规定：卖淫、嫖娼的，处 10 日以上 15 日以下拘留，可以并处 5000 元以下罚款。

七、一人数行为合并处罚

一人数行为合并处罚是指公安机关对有数个治安行政违法行为的一个违法行为人实施处罚时，依照一定的原则，在对每一违法行为分别作出处罚决定的基础上，将若干个处罚决定予以合并，从而确定对该行为人所应执行的处罚结果的方法。《治安管理处罚法》规定：有两种以上违反治安管理行为的，分别决定，合并执行。《公安机关办理行政案件程序规定》规定：一人有两种以上违法行为的，分别裁决，合并执行。

1. 数行为的认定

数行为是指数个不同性质的违法行为，如盗窃、诈骗、抢夺少量公私财物，而不是指同一性质的数次违法行为，如多次盗窃、多次诈骗、多次抢夺。对行为人在一定时间内连续数次实施同一种性质完全相同的违反治安行政法律规范的行为的处罚，不适用“分别决定，合并执行”的原则。

2. 行政拘留合并执行的期限

根据《治安管理处罚法》的规定，行政拘留处罚合并执行的，最长不超过 20 日。

八、多人一行为分别处罚

多人一行为分别处罚是指二人或者二人以上共同故意实施同一违反治安行政法律规范的行为，根据各人的违法情节轻重，分别处罚，分别执行的方法。根据《治安管理处罚法》的规定，共同违反治安管理的，根据违反治安管理行为人在违反治安管理行为中所起的作用，分别处罚。教唆、胁迫、诱骗他人违反治安管理的，按照其教唆、胁迫、诱骗的行为处罚。根据《公安机关办理行政案件程序规定》的规定，胁迫、诱骗他人或者教唆未成年人实施违法行为的；传授违法行为方法、手段、技巧的，应当从重处罚。适用多人一行为分别处罚必须同时具备三个条件：

1. 行为人必须是二人或者二人以上且都具有责任能力。如果只是一人实施治安行政违法行为，或虽有二人或多人，但只有一人具有责任能力，均不构成多人一行为的共同违反治安行政法律规范的行为。

2. 行为人在客观上必须共同实施了治安行政违法行为。如果二个或者二个以上的行为人只是各自实施，相互之间没有任何联系，也不能构成共同违反治安行政法律规范的行为。

3. 行为人在主观上都是故意地参与治安行政违法行为，并且都意识到有他人与自己的配合，以共同达到违反行政法律规范的目的。如果二个或二个以上的行为人都是过失或其中一人是过失，则不构成共同违反治安行政法律规范的行为。如果二个或二个以上的行为人都是故意，但不是共同故意，也不构成共同违反治安行政法律规范的行为。

九、一事不两次罚款处罚

《行政处罚法》规定：对当事人的同一个违法行为，不得给予两次以上罚款的行政处罚。《公安机关办理行政案件程序规定》规定：对违法行为人的同一个违法行为，不得给予两次以上罚款的行政处罚。

“一事”是指同一个治安行政违法行为，不是同一个治安行政违法人。可以是一人一行为，也可以是一人数行为中的同一个行为。“不两次罚款”是指不得给予两次或两次以上罚款种类的处罚，应当可以给予两次或两次以上其他处罚种类的处罚，如警告。

具体来讲，对违法行为人的同一个治安行政违法行为，已经给予一次罚款处罚的，原处罚的公安机关或其他公安机关不得以任何理由再给予罚款处罚。

十、超过追责时效的不再处罚

治安行政处罚的追责时效是指公安机关追究违反治安行政法律规范行为人的行政法律责任的法定有效期限。治安行政违法行为超过追责时效的，不再追究行政法律责任。

《行政处罚法》规定：违法行为在 2 年内未被发现的，不再给予行政处罚。法律另有规定的除外。即对一般治安行政违法行为的追责时效为 2 年，超过 2 年的，不再追究。所谓“法律另有规定的除外”，主要是指《治安管理处罚法》的规定。《治安管理处罚法》规定：违反治安管理行为在 6 个月内没有被公安机关发现的，不再处罚。即对违反治安管理行为的追责时效按 6 个月执行而不是按 2 年执行，超过 6 个月的，不再追究。

关于追责时效的起始时间计算问题，《行政处罚法》和《治安管理处罚法》都规定从违法行为发生之日起计算，如果违法行为有连续或者继续状态的，从行为终了之日起计算。具体计算方法是：

1. 行为人在一定时间内连续数次实施治安行政法律规范规定的同一种性质完全相同的治安行政违法行为的，为违法行为的“连续状态”，其追责时效从行为终了之日起计算。

2. 行为人实施治安行政违法行为之后，在一定时间里其行为的状态仍处于持续之中的，为违法行为的“继续状态”(也称“持续状态”)，其追责时效从行为终了之日起计算。“持续状态”不仅是违反治安行政法律规范行为的持续，而且由违反治安行政法律规范行为所造成的不法状态也处于持续之中，如故意涂污文物，隐匿证据等。

“连续状态”与“继续状态”的主要区别是：前者行为有时间上的间隔，是在一定的时间内连续实施数个性质相同的行为，特点主要是数个行为；后者行为处于不间断的持续状态，特点是一个行为。

3. 行为人实施违反治安行政法律规范的行为在追责时效内已经被公安机关发现，但行为人未被查获或者行为人逃避处罚，在追责时效后公安机关将其查获的，仍可以处罚。

第十八章 警告处罚

第一节 警告处罚的概念和意义

一、警告的概念

警告是公安机关对违反治安管理行为人以书面方式作出谴责和告诫的一种处罚措施。其作用在于指出违法行为的危害，促使行为人认识错误，不得再犯。

警告是治安行政处罚中最轻的一种处罚，从性质上讲属于申诫罚，是公安机关对违反治安行政管理行为人的一种强制性、惩罚性谴责，主要适用于初犯、偶犯且情节轻微的人，包括公民、法人或其他组织。

二、警告的种类

警告虽然是处罚中最轻的一种，一般而言，同其他治安行政处罚相比，其形式和程序并无实质差别，仍应以书面形式作出，并向本人宣布和送达。

但警告除了传统的书面形式外，也出现了口头形式的警告，虽然只是个别法律的规定，仍不能否定警告的口头形式意义。我国《道路交通安全法》规定：公安机关交通管理部门及其交通警察应当依据事实和法律的有关规定对道路交通安全违法行为予以处罚。对于情节轻微，未影响道路通行的，指出违法行为，给予口头警告后放行。并进一步规定：对违反道路交通安全法律、法规关于机动车停放、临时停车规定的，可以指出违法行为，并予以口头警告，令其立即驶离。

可见针对特殊的违法对象，按照特定的法律规定，警告处罚也可以采用书面形式。

三、警告的意义

尽管警告是一种最轻的行政处罚，但仍具有重要的法律意义，必须依法使用。

1. 警告是前处的法律依据。我国有些治安行政处罚如劳动教养是以屡教不改为前提的，即以该行为人是否因同类行为受过治安行政处罚包括警告为前提。如果没有受到过警告以上处罚，或警告处罚因实质和形式要件的瑕疵而无效或引起争议，则不能作为前处的法律依据，结果会导致对屡教不改行为人处罚不力。

2. 警告是并罚的法律依据。有些治安行政处罚的适用必须以警告为前提并处并罚，而不能单独适用。这些行政处罚往往都比警告要重，是为了给行为人更严厉的制裁。《外国人入境出境管理法实施细则》规定：违反入出境管理的外国人可处警告并处限期出境。如果缺失警告的前提，则不能给予其他处罚或其他处罚无效，结果也会导致对行为人处罚不力。

3. 警告是社会评价的法律依据。一个人是否有某种治安违法行为，往往以公安机关的处罚为评判依据。警告处罚再轻，也是对行为人具有某种违法行为的认定，会引起该行为人社会评价的实质性差异，因此警告处罚不能随意使用。

第二节 警告处罚的对象

警告处罚的对象可分为个人和单位，个人又可分为中国公民和外国人，中国公民又可分为一般公民、单位工作人员、单位直接负责的主管人员和直接责任人员、探访人员、被监禁人员等。

一、一般违法公民

一般违法公民即广义上的违法人员，包括行人、乘车人、非机动车驾驶人、机动车驾驶人、房屋出租人、房屋承租人、举行集会、游行、示威活动的责任人、出入境中国公民等。

二、单位工作人员

单位工作人员是指特定单位、行业、场所负有特定职责的特定岗位人员。主要有违反旅馆业治安管理规定的“旅馆工作人员”；违反典当业治安管理规定的典当行“当事人”；违反外国人入出境管理的留宿登记“责任者”。

三、单位直接负责的主管人员和直接责任人员

单位直接负责的主管人员和直接责任人员是指特定单位、行业、场所负有特定职责的直接负责的主管人员和直接责任人员。如《治安管理处罚法》规定：单位违反治安管理的，对其直接负责的主管人员和其他直接责任人员依照本法的规定处罚。另外主要有违反机动车修理业、报废机动车回收业治安管理规定的机动车修理企业和报废机动车回收企业直接负责的主管人员和其他直接责任人员；违反枪支治安管理规定的枪支制造、销售、使用、保管单位负有直接责任的主管人员和其他直接责任人员；违反消防管理规定的机关、团体、企业、事业单位、建筑工程和公众聚集场所的施工、装修、装饰、使用、开业单位、生产、储存、运输、销售或者使用、销毁易燃易爆危险物品单位以及举办大型集会、焰火晚会、灯会等群众性活动单位的直接负责的主管人员和其他直接责任人员；违反出入境管理规定的出入境交通运输工具负责人。

四、探访人员

探访人员是指违反强制戒毒所有关探访规定的探访人员，包括戒毒人员家属和其所在单位的有关人员。对违反规定的，强制戒毒所可以警告。

五、被监禁人员

被监禁人员是指被限制人身自由的监管、囚禁人员。主要有违反卖淫嫖娼人员收容教育规定的拒绝接受教育或者不服从管理的被收容教育的卖淫嫖娼人员；违反看守所有关监视规定的被关押人犯。

六、外国人

外国人特指其违法行为与其身份密切相关的外国人，以示同中国公民相区别。我国《治安管理处罚法》规定：在中华人民共和国领域内发生的违反治安管理行为，除法律有特别规定的外，适用本法。这里的违反治安管理的行为，大多与违法人身份无关，即外国人和中国公民都可以实施。而我们所称的“外国人”对象，特指其违法行为与其身份密切相关的人员，或者说其所实施的违法行为是不具有外国人身份的中国公民不能实施的行为，即违反外国人入境出境管理规定的外国人。

七、单位

单位是指特定的单位、行业、场所。主要有违反娱乐场所治安管理规定的“娱乐场所经营单位”；违反印刷业治安管理规定的“印刷业经营者”、“印刷厂（所）”；违反废旧金属收购业治安管理规定的“废旧金属收购企业和个体工商户”；违反机动车修理业、报废机动车回收业治安管理规定的“机动车修理企业和个体工商户”；违反典当业治安管理规定的“典当行”；违反租赁房屋治安管理规定的出租、承租“单位”；违反消防管理规定，生产、储存、运输、销售或者使用、销毁易燃易爆危险物品的“单位”；违反计算机信息系统安全保护治安管理规定的“单位”；违反计算机信息网络国际联网安全保护治安管理规定的“单位”；违反互联网上网服务营业场所治安管理规定的“经营单位”。

第三节　警告处罚的权限

一、派出所以上公安机关决定

《治安管理处罚法》规定：治安管理处罚由县级以上人民政府公安机关决定；其中警告、500 元以下的罚款可以由公安派出所决定。

二、警察个人决定

《治安管理处罚法》规定：违反治安管理行为事实清楚，证据确凿，处警告或者 200 元以下罚款的，可以由人民警察当场作出治安管理处罚决定。《道路交通安全法》规定：对于情节轻微的道路交通安全违法行为，未影响道路通行的，交通警察指出违法行为，给予口头警告后放行。

第十九章　罚 款 处 罚

第一节　罚款处罚的对象

罚款处罚是指公安机关对相对人作出的让其在一定期限内承担一定数量的货币支付义务的治安行政处罚。罚款处罚的对象可分为个人和单位，个人又可分为中国公民和外国人，中国公民又可分为一般公民、单位工作人员、单位直接负责的主管人员和直接责任人员、担保人、保证人等。

一、一般违法公民

一般违法公民即广义上的违法人员，包括行人、乘车人、非机动车驾驶人、机动车驾驶人、房屋出租人、房屋承租人、剧毒化学品托运人、出入境中国公民等。

二、单位工作人员

单位工作人员是指特定单位、行业、场所负有特定职责的特定岗位人员。主要有违反旅馆业治安管理规定的“旅馆工作人员”；违反典当业治安管理规定的典当行“当事人”；违反外国人入出境管理规定的留宿登记“责任者”。

三、单位直接负责的主管人员和直接责任人员

单位直接负责的主管人员和直接责任人员是指特定单位、行业、场所负有特定职责的直接负责的主管人员和直接责任人员。除《治安管理处罚法》的规定外，其他主要有违反娱乐场所管理规定的娱乐场所经营单位直接负责的主管人员和其他直接责任人员；违反机动车修理业、报废机动车回收业治安管理规定的机动车修理企业和报废机动车回收企业直接负责的主管人员和其他直接责任人员；违反旧货流通管理规定的经营单位直接负责的主管人员和其他直接责任人员；违反群众性文化体育活动治安管理规定的“举办者”、“场地管理者”、“负责人”和“事故主要责任人”；违反枪支管理规定的单位负有直接责任的主管人员和其他直接责任人员；违反道路交通安全规定公路客运车辆载客超过额定乘员、货运机动车超过核定载质量的运输单位直接负责的主管人员，未按照国家规定投保机动车第三者责任强制保险的机动车“管理人”；违反租赁房屋治安管理规定的单位的“主管负责人或者直接责任人”；违反消防管理规定举办大型集会、焰火晚会、灯会等群众性活动的单位直接负责的主管人员和其他直接责任人员；违反出入境管理规定的出入境交通运输工具“负责人”。

四、担保人、保证人

担保人、保证人是指对特定违法人员的活动负有担保和保证义务的人。主要有行政拘留

决定暂缓执行的行政拘留人员的担保人，经批准离所的被收容教育人员的保证人。担保人不履行担保义务，致使被担保人逃避行政拘留处罚的执行的，由公安机关对其处3000元以下罚款；保证人未履行保证义务的，由主管收容教育所的公安机关处以1000元以下罚款。

五、外国人

外国人特指其违法行为与其身份密切相关的人员，或者说其所实施的违法行为是不具有外国人身份的中国公民不能实施的行为，即违反外国人入境出境管理规定的外国人。

六、单位

单位是指特定的单位、行业、场所。主要有违反娱乐场所治安管理规定的“娱乐场所经营单位”；违反旅馆业治安管理规定的“旅馆”；违反印刷业管理规定的“印刷业经营者”；违反公章刻字业治安管理规定的“单位”；违反废旧金属收购业治安管理规定的收购生产性废旧金属的“企业”；违反报废汽车回收管理规定的“报废汽车回收企业”；违反机动车修理业、报废机动车回收业治安管理规定的“机动车修理企业和个体工商户”；违反机动车号牌生产管理规定的“企业”；违反旧货流通管理规定的“经营单位”；违反典当业治安管理规定的“典当行”；违反危险化学品安全管理规定的“危险化学品单位”；违反易制毒化学品许可证管理规定的“单位”；违反道路交通安全规定的“机动车安全技术检验机构”、机动车“生产、销售企业”；违反租赁房屋治安管理规定的出租、承租单位；违反消防规定的“单位”；违反外国人入境出境管理规定私自雇用外国人的“单位”；违反计算机信息系统安全保护治安管理规定的“单位”；违反计算机信息网络国际联网安全保护治安管理规定的“单位”；违反互联网上网服务营业场所治安管理规定的“经营单位”。

第二节 罚款处罚的数额

一、对个人的罚款数额

1. 治安管理处罚罚款数额

（1）1~200元。如《治安管理处罚法》规定，擅自进入铁路防护网或者火车来临时在铁路线路上行走坐卧、抢越铁路，影响行车安全的，处警告或者200元以下罚款。

（2）1~500元。如《治安管理处罚法》规定，结伙斗殴的，处5日以上10日以下拘留，可以并处500元以下罚款。

（3）1~1000元。如《治安管理处罚法》规定，冒用宗教、气功名义进行扰乱社会秩序、损害他人身体健康活动的，处10日以上15日以下拘留，可以并处1000元以下罚款。

（4）1~2000元。如《治安管理处罚法》规定，胁迫、欺骗医务人员开具麻醉药品、精神药品的，处10日以上15日以下拘留，可以并处2000元以下罚款。《全国人民代表大会常务委员会关于禁毒的决定》规定，吸食、注射毒品的，可以单处或者并处2000元以下罚款。

（5）1~3000元。如《治安管理处罚法》规定，非法运输、买卖、储存、使用少量罂粟壳的，处10日以上十五日以下拘留，可以并处3000元以下罚款。

（6）1~5000元。如《治安管理处罚法》规定，引诱、容留、介绍他人卖淫的，处10日以上15日以下拘留，可以并处5000元以下罚款。

（7）200~500元。如《治安管理处罚法》规定，组织、胁迫、诱骗不满十六周岁的人或者残疾人进行恐怖、残忍表演，情节较轻的，处5日以上10日以下拘留，并处200元以上500元以下罚款。

（8）500~1000元。如《治安管理处罚法》规定，殴打、伤害残疾人、孕妇、不满十四周岁的人或者六十周岁以上的人的，处十日以上十五日以下拘留，并处五百元以上一千元以下罚款。

（9）500~2000元。如《治安管理处罚法》规定，教唆、引诱、欺骗他人吸食、注射毒品的，处10日以上15日以下拘留，并处500元以上2000元以下罚款。

（10）500~3000元。如《治安管理处罚法》规定，以营利为目的，为赌博提供条件的，或者参与赌博赌资较大的，处5日以下拘留或者500元以下罚款；情节严重的，处10日以上15日以下拘留，并处500元以上3000元以下罚款。

2. 道路交通安全处罚罚款数额

（1）5~50元。根据《道路交通安全法》的规定，行人、乘车人、非机动车驾驶人违反道路交通安全法律、法规关于道路通行规定的，处5元以上50元以下罚款。

（2）20~200元。根据《道路交通安全法》的规定，机动车驾驶人违反道路交通安全法律、法规关于道路通行规定的，一般处20元以上200元以下罚款。

（3）200~500元。根据《道路交通安全法》的规定，饮酒后驾驶机动车的，并处200元以上500元以下罚款；公路客运车辆载客超过额定乘员的，货运机动车超过核定载质量的，处200元以上500元以下罚款。

（4）200~2000元。根据《道路交通安全法》的规定，伪造、变造或者使用伪造、变造的机动车登记证书、号牌、行驶证、检验合格标志、保险标志、驾驶证或者使用其他车辆的机动车登记证书、号牌、行驶证、检验合格标志、保险标志的；非法安装警报器、标志灯具的，并处200元以上2000元以下罚款。另外有：未取得机动车驾驶证、机动车驾驶证被吊销或者机动车驾驶证被暂扣期间驾驶机动车的；将机动车交由未取得机动车驾驶证或者机动车驾驶证被吊销、暂扣的人驾驶的；造成交通事故后逃逸，尚不构成犯罪的；机动车行驶超过规定时速百分之五十的；强迫机动车驾驶人违反道路交通安全法律、法规和机动车安全驾驶要求驾驶机动车，造成交通事故，尚不构成犯罪的；违反交通管制的规定强行通行，不听劝阻的；故意损毁、移动、涂改交通设施，造成危害后果，尚不构成犯罪的；非法拦截、扣留机动车辆，不听劝阻，造成交通严重阻塞或者较大财产损失的；驾驶拼装的机动车或者已达到报废标准的机动车上道路行驶的，处200元以上2000元以下罚款。

（5）500~2000元。根据《道路交通安全法》的规定，醉酒后驾驶机动车的，并处500元以上2000元以下罚款；公路客运车辆载客超过额定乘员百分之二十或者违反规定载货的，货运机动车超过超过核定载质量百分之三十或者违反规定载客的，处500元以上2000元以下罚款。

（6）2000~5000元。根据《道路交通安全法》的规定，运输单位的公路客运车辆载客超过额定乘员或者违反规定载货、货运机动车超过核定载质量或者违反规定载客，经处罚不改的，对直接负责的主管人员处2000元以上5000元以下罚款。

3. 其他治安行政处罚罚款数额

1元为起点，至50、100、200、500、1000、3000、5000、10000元及以上不等。数额较大的有：

（1）5000～50000 元。根据《外国人入境出境管理法实施细则》的规定，对私自雇用外国人的个人，可以处 5000 元以上 50000 元以下的罚款。

（2）10000～50000 元。根据《报废汽车回收管理办法》的规定，买卖或者伪造、变造《报废汽车回收证明》的，并处 10000 元以上 50000 元以下的罚款。

除了以上定额罚款外，另外还有按照违法经营额、违法所得、非法产品价值的倍数计算罚款数额。如根据《枪支管理法》的规定，制造、销售仿真枪的，可以并处制造、销售金额五倍以下的罚款。根据《道路交通安全法》的规定，机动车所有人、管理人未按照国家规定投保机动车第三者责任强制保险的，并处依照规定投保最低责任限额应缴纳的保险费的 2 倍罚款。根据《计算机信息系统安全保护条例》的规定，未经许可出售计算机信息系统安全专用产品，有违法所得的，可以处以违法所得 1～3 倍的罚款。

二、对单位的罚款数额

对单位的罚款数额也是 1 元为起点，至 200、500、1000、3000、4000、5000、10000 元及以上不等。数额较大的有：

1. 5000～50000 元

根据《外国人入境出境管理法实施细则》的规定，对私自雇用外国人的单位，可以处 5000 元以上、50000 元以下的罚款。

2. 10000～50000 元

根据《报废汽车回收管理办法》的规定，报废汽车回收企业明知或者应知是有盗窃、抢劫或者其他犯罪嫌疑的汽车、“五大总成”以及其他零配件，未向公安机关报告，擅自拆解、改装、拼装、倒卖的，处 10000 元以上 50000 元以下的罚款。

3. 10000～100000 元

根据《全国人大常委会关于严禁卖淫嫖娼的决定》的规定，旅馆业、饮食服务业、文化娱乐业、出租汽车业等单位，对发生在本单位的卖淫、嫖娼活动，放任不管、不采取措施制止的，处 10000 元以上 100000 元以下罚款。

4. 20000～100000 元

根据《危险化学品安全管理条例》的规定，危险化学品单位违反本条例的规定，未根据危险化学品的种类、特性，在车间、库房等作业场所设置相应的监测、通风、防晒、调温、防火、灭火、防爆、泄压、防毒、消毒、中和、防潮、防雷、防静电、防腐、防渗漏、防护围堤或者隔离操作等安全设施、设备的，处 20000 元以上 100000 元以下的罚款。

除了以上定额罚款外，另外还有按照违法经营额、违法所得、非法产品价值的倍数或比例罚款。如根据《印刷业管理条例》的规定，印刷业经营者印刷国家明令禁止出版的出版物或者非出版单位出版的出版物，违法经营额 1 万元以上的，并处违法经营额 5 倍以上 10 倍以下的罚款。根据《道路交通安全法》的规定，擅自生产、销售未经国家机动车产品主管部门许可生产的机动车型的，可以并处非法产品价值 3 倍以上 5 倍以下罚款；机动车安全技术检验机构不按照机动车国家安全技术标准进行检验，出具虚假检验结果的，处所收检验费用 5 倍以上 10 倍以下罚款。

第三节　罚款处罚的单处和并处

罚款作为一种治安行政处罚，可以单独适用，也可以有选择的与其他治安行政处罚合并适用，即有选择合并适用，可以选择单处或并处罚款。但在某些法律法规规定中，罚款只是其他处罚的附加罚，只能与其他处罚合并适用，不能单独适用，即无选择合并适用。这些规定主要有：

一、对个人罚款的无选择合并适用

对个人罚款的无选择合并适用涉及的主要法律规范有：

1.《治安管理处罚法》规定

盗窃、诈骗、哄抢、抢夺、敲诈勒索或者故意损毁公私财物的，处5日以上10日以下拘留，可以并处500元以下罚款。

2.《禁毒法》规定

容留他人吸食、注射毒品或者介绍买卖毒品，尚不构成犯罪的，由公安机关处10日以上15日以下拘留，可以并处3000元以下罚款；情节较轻的，处5日以下拘留或者500元以下罚款。

3.《报废汽车回收管理办法》规定

违反本办法规定，买卖或者伪造、变造《报废汽车回收证明》的，由公安机关没收违法所得，并处10000元以上50000元以下的罚款。违反本办法规定，将报废汽车出售、赠与或者以其他方式转让给非报废汽车回收企业的单位或者个人的，或者自行拆解报废汽车的，由公安机关没收违法所得，并处2000元以上20000元以下的罚款。

4.《枪支管理法》规定

违反枪支管理规定，出租、出借枪支，情节轻微未构成犯罪的，由公安机关对个人或者单位负有直接责任的主管人员和其他直接责任人员处15日以下拘留，可以并处5000元以下罚款。违反本法规定，未按照规定的技术标准制造民用枪支的；在禁止携带枪支的区域、场所携带枪支的；不上缴报废枪支的，由公安机关对个人或者单位负有直接责任的主管人员和其他直接责任人员处警告或者15日以下拘留，可以并处5000元以下罚款。

5.《道路交通安全法》规定

饮酒后驾驶机动车的，处暂扣1个月以上3个月以下机动车驾驶证，并处200元以上500元以下罚款；醉酒后驾驶机动车的，处15日以下拘留和暂扣3个月以上6个月以下机动车驾驶证，并处500元以上2000元以下罚款。饮酒后驾驶营运机动车的，处暂扣3个月机动车驾驶证，并处500元罚款；醉酒后驾驶营运机动车的，处15日以下拘留和暂扣6个月机动车驾驶证，并处2000元罚款。

6.《居民身份证法》规定

使用虚假证明材料骗领居民身份证的；出租、出借、转让居民身份证的；非法扣押他人居民身份证的，由公安机关给予警告，并处200元以下罚款。

7.《租赁房屋治安管理规定》规定

出租人未向公安机关办理登记手续或者未签订治安责任保证书出租房屋的，责令限期补办手续并没收非法所得，情节严重的可以并处月租金5倍以下的罚款；出租人不履行治安责任，发现承租人利用所租房屋进行违法犯罪活动或者有违法犯罪嫌疑不制止、不报告，或者发生案件、治安灾害事故的，责令停止出租，可以并处月租金10倍以下的罚款。

8.《出境入境边防检查条例》规定

出境、入境的交通运输工具在中国境内不按照规定的路线行驶的；外国船舶未经许可停靠在非对外开放港口的；中国船舶未经批准擅自搭靠外国籍船舶的，对交通运输工具负责人给予警告并处 500 元以上 5000 元以下的罚款。

9.《计算机信息网络国际联网安全保护管理办法》规定

违反本办法相关规定的，由公安机关给予警告，有违法所得的，没收违法所得，对个人可以并处 5000 元以下的罚款。第 21 条规定，有本条所列行为之一的，由公安机关责令限期改正，给予警告，有违法所得的，没收违法所得；在规定的限期内未改正的，对单位的主管负责人员和其他直接责任人员可以并处 5000 元以下的罚。

二、对单位罚款的无选择合并适用

对单位罚款的无选择合并适用涉及的主要法律规范有：

1.《娱乐场所管理条例》规定

娱乐场所经营单位雇佣的从业人员没有规定的证件或者证件不齐全的；未按照国家有关规定配备保安人员或者安排未取得资格证书的保安人员上岗的；设置的包厢、包间不符合规定的；歌舞娱乐场所容纳的消费者超过核定人数的，由公安机关责令改正，给予警告，责令停业整顿，并处 1000 元以上 10000 元以下的罚款。娱乐场所经营单位对发生在本单位的卖淫、嫖娼活动放任不管，不采取措施制止的，由公安机关责令停业整顿，并处 10000 元以上 100000 元以下的罚款。娱乐场所经营单位进行封建迷信活动的；提供以营利为目的的陪侍的；为进入娱乐场所的人员从事建迷信活动和以营利为目的的陪侍提供方便和条件的，由公安机关责令改正，给予警告，责令停业整顿，并处 4000 元以上 20000 元以下的罚款。

2.《印刷业管理条例》规定

违反本条例规定，擅自设立印刷企业或者擅自从事印刷经营活动的，由公安部门、工商行政管理部门依据法定职权予以取缔，没收印刷品和违法所得以及进行违法活动的专用工具、设备，违法经营额 10000 元以上的，并处违法经营额 5 倍以上 10 倍以下的罚款；违法经营额不足 10000 元的，并处 10000 元以上 50000 元以下的罚款。

印刷业经营者印刷明知或者应知含有本条例规定禁止印刷内容的出版物、包装装潢印刷品或者其他印刷品的，或者印刷国家明令禁止出版的出版物或者非出版单位出版的出版物的，由县级以上地方人民政府出版行政部门、公安部门依据法定职权责令停业整顿，没收印刷品和违法所得，违法经营额 10000 元以上的，并处违法经营额 5 倍以上 10 倍以下的罚款；违法经营额不足 10000 元的，并处 10000 元以上 50000 元以下的罚款。

有下列行为之一，印刷布告、通告、重大活动工作证、通行证、在社会上流通使用的票证，印刷企业没有验证主管部门的证明和公安部门的准印证明的，或者再委托他人印刷上述印刷品的；不是公安部门指定的印刷企业，擅自印刷布告、通告、重大活动工作证、通行证、在社会上流通使用的票证的；印刷业经营者伪造、变造学位证书、学历证书等国家机关公文、证件或者企业事业单位、人民团体公文、证件的。由公安部门给予警告，没收印刷品和违法所得，违法经营额 10000 元以上的，并处违法经营额 5 倍以上 10 倍以下的罚款；违法经营额不足 10000 元的，并处 10000 元以上 50000 元以下的罚款。

3.《废旧金属收购业治安管理办法》规定

违反本办法规定，未领取特种行业许可证收购生产性废旧金属的，予以取缔，没收非法收购的物品及非法所得，可以并处 5000 元以上 10000 元以下的罚款。违反本办法规定，非法设点收购废旧金属的，予以取缔，没收非法收购的物品及非法所得，可以并处 5000 元以上 10000 元以下的罚款。

4.《报废汽车回收管理办法》规定

违反本办法规定，买卖或者伪造、变造《报废汽车回收证明》的，由公安机关没收违法所得，并处 10000 元以上 50000 元以下的罚款。违反本办法规定，将报废汽车出售、赠与或者以其他方式转让给非报废汽车回收企业的单位或者个人的，或者自行拆解报废汽车的，由公安机关没收违法所得，并处 2000 元以上 20000 元以下的罚款。

5.《机动车修理业、报废机动车回收业治安管理办法》规定

对机动车修理企业和个体工商户回收报废机动车的，按照《废旧金属收购业治安管理办法》的规定没收非法回收的报废机动车及非法所得，可以并处 5000 元以上 10000 元以下罚款。

6.《旧货流通管理办法（试行）》规定

违反本办法有关规定的，对直接负责的主管人员和其他直接责任人员处以 200 元以上 500 元以下罚款，并处经营单位 3000 元以上 10000 元以下罚款。

7.《消防法》规定

营业性场所对火灾隐患不及时消除的；不按照国家有关规定，配置消防设施和器材的；不能保障疏散通道、安全出口畅通的，责令限期改正；逾期不改正的，责令停产停业，可以并处罚款。维修、检测消防设施、器材的单位，违反消防安全技术规定，进行维修、检测的，责令限期改正，可以并处罚款。

8.《计算机信息网络国际联网安全保护管理办法》规定

违反本办法相关规定的，由公安机关给予警告，有违法所得的，没收违法所得，对单位可以并处 15000 元以下的罚款。第 21 条规定，有本条所列行为之一的，由公安机关责令限期改正，给予警告，有违法所得的，没收违法所得；在规定的限期内未改正的，对单位可以并处 15000 元以下的罚款。

9.《互联网上网服务营业场所管理条例》规定

互联网上网服务营业场所经营单位违反本条例的规定，有特定行为之一的，由公安机关给予警告，可以并处 15000 元以下的罚款。

第四节　罚款处罚的权限和执行

一、警察个人罚款权限

1. 治安管理违法行为 200 元以下罚款权

《治安管理处罚法》规定：违反治安管理行为事实清楚，证据确凿，处警告或者 200 元以下罚款的，可以由人民警察当场作出治安管理处罚决定。但卖淫、嫖娼和引诱、介绍、容留卖淫、嫖娼的以及涉外违反治安管理行为除外。《公安机关办理行政案件程序规定》规定：对卖淫、嫖娼和引诱、介绍、容留卖淫、嫖娼的以及涉外违反治安管理行为，不适用当场处罚。

2. 道路交通安全违法行为 200 元以下罚款权

《道路交通安全法》规定，对道路交通违法行为人予以 200 以下罚款，交通警察可以当场作出行政处罚决定。

3. 其他治安行政违法行为对个人 50 元以下、对单位 1000 元以下罚款权

《公安机关办理行政案件程序规定》，违法事实确凿并有法定依据，对个人处以 50 元以下、对单位处以 1000 元以下罚款的行政处罚，可以由办案人员当场作出行政处罚决定。

二、公安机关罚款权限

1. 公安派出所对治安管理违法行为的罚款权

《治安管理处罚法》规定：500 元以下的治安管理处罚罚款可以由公安派出所决定。

2. 县级以上人民政府公安机关对治安管理违法行为的罚款权

《治安管理处罚法》规定：治安管理处罚由县级以上人民政府公安机关决定。

3. 县级以上人民政府公安机关交通管理部门或者相当于同级的公安机关交通管理部门对道路交通安全违法行为的罚款权

《道路交通安全法实施条例》规定：对道路交通安全违法行为人处以罚款处罚的，由违法行为发生地的县级以上人民政府公安机关交通管理部门或者相当于同级的公安机关交通管理部门作出决定。

4. 公安消防机构对消防违法行为的罚款权

《消防法》和《公安机关办理行政案件程序规定》规定：对违反消防法行为的处罚，由公安消防机构裁决。公安消防机构实施处罚时，应当制发行政处罚决定书，加盖公安消防机构印章。

5. 边防检查站对出境入境边防检查违法行为的罚款权

《出境入境边防检查条例》和《公安机关办理行政案件程序规定》规定：对违反出境入境边防检查条例规定的处罚，由边防检查站执行。边防检查站对违法行为人处以 5000 元以下罚款的，由边防检查站直接作出。

6. 边防检查总站或者省、自治区、直辖市公安边防总队对出境入境边防检查违法行为的罚款权

《公安机关办理行政案件程序规定》规定：边防检查站办理违反出境入境边防检查规定的行政案件时，对违法行为人处以 5000 元以上（不含本数）罚款的，由边防检查站报经边防检查总站或者省、自治区、直辖市公安边防总队批准后作出（最高罚款为 30000 元）。

7. 县级以上地方人民政府公安机关对其他治安行政违法行为的罚款权

《行政处罚法》规定：行政处罚由违法行为发生地的县级以上地方人民政府具有行政处罚权的行政机关管辖。法律、行政法规另有规定的除外。

三、罚款的执行

1. 到银行缴纳罚款

被处罚人应当自收到治安行政处罚决定书之日起 15 日内，到指定的银行缴纳罚款。

2. 当场收缴罚款

（1）适用对象。被处 50 元以下罚款，被处罚人对罚款无异议的；在水上、旅客列车上以及边远、交通不便地区，被处罚人向指定银行缴纳罚款确有困难，经被处罚人提出的；被处罚人在当地没有固定住所，不当场收缴事后难以执行的。

（2）收缴程序。当场收缴罚款的，办案人员应当在处罚决定书上注明，并由被处罚人签名确认。同时应当出具省级或者国家财政部门统一制发的罚款收据；不出具统一制发的罚款收据的，被处罚人有权拒绝缴纳罚款。

（3）罚款上交。人民警察当场收缴的罚款，应当自收缴罚款之日起 2 日内，交至所属的公安机关；在水上、旅客列车上当场收缴的罚款，应当自抵岸或者到站之日起 2 日内，交至所属的公安机关；公安机关应当自收到罚款之日起 2 日内将罚款缴付指定的银行。

3. 加处罚款

对一般治安行政处罚案件，到期不缴纳罚款的，每日按罚款数额的百分之三加处罚款。

4. 行政拘留

对违反《外国人入境出境管理法》的案件，外国人无力缴纳罚款的，可以改处拘留。

5. 拍卖财物抵缴罚款

根据法律规定，将扣押的财物拍卖抵缴罚款。

6. 申请人民法院强制执行

对法律没有规定由公安机关强制执行的，申请人民法院强制执行。

驾驶证被暂扣期间驾驶机动车的；造成交通事故后逃逸，尚不构成犯罪的；强迫机动车驾驶人违反道路交通安全法律、法规和机动车安全驾驶要求驾驶机动车，造成交通事故，尚不构成犯罪的；违反交通管制的规定强行通行，不听劝阻的；故意损毁、移动、涂改交通设施，造成危害后果，尚不构成犯罪的；非法拦截、扣留机动车辆，不听劝阻，造成交通严重阻塞或者较大财产损失的，可以并处15日以下拘留。

第五节　行政拘留处罚的执行

一、执行主体

根据《治安管理处罚法》的规定，对被决定给予行政拘留处罚的人，由作出决定的公安机关送达拘留所执行。根据《公安机关办理行政案件程序规定》的规定，对抗拒执行的，可以使用约束性警械。

二、执行场所

治安拘留所是对被决定治安拘留的人执行拘留的场所。治安拘留所由县（自治县、旗）、市公安局，城市公安分局设置，公安机关的治安部门负责管理。

治安拘留所新建、扩建、修缮和购置必要设备、器材等所需经费，报请当地人民政府列入地方基建、财政预算，专项拨款，专款专用。日常管理所需经费列入公安业务经费预算解决。

三、执行时间的计算

执行治安拘留的时间应当自被决定治安拘留的人入拘留所的时间开始计算。治安拘留的期限是以日为单位计算的，执行治安拘留的时间也应当日为单位计算，入所当日不计算在内，执行到第2日即为1日。

四、暂缓执行

根据《治安管理处罚法》《行政复议法》《行政诉讼法》和《公安机关办理行政案件程序规定》的规定，在行政复议和行政诉讼期间，被决定行政拘留的人或者其家属提出担保人或者按照规定交纳保证金的，原行政拘留决定暂缓执行。担保人和保证金不得同时适用。交纳保证金担保的，保证金按决定行政拘留期限计算，行政拘留一日交纳保证金200元。保证金由银行代收。

五、执行期间的刑事拘留

治安行政拘留是对违犯治安行政管理法律规定的人的一种处罚；刑事拘留是根据刑事诉讼法的规定，对于罪该逮捕的现行犯或者重大嫌疑分子所采取的强制措施。因此，对有轻微违法行为已经给予治安行政拘留的人，不能再用刑事拘留。不能在办理刑事案件过程中先期使用治安行政拘留来变相延长羁押期限。如要采取刑事拘留强制措施，必须是在治安行政拘留期间，公安机关发现被治安行政拘留的人具有刑事诉讼法规定的情形，这类案犯公安机关在提请逮捕时，必须连同治安行政拘留的案卷材料一并移送人民检察院。

六、执行管理

1. 接受入所

治安拘留所接收被拘留人，凭决定机关开具的治安管理处罚执行拘留通知书，填写入所登记表。除允许随身携带的生活、学习必需品外，其余物品由治安拘留所统一保管，填写暂存物品收据。

2. 日常管理

对被拘留人应当男、女分舍拘禁。对被拘留人中的外国人和无国籍人应当单设拘舍。被拘留人的伙食费、医疗费等费用，由被拘留人承担，被拘留人确实无力交纳拘留期间伙食费和医疗费用的，可以允许缓期交纳，或者由治安拘留所造册，经主管领导审核后，申报当地财政部门解决。治安拘留所可以组织被拘留人参加适当的劳动，劳动的收入主要用于补贴被拘留人的伙食费，必需的生活、学习费用。

被拘留人的近亲属的单位负责人在规定的时间内凭身份证可以到治安拘留所会见被拘留人。外国人在行政拘留期间，其所属国家驻华外交、领事官员要求探视的，决定机关应当及时安排有关探视事宜。该外国人拒绝其所属国家驻华外交、领事官员探视的，公安机关可以不予安排，但应当由其本人出具书面声明。

3. 请假离所

被拘留人在拘留期间，因为招工、升学考试或者遇有妻子生育，近亲属病危、丧葬等特殊情况需要离所时，由本人或者其近亲属提出申请，担任人出具保证书，经原决定机关批准后离所，并在规定的期限内返回，逾期不归的按违反所规处理。被拘留人离所期间，不计入执行拘留时间。

4. 出所治病

对患严重疾病必须出所治疗的被拘留人，可以由担保人出具保证书，经原决定机关或者县级以上公安机关主管领导批准出所治病，其尚未执行的拘留日期可以宣布不再执行。

5. 死亡处理

被拘留人在拘留期间死亡，由县级以上公安机关组织法医或医生作出有法律效力的死亡鉴定，经同级人民检察院检验，报上级公安机关及其同级人民检察院备案，并通知被拘留人家属。没有家属或者家属不来的，由治安拘留所负责拍照后火化，骨灰保存 1 年后处理。

外国人在行政拘留期间死亡的，有关省级公安机关应当通知该外国人所属国家驻华使馆、领馆，同时报告公安部并通报同级人民政府外事部门。

6. 终止拘留

因为被拘留人有其他犯罪行为，决定予以刑事拘留、逮捕、劳动教养等处理或者予以少年收容教养的，应当根据有关凭证终止拘留，并办理出所手续，注明出所的具体时间和所去地点。

7. 提前解除

被拘留人在拘留期间能够主动揭发、检举和制止重大违法犯罪行为，经查证属实的，拘留所所长可以提出提前解除拘留的建议，经县级以上公安机关主管领导批准后执行，并填写提前解除拘留决定书。提前解除拘留的时间不得超过拘留期的三分之一。

8. 期满解除

拘留期满的，应即解除拘留。被拘留人出所时，在治安管理处罚执行拘留通知书上签名，注明拘留期满的日期和出所日期。被拘留人凭暂存物品收据，领取所存物品。被拘留人出所时，如有必要，通知其亲属或单位来人接领。

第二十一章　没收类处罚

第一节　没收类处罚的对象和范围

没收处罚，是指公安机关依法剥夺相对人的某种财产所有权归国家所有的治安行政处罚。包括没收非法财物和违法所得、非法所得、没收工具、设备、没收违禁品、没收证件和没收保证金等。

一、没收非法财物和违法所得、非法所得

涉及没收非法财物和违法所得、非法所得的主要法律规范和适用条件是：

1.《全国人大常务委员会关于严禁卖淫嫖娼的决定》规定

组织、强迫、引诱、容留、介绍他人卖淫以及卖淫的非法所得予以没收。

2.《印刷业管理条例》规定

擅自设立印刷企业或者擅自从事印刷经营活动的，由公安部门、工商行政管理部门依据法定职权没收印刷品和违法所得。印刷业经营者印刷明知或者应知含有本条例规定禁止印刷内容的出版物、包装装潢印刷品或者其他印刷品的，或者印刷国家明令禁止出版的出版物或者非出版单位出版的出版物的，由县级以上地方人民政府出版行政部门、公安部门依据法定职权没收印刷品和违法所得。印刷布告、通告、重大活动工作证、通行证、在社会上流通使用的票证，印刷企业没有验证主管部门的证明和公安部门的准印证明的，或者再委托他人印刷上述印刷品的；不是公安部门指定的印刷企业，擅自印刷布告、通告、重大活动工作证、通行证、在社会上流通使用的票证的；印刷业经营者伪造、变造学位证书、学历证书等国家机关公文、证件或者企业事业单位、人民团体公文、证件的。由公安部门没收印刷品和违法所得。

3.《公安部关于加强刻字业治安管理打击伪造印章犯罪活动的通知》规定

对无照经营刻字业务的单位和个人，公安机关没收非法所得。

4.《废旧金属收购业治安管理办法》规定

违反本办法未领取特种行业许可证收购生产性废旧金属的，由公安机关没收非法收购的物品及非法所得。违反本办法非法设点收购废旧金属的，由公安机关没收非法收购的物品及非法所得。

5.《报废汽车回收管理办法》规定

违反本办法买卖或者伪造、变造报废汽车回收证明的；将报废汽车出售、赠与或者以其他方式转让给非报废汽车回收企业的单位或者个人的，或者自行拆解报废汽车的，由公安机关没收违法所得。违反本办法的规定，报废汽车回收企业明知或者应知是有盗窃、抢劫或者其他犯罪嫌疑的汽车、“五大总成”以及其他零配件，未向公安机关报告，擅自拆解、改

装、拼装、倒卖的，由公安机关依法没收汽车、“五大总成”以及其他零配件。违反本办法的规定，拼装车上路行驶的，由公安机关没收拼装车。

6.《居民身份证法》规定

使用虚假证明材料骗领居民身份证的；出租、出借、转让居民身份证的；非法扣押他人居民身份证的；冒用他人居民身份证或者使用骗领的居民身份证的；购买、出售、使用伪造、变造的居民身份证的，由公安机关没收违法所得。

7.《租赁房屋治安管理规定》规定

出租人未向公安机关办理登记手续或者未签订治安责任保证书出租房屋的；承租人将承租房屋转租、转借他人未按规定报告公安机关的，由公安机关没收非法所得。

8.《道路交通安全法》规定

出售已达到报废标准的机动车的，由公安机关交通管理部门没收违法所得。

9.《消防法》规定

违反本法的规定，生产、销售未经依照产品质量法的规定确定的检验机构检验合格的消防产品的，没收产品和违法所得。

10.《中国公民往来台湾地区管理办法》规定

用于犯罪的本人财物应当没收。

11.《外国人入境出境管理法》规定

对伪造、涂改、冒用、转让，买卖签证、证件的外国人，没收非法所得。

12.《出境入境边防检查条例》规定

协助他人非法出境、入境，情节轻微尚不构成犯罪的，有非法所得的，没收非法所得。

13.《计算机信息系统安全保护条例》规定

故意输入计算机病毒以及其他有害数据危害计算机信息系统安全的，或者未经许可出售计算机信息系统安全专用产品的，由公安机关没收违法所得。

14.《计算机信息网络国际联网管理暂行规定》规定

违反本规定自行建立或者使用其他信道进行国际联网；未取得国际联网经营许可证，从事国际联网经营业务；未经批准，接入互联网络进行国际联网的，由公安机关没收违法所得。

15.《计算机信息网络国际联网安全保护管理办法》规定

利用国际联网制作、复制、查阅和传播煽动抗拒、破坏宪法和法律、行政法规实施的信息；煽动颠覆国家政权，推翻社会主义制度的信息；煽动分裂国家、破坏国家统一的信息；煽动民族仇恨、民族歧视，破坏民族团结的信息；捏造或者歪曲事实，散布谣言，扰乱社会秩序的信息；宣扬封建迷信、淫秽、色情、赌博、暴力、凶杀、恐怖，教唆犯罪的信息；公然侮辱他人或者捏造事实诽谤他人的信息；损害国家机关信誉的信息；其他违反宪法和法律、行政法规的信息的，由公安机关没收违法所得。未经允许，进入计算机信息网络或者使用计算机信息网络资源的；未经允许，对计算机信息网络功能进行删除、修改或者增加的；未经允许，对计算机信息网络中存储、处理或者传输的数据和应用程序进行删除、修改或者增加的；故意制作、传播计算机病毒等破坏性程序的；其他危害计算机信息网络安全的，由公安机关没收违法所得。

未建立安全保护管理制度的；未采取安全技术保护措施的；未对网络用户进行安全教育和培训的；未提供安全保护管理所需信息、资料及数据文件，或者所提供内容不真实的；对委托其发布的信息内容未进行审核或者对委托单位和个人未进行登记的；未建立电子公告系统的用户登记和信息管理制度的；未按照国家有关规定，删除网络地址、目录或者关闭服务器的；未建立公用账号使用登记制度的；转借、转让用户账号的，由公安机关没收违法所得。

16.《互联网上网服务营业场所管理条例》规定

互联网上网服务营业场所经营单位违反本条例的规定，利用营业场所制作、下载、复制、查阅、发布、传播或者以其他方式使用下列禁止内容的信息的，由公安机关没收违法所得。(1) 反对宪法确定的基本原则的；(2) 危害国家统一、主权和领土完整的；(3) 泄露国家秘密，危害国家安全或者损害国家荣誉和利益的；(4) 煽动民族仇恨、民族歧视，破坏民族团结，或者侵害民族风俗、习惯的；(5) 破坏国家宗教政策，宣扬邪教、迷信的；(6) 散布谣言，扰乱社会秩序，破坏社会稳定的；(7) 宣传淫秽、赌博、暴力或者教唆犯罪的；(8) 侮辱或者诽谤他人，侵害他人合法权益的；(9) 危害社会公德或者民族优秀文化传统的；(10) 含有法律、行政法规禁止的其他内容的。

二、没收工具、设备

涉及没收工具、设备的主要法律规范和适用条件是：

1.《印刷业管理条例》规定

违反本条例规定，擅自设立印刷企业或者擅自从事印刷经营活动的，由公安部门、工商行政管理部门依据法定职权没收进行违法活动的专用工具、设备，

2.《公安部关于加强刻字业治安管理打击伪造印章犯罪活动的通知》规定

对无照经营刻字业务的单位和个人，公安机关没收制作工具。

三、没收违禁品

涉及没收违禁品的主要法律规范和适用条件是：

1.《强制戒毒所管理办法》规定，强制戒毒所对检查中发现的毒品和法律规定应当没收的违禁品，应当逐件登记，予以没收。

2.《枪支管理法》规定，违反枪支管理规定，出租、出借枪支，情节轻微未构成犯罪的，公安机关对出租、出借的枪支，应当予以没收。未按照规定的技术标准制造民用枪支的；在禁止携带枪支的区域、场所携带枪支的；不上缴报废枪支的，由公安机关没收其枪支。制造、销售仿真枪的，由公安机关、工商行政管理部门按照各自职责范围没收其仿真枪。

3.《对部分刀具实行管制的暂行规定》规定，违反本规定，非法制造、销售、携带和私自保存管制范围刀具的，公安机关应予没收其刀具。

4.《民用爆炸物品管理条例》规定，非法制造、贩运、销售爆炸物品和私藏、私带、滥用、盗窃爆炸物品的，由公安机关没收其爆炸物品。

5.《租赁房屋治安管理规定》规定，承租人利用出租房屋非法生产、储存、经营易燃、易爆、有毒等危险物品的，由公安机关没收物品。

四、没收证件

涉及没收证件的法律规范和适用条件主要是由《中国公民因私事往来香港地区或者澳

门地区的暂行管理办法》规定的。根据该规定，持用伪造、涂改等无效的或者冒用他人的前往港澳通行证、往来港澳通行证、港澳同胞回乡证、入出境通行证的，可以没收证件。此处的证件，已不具有证件的实质意义，只是非法财物而已。所以归为没收类处罚，而不是吊销类处罚。

五、没收保证金

涉及没收保证金的法律规范和适用条件主要是《治安管理处罚法》规定的。根据该规定，被决定给予行政拘留处罚的人交纳保证金，暂缓行政拘留后，逃避行政拘留处罚的执行的，保证金予以没收并上缴国库，已经作出的行政拘留决定仍应执行。

六、追缴、收缴类没收

1. 追缴、收缴非法所得、非法财物

涉及追缴、收缴非法所得、非法财物的主要法律规范和适用条件是：

(1)《治安管理处罚法》规定，违反治安管理所得的财物，追缴退还被侵害人；没有被侵害人的，登记造册，公开拍卖或者按照国家有关规定处理，所得款项上缴国库。此处追缴，可视为“没收非法所得”。

(2)《道路交通安全法》规定，驾驶拼装的机动车或者已达到报废标准的机动车上道路行驶的，公安机关交通管理部门应当予以收缴。此处收缴，可视为“没收非法财物”。

(3)《禁毒法》规定，对依法查获的毒品违法犯罪的非法所得及其收益，应当收缴。

(4)《中国公民往来台湾地区管理办法》规定，对违反本办法所得的财物，应当予以追缴。此处追缴，可视为“没收非法所得”。

(5)《公安机关办理行政案件程序规定》规定，倒卖的有价票证应当收缴。此处收缴，可视为“没收非法财物”。

2. 收缴工具、设备

涉及收缴工具、设备的主要法律规范和适用条件是：

(1)《治安管理处罚法》规定，办理治安案件所查获的赌具、赌资，吸食、注射毒品的用具以及直接用于实施违反治安管理行为的本人所有的工具，应当收缴，按照规定处理。此处收缴，可视为“没收工具”。

(2)《道路交通安全法》规定，非法安装警报器、标志灯具的，由公安机关交通管理部门予以收缴。此处收缴，可视为“没收工具、设备”。

(3)《禁毒法》规定，对依法查获的吸食、注射毒品的用具，直接用于实施毒品违法犯罪行为的本人所有的工具、设备，应当收缴。

(4)《公安机关办理行政案件程序规定》规定，赌博用的赌具；制作、复制、传播淫书、淫画、淫秽音像制品和其他淫秽物品使用的设备；吸食、注射毒品的器具；倒卖的有价票证或者骗取财物的用品，应当收缴。此处收缴，可视为“没收工具、设备”。

3. 收缴、追缴违禁品

涉及收缴、追缴违禁品的主要法律规范和适用条件是：

(1)《治安管理处罚法》规定，办理治安案件所查获的毒品、淫秽物品等违禁品，应当收缴，按照规定处理。此处收缴，可视为“没收违禁品”。

(2)《枪支管理法》规定，配备、持有枪支的单位和个人未及时上缴应当报废的枪支和持枪证件的，由公安机关收缴。公安机关依法对枪支实行查验制度时，对违法使用枪支、不符合持枪条件或者枪支应当报废的，收缴枪支和持枪证件。持有枪支的单位和个人拒不接受公安机关查验的，收缴枪支和持枪证件。此处收缴枪支，可视为“没收违禁品”。

（3）《禁毒法》规定，对依法查获的毒品，应当收缴。

（4）《公安机关办理行政案件程序规定》规定，对淫秽物品、毒品和反动、邪教、迷信印刷品等违禁品，一律收缴。此处收缴，可视为“没收违禁品”。

（5）《公安部关于检查、整顿公安机关民用爆炸物品安全管理工作的方案》规定，对生产经营企业管理措施不落实，违反规定生产、经销爆炸物品的，追缴流失的爆炸物品。此处追缴，可视为“没收违禁品”。

4. 收缴、收回证件

以下应收缴的证件，实际是已作废或非法的证件，已不具有证件的实质意义，只是非法财物而已。所以归为没收类处罚，而不是吊销证照处罚。

（1）《报废汽车回收管理办法》规定，违反本办法规定，报废汽车上路行驶的，由公安机关收回机动车号牌和机动车行驶证。此处收回，可视为“没收证件”。

（2）《枪支管理法》规定，配置民用枪支的单位和个人不再符合持枪条件而未及时上缴枪支和持枪证件的，由公安机关收缴枪支和持枪证件。配备、持有枪支的单位和个人未及时上缴应当报废的枪支和持枪证件的，由公安机关收缴。公安机关依法对枪支实行查验制度时，对违法使用枪支、不符合持枪条件或者枪支应当报废的，收缴枪支和持枪证件。持有枪支的单位和个人拒不接受公安机关查验的，收缴枪支和持枪证件。此处收缴持枪证件，可视为“没收证件”。

（3）《居民身份证法》规定，伪造、变造的居民身份证和骗领的居民身份证，由公安机关予以收缴。此处收缴，可视为“没收证件”。

（4）《居住证暂行条例》规定，伪造、变造的居住证和骗领的居住证，由公安机关予以收缴。此处收缴，可视为“没收证件”。

（5）《道路交通安全法》规定，伪造、变造或者使用伪造、变造的机动车登记证书、号牌、行驶证、检验合格标志、保险标志、驾驶证或者使用其他车辆的机动车登记证书、号牌、行驶证、检验合格标志、保险标志的，由公安机关交通管理部门予以收缴。此处收缴，可视为“没收证件”。

（6）《道路交通安全法实施条例》规定，以欺骗、贿赂等不正当手段取得机动车登记或者驾驶许可的，收缴机动车登记证书、号牌、行驶证或者机动车驾驶证。此处收缴，可视为“没收证件”。

（7）《公民出境入境管理法实施细则》规定，持用伪造、涂改等无效证件或者冒用他人证件出境、入境的，收缴证件。此处收缴，可视为“没收证件”。

（8）《公安部关于执行中国公民出境入境管理法及实施细则若干问题的说明》规定，公安机关在颁发护照或者其他出入境证件后，发现持证人属于规定的不准出境情形，或者系编造情况，弄虚作假获取护照、证件的，由发证机关收缴护照、证件。此处收缴，可视为“没收证件”。

（9）《外国人入境出境管理法》规定，对伪造、涂改、冒用、转让，买卖签证、证件的外国人，收缴原签证、证件。此处收缴，可视为“没收证件”。

（10）《中国公民因私事往来香港地区或者澳门地区的暂行管理办法》规定，港澳同胞回乡证持证人被认为有可能进行抢劫、盗窃、贩毒等犯罪活动的；编造情况，提交假证明的；精神病患者，其证件由原发证机关或其上级机关决定吊销并予以收缴。此处收缴，可视为“没收证件”。

(11)《出境入境边防检查条例》规定，出境、入境的人员持用他人出境、入境证件的；持用伪造或者涂改的出境、入境证件的，边防检查站可以收缴其出境、入境证件。对国务院公安部门、国家安全部门通知不准出境、入境的中国公民；法律、行政法规规定不准出境、入境的中国公民，边防检查站可以收缴其出境、入境证件。此处收缴，可视为“没收证件”。

(12)《公安部关于实施〈出境入境边防检查条例〉中检查、监护和阻止出入境等问题处理办法的通知》规定，中国公民合法出境后被居住国遣返回国的，对其所持的护照、证件应予以收缴并交其原户口所在地公安机关或有关外事部门。此处收缴，可视为“没收证件”。

第二节　没收类处罚的权限和没收财物的处理

根据《治安管理处罚法》《公安机关办理行政案件程序规定》及相关法律、法规的规定，没收的权限和没收财物的处理按照下列方式执行：

一、没收的权限

没收财物、证件、保证金应当经县级以上公安机关负责人批准，并制作没收清单。公安机关交通管理部门、公安消防机构可实施没收处罚，但应当制发行政处罚决定书，加盖公安机关交通管理部门、公安消防机构印章。

二、没收财物的处理

1. 应当上交国库的，移交财政部门处理。

2. 属于违禁品的，经县级以上公安机关负责人批准，统一登记造册后予以销毁，其中属于淫秽物品、毒品的，分别由县级以上公安机关治安部门、禁毒部门组织销毁。销毁枪支，由省级人民政府公安机关负责组织实施。

3. 属于非法证件的，经县级以上公安机关负责人批准，统一登记造册后予以销毁。

4. 属于受害人合法财物的，及时返还受害人。对应当退还原主的财物，应当通知原主在6个月内来领取；对原主不明确的，应当采取公告方式告知原主认领。在通知原主后或者公告认领后6个月内，无人认领的，按无主财物处理，上交国库。如有特殊情况，可酌情延期处理，延长期限最长不超过3个月。

5. 对容易腐烂、灭损或者无法保管的其他物品，应当及时退还原主；对找不到原主的，经县级以上公安机关负责人批准，可以在拍照或者录像后变卖，变卖所得退还原主或上交国库。

第二十二章　责令类处罚

第一节　责令类处罚的对象和范围

责令类处罚是指公安机关依法责成、指令相对人作为或不作为某种行为的治安行政处罚。包括责令停产停业整顿类处罚、责令限期整顿整改类处罚和其他责令类处罚等。

一、责令停产停业整顿类处罚

责令停产停业整顿类处罚是指令其通过停产停业的方式整顿治安隐患和违法问题的治安行政处罚。包括责令停产停业、停止其营业、停业整顿、停止施工、停止使用、停止举行活动、停止联网、停机整顿等方面。涉及责令停产停业整顿类处罚的主要法律规范和适用条件包括：

1.《全国人民代表大会常务委员会关于严禁卖淫嫖娼的决定》的规定

旅馆业、饮食服务业、文化娱乐业、出租汽车业等单位，对发生在本单位的卖淫、嫖娼活动，放任不管、不采取措施制止的，公安机关可以责令其停业整顿。

2.《娱乐场所管理条例》的规定

娱乐场所经营单位对发生在本单位的卖淫、嫖娼活动放任不管，不采取措施制止的；雇佣的从业人员没有本条例规定的证件或者证件不齐全的；未按照国家有关规定配备保安人员或者安排未取得资格证书的保安人员上岗的；设置的包厢、包间不符合本条例规定的；进行封建迷信活动的；提供以营利为目的的陪侍的；为进入娱乐场所的人员从事封建迷信活动和营利为目的的陪侍活动提供方便和条件的；歌舞娱乐场所容纳的消费者超过核定人数的，由公安机关责令停业整顿。

3.《印刷业管理条例》的规定

印刷业经营者印刷明知或者应知含有本条例规定禁止印刷内容的出版物、包装装潢印刷品或者其他印刷品的，或者印刷国家明令禁止出版的出版物或者非出版单位出版的出版物的，由公安部门依据法定职权责令停业整顿。

印刷业经营者没有建立承印验证制度、承印登记制度、印刷品保管制度、印刷品交付制度、印刷活动残次品销毁制度等的；在印刷经营活动中发现违法犯罪行为没有及时向公安部门或者出版行政部门报告的；变更名称、法定代表人或者负责人、住所或者经营场所等主要登记事项，或者终止印刷经营活动，不向原批准设立的出版行政部门备案的；未依照本条例的规定留存备查的材料的，对情节严重的，由公安部门依据法定职权责令停业整顿。

单位内部设立印刷厂（所）违反本条例的规定，没有向所在地县级以上地方人民政府出版行政部门、保密工作部门办理登记手续，并按照国家有关规定向公安部门备案的，对情节严重的，由公安部门依据法定职权责令停业整顿。

印刷布告、通告、重大活动工作证、通行证、在社会上流通使用的票证，印刷企业没有验证主管部门的证明和公安部门的准印证明的，或者再委托他人印刷上述印刷品的；不是公安部门指定的印刷企业，擅自印刷布告、通告、重大活动工作证、通行证、在社会上流通使用的票证的；印刷业经营者伪造、变造学位证书、学历证书等国家机关公文、证件或者企业事业单位、人民团体公文、证件的，对情节严重的，由公安部门责令停业整顿。

4.《印铸刻字业暂行管理规则》的规定

营业者假借他人名义者；领取许可证后，无正当理由两月以上未开业者；无故休业超过一月以上者；营业者行踪不明逾两月者，由公安机关停止其营业。

5.《公安部关于加强刻字业治安管理打击伪造印章犯罪活动的通告》的规定

对违章违法经营刻字业务的单位和个人，公安机关视情节轻重停业整顿。对生产原子印章的企业，要重新进行核查、登记，凡未经批准、非法生产的，要责令其立即停业。

6.《废旧金属收购业治安管理办法》的规定

违反本办法规定，收购生产性废旧金属时未如实登记的；收购禁止收购的金属物品的，视情节轻重，责令停业整顿。

7.《枪支管理法》的规定

依法被指定、确定的枪支制造企业、销售企业，违反本法规定，超过限额或者不按照规定的品种制造、配售枪支的；制造无号、重号、假号的枪支的；私自销售枪支或者在境内销售为出口制造的枪支的，公安机关可以责令其停业整顿。

8.《民用爆炸物品管理条例》的规定

违反本条例规定，在生产、储存、销售、运输、使用爆炸物品中，存在安全隐患，经指出仍不改正的，公安机关有权责令停业整顿。

9.《消防法》的规定

违反本法的规定，建筑工程的消防设计未经公安消防机构审核或者经审核不合格，擅自施工的；依法应当进行消防设计的建筑工程竣工时未经消防验收或者经验收不合格，擅自使用的；公众聚集的场所未经消防安全检查或者经检查不合格，擅自使用或者开业的；擅自降低消防技术标准施工、使用防火性能不符合国家标准或者行业标准的建筑构件和建筑材料或者不合格的装修、装饰材料施工的；电器产品、燃气用具的安装或者线路、管路的敷设不符合消防安全技术规定的，对逾期不改正的，责令停止施工、停止使用或者停产停业。

违反本法的规定，擅自举办大型集会、焰火晚会、灯会等群众性活动，具有火灾危险，当场不能改正的，公安消防机构应当责令停止举办。营业性场所对火灾隐患不及时消除的；不按照国家有关规定，配置消防设施和器材的；不能保障疏散通道、安全出口畅通的，对逾期不改正的，责令停产停业。违反本法的规定，生产、销售未经依照产品质量法的规定确定的检验机构检验合格的消防产品的，责令停止违法行为。

10.《计算机信息系统安全保护条例》的规定

违反计算机信息系统安全等级保护制度，危害计算机信息系统安全的；违反计算机信息系统国际联网备案制度的；不按照规定时间报告计算机信息系统中发生的案件的；接到公安机关要求改进安全状况的通知后，在限期内拒不改进的；有危害计算机信息系统安全的其他行为的，由公安机关处以停机整顿。

11.《计算机信息网络国际联网安全保护管理办法》的规定

利用国际联网制作、复制、查阅和传播煽动抗拒、破坏宪法和法律、行政法规实施的信息；煽动颠覆国家政权，推翻社会主义制度的信息；煽动分裂国家、破坏国家统一的信息；煽动民族仇恨、民族歧视，破坏民族团结的信息；捏造或者歪曲事实，散布谣言，扰乱社会秩序的信息；宣扬封建迷信、淫秽、色情、赌博、暴力、凶杀、恐怖，教唆犯罪的信息；公然侮辱他人或者捏造事实诽谤他人的信息；损害国家机关信誉的信息；其他违反宪法和法律、行政法规的信息的，公安机关可以给予6个月以内停止联网、停机整顿的处罚。

未经允许，进入计算机信息网络或者使用计算机信息网络资源的；未经允许，对计算机信息网络功能进行删除、修改或者增加的；未经允许，对计算机信息网络中存储、处理或者传输的数据和应用程序进行删除、修改或者增加的；故意制作、传播计算机病毒等破坏性程序的；其他危害计算机信息网络安全的，公安机关可以给予6个月以内停止联网、停机整顿的处罚。

未建立安全保护管理制度的；未采取安全技术保护措施的；未对网络用户进行安全教育和培训的；未提供安全保护管理所需信息、资料及数据文件，或者所提供内容不真实的；对委托其发布的信息内容未进行审核或者对委托单位和个人未进行登记的；未建立电子公告系统的用户登记和信息管理制度的；未按照国家有关规定，删除网络地址、目录或者关闭服务器的；未建立公用账号使用登记制度的；转借、转让用户账号的，公安机关对情节严重的，可以给予6个月以内停止联网、停机整顿的处罚。

进行国际联网的计算机信息系统的使用单位未报省级以上人民政府公安机关备案的；运输、携带、邮寄计算机信息媒体进出境的，未如实向海关申报的，由公安机关给予停机整顿不超过6个月的处罚。

12.《互联网上网服务营业场所管理条例》的规定

互联网上网服务营业场所经营单位违反本条例的规定，利用营业场所制作、下载、复制、查阅、发布、传播或者以其他方式使用下列禁止内容的信息，尚不够刑事处罚，情节严重的，由公安机关责令停业整顿：（1）反对宪法确定的基本原则的；（2）危害国家统一、主权和领土完整的；（3）泄露国家秘密，危害国家安全或者损害国家荣誉和利益的；（4）煽动民族仇恨、民族歧视，破坏民族团结，或者侵害民族风俗、习惯的；（5）破坏国家宗教政策，宣扬邪教、迷信的；（6）散布谣言，扰乱社会秩序，破坏社会稳定的；（7）宣传淫秽、赌博、暴力或者教唆犯罪的；（8）侮辱或者诽谤他人，侵害他人合法权益的；（9）危害社会公德或者民族优秀文化传统的；（10）含有法律、行政法规禁止的其他内容的。

互联网上网服务营业场所经营单位违反本条例的规定，利用明火照明或者发现吸烟不予制止，或者未悬挂禁止吸烟标志的；允许带入或者存放易燃、易爆物品的；在营业场所安装固定的封闭门窗栅栏的；营业期间封堵或者锁闭门窗、安全疏散通道或者安全出口的；擅自停止实施安全技术措施，情节严重的，由公安机关责令停业整顿。

二、责令限期整顿整改类处罚

责令限期整顿整改类处罚是指令其在保持继续生产和营业的同时在一定期限内整顿治安隐患和违法问题的治安行政处罚。包括责令当场、立即、限期整顿、整改、改正、排除、消除隐患、妨碍等方面。涉及责令限期整顿整改类处罚的主要法律规范和适用条件是：

1.《全国人大常委会关于严禁卖淫嫖娼的决定》的规定

旅馆业、饮食服务业、文化娱乐业、出租汽车业等单位，对发生在本单位的卖淫、嫖娼活动，放任不管、不采取措施制止的，公安机关可以责令其限期整顿。

2.《娱乐场所管理条例》的规定

娱乐场所经营单位对发生在本单位的卖淫、嫖娼活动放任不管，不采取措施制止的；雇佣的从业人员没有本条例规定的证件或者证件不齐全的；未按照国家有关规定配备保安人员或者安排未取得资格证书的保安人员上岗的；设置的包厢、包间不符合本条例规定的；进行封建迷信活动的；提供以营利为目的的陪侍的；为进入娱乐场所的人员从事封建迷信活动和营利为目的的陪侍活动提供方便和条件的；歌舞娱乐场所容纳的消费者超过核定人数的，由公安机关责令改正。

3.《印刷业管理条例》的规定

印刷业经营者没有建立承印验证制度、承印登记制度、印刷品保管制度、印刷品交付制度、印刷活动残次品销毁制度等的；在印刷经营活动中发现违法犯罪行为没有及时向公安部门或者出版行政部门报告的；变更名称、法定代表人或者负责人、住所或者经营场所等主要登记事项，或者终止印刷经营活动，不向原批准设立的出版行政部门备案的；未依照本条例的规定留存备查的材料的，对情节严重的，由公安部门依据法定职权责令改正。

单位内部设立印刷厂（所）违反本条例的规定，没有向所在地县级以上地方人民政府出版行政部门、保密工作部门办理登记手续，并按照国家有关规定向公安部门备案的，对情节严重的，由公安部门依据法定职权责令改正。

4.《公安部关于加强刻字业治安管理打击伪造印章犯罪活动的通知》的规定

对已经批准、定点生产原子印章的企业，发现登记、承接等制度不健全，存在隐患和问题的，要限期进行整改。

5.《国内贸易部、公安部关于发布〈旧货流通管理办法（试行）〉的通知》的规定

年检不合格的旧货业，由公安机关、商品流通主管部门限期3个月整改。

6.《民用爆炸物品管理条例》的规定

违反本条例规定，在生产、储存、销售、运输、使用爆炸物品中，存在安全隐患，经指出仍不改正的，公安机关有权责令限期进行整改。违反本条例的规定，伪造、变造、买卖、出借或者以其他方式转让剧毒化学品购买凭证、准购证以及其他有关证件，或者使用作废的上述有关证件的，由公安部门责令改正。

7.《危险化学品安全管理条例》的规定

依照本条例对危险化学品单位实施监督管理的有关部门，发现违法行为，可以当场予以纠正或者责令限期改正。

危险化学品单位违反本条例的规定，未根据危险化学品的种类、特性，在车间、库房等作业场所设置相应的监测、通风、防晒、调温、防火、灭火、防爆、泄压、防毒、消毒、中和、防潮、防雷、防静电、防腐、防渗漏、防护围堤或者隔离操作等安全设施、设备的，由负责危险化学品安全监督管理综合工作的部门或者公安部门依据各自的职权责令立即或者限期改正。

危险化学品单位违反本条例的规定，未对其生产、储存装置进行定期安全评价，并报所在地设区的市级人民政府负责危险化学品安全监督管理综合工作的部门备案，或者对安全评价中发现的存在现实危险的生产、储存装置不立即停止使用，予以更换或者修复，并采取相应的安全措施的；未在生产、储存和使用危险化学品场所设置通讯、报警装置，并保持正常适用状态的；危险化学品未储存在专用仓库内或者未设专人管理的；危险化学品出入库未进行核查登记或者入库后未定期检查的；危险化学品专用仓库不符合国家标准对安全、消防的要求，未设置明显标志，或者未对专用仓库的储存设备和安全设施定期检测的；危险化学品经销商店存放非民用小包装的危险化学品或者危险化学品民用小包装的存放量超过国家规定限量的；剧毒化学品以及构成重大危险源的其他危险化学品未在专用仓库内单独存放，或者未实行双人收发、双人保管，或者未将储存剧毒化学品以及构成重大危险源的其他危险化学品的数量、地点以及管理人员的情况，报当地公安部门和负责危险化学品安全监督管理综合工作的部门备案的；危险化学品生产单位不如实记录剧毒化学品的产量、流向、储存量和用途，或者未采取必要的保安措施防止剧毒化学品被盗、丢失、误售、误用，或者发生剧毒化学品被盗、丢失、误售、误用后不立即向当地公安部门报告的；危险化学品经营企业不记录剧毒化学品购买单位的名称、地址，购买人员的姓名、身份证号码及所购剧毒化学品的品名、数量、用途，或者不每天核对剧毒化学品的销售情况，或者发现被盗、丢失、误售不立即向当地公安部门报告的，由负责危险化学品安全监督管理综合工作的部门或者公安部门依据各自的职权责令立即或者限期改正。

托运人未向公安部门申请领取剧毒化学品公路运输通行证，擅自通过公路运输剧毒化学品的；危险化学品运输企业运输危险化学品，不配备押运人员或者脱离押运人员监管，超装、超载，中途停车住宿或者遇有无法正常运输的情况，不向当地公安部门报告的；危险化学品运输企业运输危险化学品，未向公安部门报告，擅自进入危险化学品运输车辆禁止通行区域，或者进入禁止通行区域不遵守公安部门规定的行车时间和路线的；危险化学品运输企业运输剧毒化学品，在公路运输途中发生被盗、丢失、流散、泄漏等情况，不立即向当地公安部门报告，并采取一切可能的警示措施的；托运人在托运的普通货物中夹带危险化学品或者将危险化学品匿报、谎报为普通货物托运的，由公安部门责令改正。

依照本条例对危险化学品单位实施监督管理的有关部门，发现危险化学品事故隐患时，可以责令立即排除或者限期排除。

8.《道路交通安全法》的规定

对6个月内发生2次以上特大交通事故负有主要责任或者全部责任的专业运输单位，由公安机关交通管理部门责令消除安全隐患，未消除安全隐患的机动车，禁止上道路行驶。在道路两侧及隔离带上种植树木、其他植物或者设置广告牌、管线等，遮挡路灯、交通信号灯、交通标志，妨碍安全视距的，由公安机关交通管理部门责令行为人排除妨碍。

9.《消防法》的规定

违反本法的规定，建筑工程的消防设计未经公安消防机构审核或者经审核不合格，擅自施工的；依法应当进行消防设计的建筑工程竣工时未经消防验收或者经验收不合格，擅自使用的；公众聚集的场所未经消防安全检查或者经检查不合格，擅自使用或者开业的；擅自降低消防技术标准施工、使用防火性能不符合国家标准或者行业标准的建筑构件和建筑材料或者不合格的装修、装饰材料施工的；电器产品、燃气用具的安装或者线路、管路的敷设不符合消防安全技术规定的，责令限期改正。

机关、团体、企业、事业单位违反本法的规定，未履行消防安全职责的；维修、检测消防设施、器材的单位，违反消防安全技术规定，进行维修、检测的，责令限期改正。营业性场所对火灾隐患不及时消除的；不按照国家有关规定，配置消防设施和器材的；不能保障疏散通道、安全出口畅通的，责令限期改正。违反本法的规定，擅自举办大型集会、焰火晚会、灯会等群众性活动，具有火灾危险的，公安消防机构应当责令当场改正。

10.《计算机信息网络国际联网安全保护管理办法》的规定

未建立安全保护管理制度的；未采取安全技术保护措施的；未对网络用户进行安全教育和培训的；未提供安全保护管理所需信息、资料及数据文件，或者所提供内容不真实的；对委托其发布的信息内容未进行审核或者对委托单位和个人未进行登记的；未建立电子公告系统的用户登记和信息管理制度的；未按照国家有关规定，删除网络地址、目录或者关闭服务器的；未建立公用账号使用登记制度的；转借、转让用户账号的，由公安机关责令限期改正。

三、其他责令类处罚

其他责令类处罚是指除责令停产停业整顿类处罚和责令限期整顿整改类处罚以外的责令处罚，大致可分为对涉及人身权的责令处罚和对涉及财产、经营权的责令处罚。

1. 对涉及人身权的责令类处罚

包括责令、命令退出活动场所、立即离开、解散、提前出境，责令管教，责令具结悔过，责令停止探访，责令检查等。

（1）责令、命令退出活动场所、立即离开、解散、提前出境。涉及责令、命令退出活动场所、立即离开、解散、提前出境的主要法律规范和适用条件是：

①《集会游行示威法》规定，未依照本法规定申请或者申请未获许可的；未按照主管机关许可的目的、方式、标语、口号、起止时间、地点、路线进行的；在进行中出现危害公共安全或者严重破坏社会秩序情况的，对不听制止的，人民警察现场负责人有权命令解散。

②《道路交通安全法》规定，对违反道路交通安全法律、法规关于机动车停放、临时停车规定的，可以指出违法行为，令其立即驶离。道路交通安全法实施条例公安机关交通管理部门或者交通警察接到交通事故报警，应当及时赶赴现场，对未造成人身伤亡，事实清楚，并且机动车可以移动的，应当在记录事故情况后责令当事人撤离现场，恢复交通。

③《外国人入境出境管理法实施细则》规定，外国人在中国居留期间，如果发现患有精神病和麻风病、艾滋病、性病、开放性肺结核病等传染病的，中国卫生主管机关可以提请公安机关令其提前出境。

④《出境入境边防检查条例》规定，抵达中华人民共和国口岸的船舶的外国籍船员及其随行家属和香港、澳门、台湾船员及其随行家属，经批准登陆后有违法行为，尚未构成犯罪的，责令立即返回船舶，并不得再次登陆。

⑤《公安部关于实施〈出境入境边防检查条例〉中检查、监护和阻止出入境等问题处理办法的通知》规定，中国公民合法出境后被居住国遣返回国而无违法犯罪行为的遣返人员，检查站令其自行回原籍。

（2）责令管教。责令管教是指公安机关责令相对人履行管束、教育义务，以防止被管教人再次发生治安行政违法行为的治安行政处罚。责令管教处罚主要是《治安管理处罚法》的规定：不满 14 周岁的人违反治安管理的，不予处罚，但是应当责令其监护人严加管教。精神病人在不能辨认或者不能控制自己行为的时候违反治安管理的，不予处罚，但是应当责令其监护人严加看管和治疗。

（3）责令具结悔过。责令具结悔过是指公安机关责令相对人以书面形式对自己的治安行政违法行为予以反省和悔改的治安行政处罚。涉及责令具结悔过处罚的主要法律规范和适用条件是：

①《集会游行示威法实施条例》规定，对于依照《集会游行示威法》规定被强行带离现场或者立即予以拘留的，公安机关应当在24小时以内进行讯问。不需要追究法律责任的，可以令其具结悔过后释放。

②《看守所条例》规定，看守所对于违反监视的人犯，经教育不改的，可以责令具结悔过。

③《看守所条例实施办法（试行）》规定，人犯在羁押期间，违犯监规纪律、经教育不改正的；散布腐化堕落思想，妨碍他人悔改的；不服监管，经查确属无理取闹的；故意损坏公物的；欺侮、凌辱其他人犯，侵犯他人人身权利的；拉帮结伙打架斗殴，经常扰乱管理秩序的；传授犯罪方法或者教唆他人进行违法犯罪的；逃跑或者组织逃跑的；有其他违法犯罪行为的，应当根据不同情节给予责令具结悔过或其他处罚；构成犯罪的，依法追究刑事责任。对人犯的责令具结悔过，由看守干警决定并报告看守所所长后执行。

（4）责令停止探访。责令停止探访是指公安机关责令探访人暂时停止探访资格的治安行政处罚。责令停止探访处罚主要是《强制戒毒所管理办法》的规定：探访人员违反强制戒毒所的有关规定的，强制戒毒所可以责令停止探访。

（5）责令检查。责令检查是指公安机关责令相对人以书面形式检审自己的违法行为的治安行政处罚。责令检查处罚主要是《治安拘留所管理办法（试行）》的规定：对被拘留人违反所规的，视情节轻重可予以责令检查。

2. 对涉及财产、经营权的责令类处罚

包括责令恢复原状或赔偿损失、承担费用、退赔，限其在一定时间内补办手续。

（1）责令恢复原状或赔偿损失、承担费用、退赔。涉及责令恢复原状或赔偿损失、承担费用、退赔的主要法律规范和适用条件是：

①《消防法》规定，埋压、圈占消火栓或者占用防火间距、堵塞消防通道的，或者损坏和擅自挪用、拆除、停用消防设施、器材的，责令其限期恢复原状或者赔偿损失。

②《外国人入境出境管理法实施细则》规定，对私自雇用外国人的单位和个人，在终止其雇用行为的同时，责令其承担遣送私自雇用的外国人的全部费用。

③《中国公民往来台湾地区管理办法》规定，对违反本办法所得的财物，应当责令退赔。

（2）限其在一定时间内补办手续。涉及限其在一定时间内补办手续的主要法律规范和适用条件是：

①《公安部关于加强刻字业治安管理打击伪造印章犯罪活动的通知》规定，对未经批准、非法生产原子印章的企业，根据实际情况，对符合安全生产条件的，可以限其在一定时间内补办手续。

②《报废汽车回收管理办法》规定，对违反本办法规定的报废汽车上路行驶的，由公安机关责令报废汽车拥有单位或者个人依照本办法的规定办理注销登记。

③《租赁房屋治安管理规定》规定，出租人未向公安机关办理登记手续或者未签订治

安责任保证书出租房屋的，由公安机关责令限期补办手续。

第二节　责令类处罚的权限

一、责令停产停业整顿类处罚的权限

根据《公安机关办理行政案件程序规定》及相关法律、法规的规定，责令停产停业整顿类处罚的权限应当经县级以上公安机关负责人批准。公安消防机构可实施相关责令停产停业整顿类处罚，但应当制发行政处罚决定书，加盖公安消防机构印章。

责令停产停业整顿类处罚必须适用听证程序。对旅馆业、饮食服务业、文化娱乐业、出租汽车业等单位违反《全国人民代表大会常务委员会关于严禁卖淫嫖娼的决定》的停业整顿处罚，其处罚决定还应当同时告知上一级主管部门或行业主管部门和当地工商行政管理部门。

二、责令限期整顿整改类处罚的权限

根据《公安机关办理行政案件程序规定》及相关法律、法规的规定，责令限期整顿整改类处罚的权限应当经县级以上公安机关负责人批准。公安机关交通管理部门、公安消防机构可实施相关责令限期整顿整改类处罚，但应当制发行政处罚决定书，加盖公安机关交通管理部门、公安消防机构印章。

责令限期整顿整改类处罚适用一般程序，无须适用听证程序。但对旅馆业、饮食服务业、文化娱乐业、出租汽车业等单位违反《全国人大常委会关于严禁卖淫嫖娼的决定》的限期整顿处罚，其处罚决定应当同时告知上一级主管部门或行业主管部门和当地工商行政管理部门。

三、其他责令类处罚的权限

其他责令类处罚相对于责令停产停业整顿类处罚和责令限期整顿整改类处罚而言，是一种较轻的处罚，因此公安派出所及相当于派出所一级的公安机构可以决定，如责令管教、责令具结悔过、责令停止探访、责令检查等。甚至现场警察个体也有权决定，如责令参加人员退出活动场所、责令行人、非机动车驾驶人离开高速公路、令违法停车人立即驶离等。

第三节　责令类处罚的具体适用

一、责令停产停业整顿类处罚的具体适用

责令停产停业整顿类处罚通常是在责令限期整顿处罚后适用，即在限期整顿的期限而未改正的，则再给予责令停产停业整顿处罚。适用责令停产停业整顿类处罚的同时，通常并处警告、罚款处罚。如果责令停产停业整顿处罚后仍然未改正的，通常给予吊销许可证和执照处罚，直至取缔。

对责令停产停业整顿类处罚的停产停业整顿期限，法律、法规并无统一规定，实际执行中有无限期停业整顿的个案，一直至整顿合格为止。涉及停产停业期限的主要法律规范和适

用条件是：

1.《公安部关于认真贯彻执行全国人大常委会〈关于严禁卖淫嫖娼的决定〉的通知》的规定

对旅馆业、饮食服务业、文化娱乐业、出租汽车业等单位停业整顿的期限一般掌握在7日以内，违法行为情节严重的，不得超过15日。

2.《计算机信息网络国际联网安全保护管理办法》的规定

停止联网、停机整顿的期限为6个月以内。

二、责令限期整顿整改类处罚的具体适用

适用责令限期整顿整改类处罚的同时，通常并处警告、罚款处罚。如果责令限期整顿整改处罚后在期限内仍然未改正的，通常再给予责令停产停业整顿处罚。如果责令停产停业整顿处罚后仍然未改正的，通常给予吊销许可证和执照处罚，直至取缔。

第二十三章　暂扣或者吊销许可证执照类处罚

第一节　暂扣或者吊销许可证执照类处罚的对象和范围

暂扣或者吊销许可证、执照处罚是指公安机关依法中止或撤销相对人已经取得的许可权利或资格的治安行政处罚。包括暂扣许可证、执照处罚、吊销许可证、执照处罚和缴销、撤销、注销、收回许可证、执照处罚等。

一、暂扣许可证、执照处罚

暂扣许可证、执照处罚，是指公安机关依法在一定期限内扣押相对人的许可证和执照，从而中止其在一定期限内已经取得的许可权利或资格的治安行政处罚。暂扣许可证、执照治安行政处罚主要是暂扣机动车驾驶证处罚。根据《道路交通安全法》的规定，饮酒后驾驶机动车的，处暂扣 1 个月以上 3 个月以下机动车驾驶证；醉酒后驾驶机动车的，暂扣 3 个月以上 6 个月以下机动车驾驶证；饮酒后驾驶营运机动车的，处暂扣 3 个月机动车驾驶证；醉酒后驾驶营运机动车的，处暂扣 6 个月机动车驾驶证。

二、吊销许可证、执照处罚

吊销许可证、执照处罚是指公安机关依法撤销相对人已经取得的许可权利或资格，从而剥夺其继续从事许可行为的资格的治安行政处罚。涉及吊销许可证、执照处罚的主要法律规范和适用条件是：

1.《印刷业管理条例》规定

印刷业经营者没有建立承印验证制度、承印登记制度、印刷品保管制度、印刷品交付制度、印刷活动残次品销毁制度等的；在印刷经营活动中发现违法犯罪行为没有及时向公安部门或者出版行政部门报告的；变更名称、法定代表人或者负责人、住所或者经营场所等主要登记事项，或者终止印刷经营活动，不向原批准设立的出版行政部门备案的；未依照本条例的规定留存备查的材料的，情节严重的，由原发证机关吊销许可证。

印刷布告、通告、重大活动工作证、通行证、在社会上流通使用的票证，印刷企业没有验证主管部门的证明和公安部门的准印证明的，或者再委托他人印刷上述印刷品的；不是公安部门指定的印刷企业，擅自印刷布告、通告、重大活动工作证、通行证、在社会上流通使用的票证的；印刷业经营者伪造、变造学位证书、学历证书等国家机关公文、证件或者企业事业单位、人民团体公文、证件的。情节严重的，由公安部门吊销特种行业许可证。

印刷企业被处以吊销许可证行政处罚的，其法定代表人或者负责人自许可证被吊销之日起 10 年内不得担任印刷企业的法定代表人或者负责人。从事其他印刷品印刷经营活动的个人被处以吊销许可证行政处罚的，自许可证被吊销之日起 10 年内不得从事印刷经营活动。

2.《废旧金属收购业治安管理办法》的规定

违反本办法规定，收购生产性废旧金属时未如实登记的；收购禁止收购的金属物品的，视情节轻重，由公安机关吊销特种行业许可证。

3.《报废汽车回收管理办法》的规定

违反本办法规定，报废汽车回收企业买卖或者伪造、变造报废汽车回收证明的，情节严重的，由公安机关吊销特种行业许可证。

违反本办法规定，报废汽车回收企业明知或者应知是有盗窃、抢劫或者其他犯罪嫌疑的汽车、“五大总成”以及其他零配件，未向公安机关报告，擅自拆解、改装、拼装、倒卖的；利用报废汽车“五大总成”以及其他零配件拼装汽车或者出售报废汽车整车、“五大总成”、拼装车的，由公安机关依法吊销特种行业许可证。

4.《枪支管理法》的规定

依法被指定、确定的枪支制造企业、销售企业，违反本法规定，超过限额或者不按照规定的品种制造、配售枪支的；制造无号、重号、假号的枪支的；私自销售枪支或者在境内销售为出口制造的枪支的，公安机关可以吊销其枪支制造许可证件、枪支配售许可证件。

5.《民用爆炸物品管理条例》的规定

违反本条例规定，在生产、储存、销售、运输、使用爆炸物品中，存在安全隐患，屡教不改的，县、市公安局有权吊销其许可证。

6.《放射性同位素与射线装置放射防护条例》的规定

对违反本条例的单位或者个人，可以视其情节轻重，由县以上卫生行政部门，会同公安部门给予吊销其许可登记证的行政处罚。

7.《道路交通安全法》的规定

1 年内有醉酒后驾驶机动车的行为，被处罚两次以上的；将机动车交由未取得机动车驾驶证或者机动车驾驶证被吊销、暂扣的人驾驶的；机动车行驶超过规定时速 50% 的；驾驶拼装的机动车或者已达到报废标准的机动车上道路行驶的；违反道路交通安全法律、法规的规定，发生重大交通事故，构成犯罪的；造成交通事故后逃逸的；道路交通违法行为人无正当理由在 15 日内逾期未到公安机关交通管理部门接受处理的，吊销机动车驾驶证。

一年内违反规定醉酒后驾驶机动车的行为，被处罚两次以上的，吊销机动车驾驶证。造成交通事故后逃逸的，吊销机动车驾驶证。

8.《公民出境入境管理法》的规定

公安部、外交部、港务监督局和原发证机关，各自对其发出的或者其授权的机关发出的护照和证件，有权吊销。

9.《公民出境入境管理法实施细则》的规定

受理外国人入境、过境、居留、旅行申请的机关，对已经发出的签证、证件，有权吊销。中华人民共和国护照和其他出境入境证件的持有人持证人因非法进入前往国或者非法居留被送回国内的；公民持护照、证件招摇撞骗的；从事危害国家安全、荣誉和利益的活动的。其护照、出境入境证件应予以吊销。

10.《外国人入境出境管理法实施细则》的规定

对伪造、涂改、冒用、转让，买卖签证、证件的外国人，可以吊销原签证、证件。

11.《中国公民因私事往来香港地区或者澳门地区的暂行管理办法》的规定

港澳同胞回乡证持证人被认为有可能进行抢劫、盗窃、贩毒等犯罪活动的；编造情况，提交假证明的；精神病患者，其证件应予以吊销。

12.《中国公民往来台湾地区管理办法》的规定

审批签发旅行证件的机关，对已发出的旅行证件有权吊销。公安部在必要时，可以吊销旅行证件。前往台湾的大陆居民，是刑事案件的被告人或者犯罪嫌疑人；是人民法院通知有未了结诉讼事宜不能离境的；是被判处刑罚尚未执行完毕的；是正在被劳动教养的；是国务院有关主管部门认为出境后将对国家安全造成危害或者对国家利益造成重大损失的；有编造情况、提供假证明等欺骗行为的，其证件应当予以吊销。

来大陆的台湾居民，被认为有犯罪行为的；被认为来大陆后可能进行危害国家安全、利益等活动的；有编造情况、提供假证明等欺骗行为的；精神疾病或者严重传染病患者，其证件应当予以吊销。

三、缴销、撤销、注销、收回许可证、执照处罚

缴销、撤销、注销、收回许可证、执照处罚的性质可视为吊销许可证、执照处罚，其主要法律规范和适用条件是：

1.《印铸刻字业暂行管理规则》的规定

营业者假借他人名义者；领取许可证后，无正当理由两月以上未开业者；无故休业超过一月以上者；营业者行踪不明逾两月者，得缴销其特种营业许可证，停止其营业。此处缴销，实际是违反经营规定的行为，应视为“吊销许可证处罚”。

2.《公安部关于加强刻字业治安管理打击伪造印章犯罪活动的通知》的规定

对已经批准、定点生产原子印章的企业，发现登记、承接等制度不健全，存在隐患和问题，整改后仍达不到安全要求的，应当予以撤销。此处撤销，应视为“吊销许可证处罚”。

3.《机动车号牌生产管理办法》的规定

取得机动车号牌准产证的企业，降低产品质量的；经抽查不符合本办法要求的；将生产计划转让给无证企业生产的。注销其准产证。此处注销，实际是吊销后的注销，应视为“吊销许可证处罚”。

4.《民用爆炸物品管理条例》的规定

对爆破员应进行定期考察，发现不适合继续从事爆破作业的，应收回爆破员作业证，停止其从事爆破作业的权利。此处收回，实际含有违规从事爆破作业的含义，应视为“吊销许可证处罚”。

第二节　暂扣或者吊销许可证执照类处罚的权限

一、暂扣或者吊销许可证执照类处罚的权限

根据《行政处罚法》《治安管理处罚法》和《公安机关办理行政案件程序规定》及相关法律、法规的规定，暂扣或者吊销许可证、执照类处罚的权限一般由发证机关决定，应当经县级以上公安机关负责人批准。

对道路交通安全违法行为人处以暂扣驾驶证处罚的，由违法行为发生地的县级以上人民政府公安机关交通管理部门或者相当于同级的公安机关交通管理部门作出决定；对处以吊销机动车驾驶证处罚的，由设区的市人民政府公安机关交通管理部门或者相当于同级的公安机

关交通管理部门作出决定。暂扣机动车驾驶证的期限从处罚决定生效之日起计算；处罚决定生效前先予扣留机动车驾驶证的，扣留 1 日折抵暂扣期限 1 日。

暂扣或者吊销许可证、执照类处罚必须适用听证程序。

二、暂扣或者吊销许可证执照类处罚的具体适用

公安机关作出吊销许可证或者执照处罚的，应当在被吊销的许可证或者执照上加盖吊销印章后收缴。被处罚人拒不缴销证件的，公安机关可以公告宣布作废。吊销许可证或者执照的机关不是发证机关的，作出决定的机关应当在处罚决定生效后及时通知发证机关。

第二十四章　其他类治安行政处罚

第一节　其他类治安行政处罚的对象和范围

其他类治安行政处罚，是指除警告处罚、罚款处罚、行政拘留处罚、没收类处罚、责令类处罚和暂扣或者吊销许可证、执照类处罚以外的其他治安行政处罚。包括涉及人身权的其他类处罚和涉及从事某种活动的资格的其他类处罚。

一、涉及人身权的其他类处罚

涉及人身权的其他类处罚包括训诫、禁闭、缩短停留期限、取消居留资格和限期出境、限期离境、或者驱逐出境等。

1. 训诫

训诫是指公安机关依法对相对人进行口头斥训告诫的治安行政处罚。涉及训诫的主要法律规范和适用条件是：

(1)《治安拘留所管理办法》(试行) 规定，对被拘留人违反所规的，视情节轻重可予以训诫。

(2)《看守所条例》规定，看守所对于违反监视的人犯，可予以训诫。

(3)《看守所条例实施办法》(试行) 规定，人犯在羁押期间，违犯监规纪律、经教育不改正的；散布腐化堕落思想，妨碍他人悔改的；不服监管，经查确属无理取闹的；故意损坏公物的；欺侮、凌辱其他人犯，侵犯他人人身权利的；拉帮结伙打架斗殴，经常扰乱管理秩序的；传授犯罪方法或者教唆他人进行违法犯罪的；逃跑或者组织逃跑的；有其他违法犯罪行为的，应当根据不同情节给予训诫或其他处罚；构成犯罪的，依法追究刑事责任。

对人犯的训诫，由看守干警决定并报告看守所所长后执行。

2. 禁闭

禁闭是指公安机关依法限制相对人一定期限的人身自由，促使其反省检讨的治安行政处罚。涉及禁闭的主要法律规范和适用条件是：

(1)《看守所条例》规定，看守所对于违反监视的人犯，情节严重，经教育不改的，可予以禁闭。

(2)《看守所条例实施办法》(试行) 规定，人犯在羁押期间，违犯监规纪律、经教育不改正的；散布腐化堕落思想，妨碍他人悔改的；不服监管，经查确属无理取闹的；故意损坏公物的；欺侮、凌辱其他人犯，侵犯他人人身权利的；拉帮结伙打架斗殴，经常扰乱管理秩序的；传授犯罪方法或者教唆他人进行违法犯罪的；逃跑或者组织逃跑的；

有其他违法犯罪行为的，应当根据不同情节给予禁闭或其他处罚；构成犯罪的，依法追究刑事责任。

对人犯给予禁闭的，由看守干警提出，看守所所长决定。对禁闭的人犯，应当关在专设监房反省。禁闭期限一般为1至10天，最长不得超过15天。

3. 缩短停留期限、取消居留资格

缩短停留期限、取消居留资格是指公安机关依法对外国人、来大陆的台湾居民缩短其在中国停留的期限和取消其在中国居留的资格的治安行政处罚。涉及缩短停留期限、取消居留资格的主要法律规范和适用条件是：

(1)《外国人入境出境管理法》规定，对不遵守中国法律的外国人，中国政府主管机关可以缩短其在中国停留的期限或者取消其在中国居留的资格。

(2)《中国公民往来台湾地区管理办法》规定，来大陆的台湾居民违反本办法的规定或者有其他违法犯罪行为的，除依照本办法和其他有关法律、法规的规定处罚外，公安机关可以缩短其停留期限。

4. 限期出境、限期离境、或者驱逐出境

限期出境是指公安机关依法对违反治安行政法律规范的外国人令其在一定期限内离开我国的治安行政处罚。限期离境是指公安机关依法对违反治安行政法律规范的来大陆的台湾居民令其在一定期限内离开大陆的治安行政处罚。驱逐出境是指公安机关依法强制违反治安行政法律规范的外国人离开我国的治安行政处罚。涉及限期出境、限期离境、或者驱逐出境的主要法律规范和适用条件是：

(1)《治安管理处罚法》规定，对违反治安管理的外国人，可以附加适用限期出境或者驱逐出境。

(2)《外国人入境出境管理法》规定，违反本法规定，非法入境、出境的；在中国境内非法居留或者停留的；未持有效旅行证件前往不对外国人开放的地区旅行的；伪造、涂改、冒用、转让入境、出境证件的，情节严重的，公安部可以处以限期出境或者驱逐出境处罚。

(3)《外国人入境出境管理法实施细则》规定，违反本实施细则规定，不执行公安机关决定的外国人；不按要求缴验居留证，不随身携带护照或者居留证件，或者拒绝民警查验证件的外国人；未经中华人民共和国劳动部或者其授权的部门批准私自谋职的外国人，对情节严重的，并处限期出境。

对在终止其任职或者就业的同时，可以处1000元以下的罚款；情节严重的，并处限期出境。

(4)《中国公民往来台湾地区管理办法》规定，来大陆的台湾居民违反本办法的规定或者有其他违法犯罪行为的，除依照本办法和其他有关法律、法规的规定处罚外，公安机关可以限期离境。

二、涉及从事某种活动的资格的其他类处罚

涉及从事某种活动的资格的其他类处罚包括暂停资格、取消终身资格、暂停出证权和取消出证资格等。

1. 暂停资格

涉及暂停资格的主要法律规范和适用条件是：

(1)《印刷业管理条例》规定，印刷企业被处以吊销许可证行政处罚的，其法定代表人或者负责人自许可证被吊销之日起 10 年内不得担任印刷企业的法定代表人或者负责人。从事其他印刷品印刷经营活动的个人被处以吊销许可证行政处罚的，自许可证被吊销之日起 10 年内不得从事印刷经营活动。

(2)《道路交通安全法》规定，一年内有醉酒后驾驶机动车的行为，被处罚两次以上的，吊销机动车驾驶证，5 年内不得驾驶营运机动车。吊销机动车驾驶证未满 2 年的；撤销机动车驾驶证未满 3 年的，不得申请机动车驾驶证。

(3)《中国公民往来台湾地区管理办法》规定，编造情况，提供假证明，或者以行贿等手段获取旅行证件的，在处罚执行完毕 6 个月以内不受理其出境、入境申请。

2. 取消终身资格

取消终身资格主要是《道路交通安全法》的规定：造成交通事故后逃逸的，由公安机关交通管理部门吊销机动车驾驶证，且终生不得重新取得机动车驾驶证。

3. 暂停出证权

暂停出证权主要是《中国公民往来台湾地区管理办法》的规定：机关、团体、企业、事业单位编造情况、出具假证明为申请人获取旅行证件的，暂停其出证权的行使。

4. 取消出证资格

取消出证资格主要是《中国公民往来台湾地区管理办法》的规定：机关、团体、企业、事业单位编造情况、出具假证明为申请人获取旅行证件，情节严重的，取消其出证资格。

第二节 其他类治安行政处罚的权限

根据《行政处罚法》《公安机关办理行政案件程序规定》及相关法律、法规的规定，其他类治安行政处罚的权限从普通的警察个体到最高公安机关公安部不等。

一、警察个体决定权

对人犯的训诫，由看守民警决定并报告看守所所长后执行。

二、地（市）级公安机关决定权

对道路交通安全违法行为人处以暂停资格或取消终身资格的处罚权限和程序，应比吊销许可证处罚更严格，应由设区的市人民政府公安机关交通管理部门或者相当于同级的公安机关交通管理部门作出决定。

缩短外国人在中国停留的期限或者取消在中国居留的资格，由地（市）级以上公安机关决定。

三、公安部决定权

对违反《外国人入境出境管理法》规定的外国人的限期出境或者驱逐出境处罚，由公安部决定。

省级以下公安机关承办的行政案件，需要对外国人处以驱逐出境或者限期出境的，由省级公安机关报公安部决定后，由承办机关宣布并执行，同时通报同级人民政府外事部门。

对外国人处以罚款或者行政拘留并处限期出境或者驱逐出境的，应当于罚款或者行政拘留执行完毕之后执行限期出境或者驱逐出境。被决定限期出境、缩短在华停留期限或者取消在华居留资格的外国人，未在指定期限内自动离境的，公安机关可以遣送出境。

四、听证程序

对涉及从事某种活动的资格的其他类处罚视同暂扣或者吊销许可证、执照类处罚，应适用听证程序。

第五篇
治安行政程序法篇

第二十五章　治安行政程序法概述

第一节　治安行政程序法的概念和特征

治安行政程序法，是指由国家制定的、规定为实现治安行政相对人权利和行使治安行政职权所必要的规则、方式和秩序等相关问题的一整套法律规范体系。根据这一概念，治安行政程序法具有以下特征：

第一，治安行政程序法的渊源是由国家制定的具有特定要式的法律规范。即由具有法定立法权的国家机关根据法定的立法权限和立法程序所制定的、具有国家强制力和普遍约束力的要式行为规则。

这些法律规范包括全国人大及其常委会制定的法律、国务院制定的行政法规、省、自治区、直辖市的人大及其常务委会、较大的市的人大及其常务委员会制定的地方性法规、公安部制定的部门规章、省、自治区、直辖市和较大的市的人民政府制定的地方政府规章。除此之外，任何国家机关、部门和单位制定的其他规范性文件均不是治安行政程序法的要式法律规范，不具有法律效力。

第二，治安行政程序法的调整对象是规定实现治安行政相对人权利和行使治安行政职权所必要的规则、方式和秩序等相关问题的法律规范。

这是治安行政程序法特定的、固有的内容，也是它同其他程序法律规范的区别所在。它决定了治安行政程序法有单独的类别性，决定了治安行政程序法有着自己特定的调整对象，即调整的是在治安行政程序中形成的一类特定具体社会关系。

第三，治安行政程序法内容是程序法和实体法合体的法律规范。治安行政程序法内容往往与实体法内容合为一个法律规范，它既包括程序性质的内容，也包括实体性质的内容，而不是独立的程序法律规范。这是治安行政程序法的一个显著特点，也是正确理解和诠释该法的一个重点问题。

第四，治安行政程序法是各种有关治安行政程序法律关系的全部法律规范的总和，是组成一整套完整法律体系的法律规范。即治安行政程序法并不仅仅是指某一项法律或法规，而是一个广义上的概念。根据我国有关治安行政程序法的立法状况，治安行政程序法律规范体系主要由以下几个部分组成：

1. 全国人大及其常委会制定的有关治安行政程序的法律

主要有《人民警察法》《行政处罚法》《行政强制法》《治安管理处罚法》《道路交通安全法》《消防法》《禁毒法》《居民身份证法》《枪支管理法》《集会游行示威法》《戒严法》《公民出境入境管理法》《外国人入境出境管理法》《全国人民代表大会常务委员会关于严禁卖淫嫖娼的决定》《全国人大常委会关于维护互联网安全的决定》等。

2. 国务院制定的有关治安行政程序的行政法规

主要有《居住证暂行条例》《娱乐场所管理条例》《卖淫嫖娼人员收容教育办法》《大型群众性活动安全管理条例》《人民警察使用警械和武器条例》《印刷业管理条例》《报废汽车回收管理办法》《集会游行示威法实施条例》《民用爆炸物品管理条例》《危险化学品安全管理条例》《易制毒化学品管理条例》《放射性同位素与射线装置放射防护条例》《计算机信息系统安全保护条例》《计算机信息网络国际联网管理暂行规定》《互联网上网服务营业场所管理条例》《道路交通安全法实施条例》《企业事业单位内部治安保卫条例》《公民出境入境管理法实施细则》《外国人入境出境管理法实施细则》《中国公民因私事往来香港地区或者澳门地区的暂行管理办法》《中国公民往来台湾地区管理办法》《出境入境边防检查条例》等。

3. 经国务院批准由公安部发布的有关治安行政程序的行政法规

主要有《旅馆业治安管理办法》《废旧金属收购业治安管理办法》《印铸刻字业暂行管理规则》《对部分刀具实行管制的暂行规定》等。

4. 公安部制定的有关治安行政程序的部门行政规章

主要有《公安机关办理行政案件程序规定》《公安机关内部执法监督工作规定》《公安机关适用继续盘问规定》《租赁房屋治安管理规定》《机动车修理业、报废机动车回收业治安管理办法》《机动车号牌生产管理办法》《计算机信息网络国际联网安全保护管理办法》《道路交通安全违法行为处理程序规定》《交通事故处理程序规定》《公共娱乐场所消防安全管理规定》《收容教育所管理办法》等。

5. 公安部与国务院有关部门联合制定的有关治安行政程序的部门行政规章

主要有公安部、商务部联合制定的《典当管理办法》，国内贸易部、公安部联合制定的《旧货流通管理办法（试行）》，公安部、轻工业部、农业部、商业部、铁道部、交通部联合制定的《关于运输烟花爆竹的规定》，商业部、公安部联合制定的《商业、供销社系统烟花爆竹安全经营管理暂行规定》等。

6. 公安部制定的有关具体实施法律法规中涉及治安行政程序的具有规章效力的规范性文件

主要有《公安部关于认真贯彻执行全国人民代表大会常务委员会〈关于严禁卖淫嫖娼的决定〉的通知》《公安部关于公安机关贯彻实施〈中华人民共和国行政复议法〉若干问题的意见》《公安部关于公安机关贯彻实施〈行政诉讼法〉若干问题的通知》《公安部关于公安机关贯彻实施〈国家赔偿法〉有关问题的通知》《关于坚决取缔非法刻制印章摊点严厉查处伪造印章违法犯罪活动的通知》《公安部关于加强刻字业治安管理打击伪造印章犯罪活动的通知》《公安部关于实施〈暂住证申领办法〉有关问题的通知》《公安部关于执行中国公民出境入境管理法及实施细则若干问题的说明》《公安部关于实施〈出境入境边防检查条例〉中检查、监护和阻止出入境等问题处理办法的通知》《公安部关于执行〈出境入境边防检查条例〉等法律、法规中的处罚程序和应用法律文书的通知》《公安部关于治安拘留时间如何计算问题的批复》等。

7. 其他各种法律、行政法规、地方性法规和行政规章中有关治安行政程序问题的某些条文规定

如《集会游行示威法》第28条规定：举行集会、游行、示威有违反治安管理行为的，依照《治安管理处罚条例》有关规定予以处罚；《国旗法》和《国徽法》分别规定了对于在公众场合故意以焚烧、毁损、涂改、玷污、践踏等方式侮辱国旗或国徽，情节较轻的参照治安管理处罚条例的规定，由公安机关处以 15 日以下拘留；《军事设施保护法》规定了数种违法行为比照治安管理处罚条例第 19 条关于扰乱公共秩序行为的规定处罚；《国歌法》规定：在公共场合，故意篡改国歌歌词、曲谱，以歪曲、贬损方式奏唱国歌，或者以其他方式侮辱国歌的，由公安机关处以警告或者 15 日以下拘留。类似规定实质上都是对治安行政程序法律规范在违法行为的种类和处罚上的补充。

以上七个部分，共同构成我国治安行政程序法律规范体系的整体。

第二节　治安行政程序的概念与特征

治安行政程序，是指为实现治安行政相对人权利和行使治安行政职权所必要的规则、方式和秩序。如管辖程序、回避程序、调查程序、告知程序、听证程序等。

治安行政程序与治安行政程序法是两个既有联系又有区别的不同概念，治安行政程序是治安行政程序法的内在内容，治安行政程序法是治安行政程序的外在规范形式。治安行政程序具有以下特征：

一、治安行政程序的主体是公安机关和治安行政相对人

治安行政程序，既是公安机关行使治安行政职权的规则，也是治安行政相对人行使相关权利的规则，因此，公安机关和治安行政相对人都是治安行政程序的主体。如治安行政相对人的要求回避权、知情权、陈述权和申辩权等。

当然，治安行政程序的启动，源于公安机关行使治安行政职权，如治安行政强制职权、治安行政处罚职权等，但其职权总是与治安行政相对人相关联，治安行政相对人均依程序独立行使权利，所以治安行政相对人也是治安行政程序的主体。这一特征表明了治安行政程序主体的双重属性。

二、治安行政程序的依据是治安行政程序法律规范

治安行政程序法律规范，是指由国家制定的、规定为实现治安行政相对人权利和行使治安行政职权所必要的规则、方式和秩序等相关问题的一整套法律规范体系。包括全国人大及其常委会制定的有关治安行政法律；国务院制定的有关治安行政法规；地方人大及其常委会制定的有关治安行政地方性法规；国务院部、委、地方人民政府制定的有关治安行政的部门规章和政府规章等。这一特征表明了治安行政程序法律依据的特定性。

三、治安行政程序是治安行政实体公正的保障

程序正义视为看得见的正义，正义不仅应得到实现，而且要以人们看得见的方式加以实现。不仅某种法律决定应正确、公平，并完全符合实体法的规定和精神，而且还应当使人感受到该决定形成过程的公平性和合理性。公安机关的每一项具体行政行为，即使非常公正、合理、合法，也还是不够的，要使结果得到人们的普遍认可，还必须确保决定过程符合公正、正义的要求。这一特征表明了治安行政程序的内在价值。

第三节 治安行政案件程序

治安行政案件程序，是指公安机关办理治安行政案件的规则、程式、步骤。治安行政案件，是指公安机关依照法律、法规和规章的规定对违法行为人决定行政处罚以及强制隔离戒毒、收容教育等处理措施的案件。

一、治安行政案件的特征

1. 办理主体的特定性。治安行政案件的办理主体，是公安机关，其他任何机关无权办理。公安机关，是指县级以上公安机关、公安派出所、依法具有独立执法主体资格的公安机关业务部门以及出入境边防检查站。

2. 案件种类的宽泛性。既包括治安行政处罚案件，也包括治安行政强制措施案件，如强制戒毒、收容教育等强制措施案件。

3. 办理依据的多元性。既包括全国人大及其常委会制定的有关治安行政法律、国务院制定的有关治安行政法规、国务院部、委制定的有关治安行政的部门规章，也包括地方人大及其常委会制定的有关治安行政地方性法规、地方人民政府制定的有关治安行政的部门规章和政府规章等。

4. 办理结果的严厉性。除了涉及公民的荣誉权、财产权，更涉及公民的人身自由权，如行政拘留、强制戒毒、收容教育等。

5. 案件相对人的广泛性。既包括自然人公民，也包括法人单位，如《治安管理处罚法》第 18 条规定：单位违反治安管理的，对其直接负责的主管人员和其他直接责任人员依照本法的规定处罚。

二、治安行政案件的种类

1. 治安违法案件。违反治安行政管理法律规范的违法案件，如违反《治安管理处罚法》《娱乐场所管理条例》《大型群众性活动安全管理条例》等的违法案件。

2. 交通违法案件。违反道路交通安全管理法律规范的违法案件，如违反《道路交通安全法》《道路交通安全法实施条例》等的违法案件。

3. 消防违法案件。违反消防管理法律规范的违法案件，如违反《消防法》等的违法案件。

4. 出入境违法案件。违反出入境管理法律规范的违法案件，如违反《中国公民出境入境管理法》《外国人入境出境管理法》《出境入境边防检查条例》等的违法案件。

5. 公共信息网络违法案件。违反公共信息网络管理法律规范的违法案件，如违反《计算机信息网络国际联网安全保护管理办法》等的违法案件。

三、治安行政案件与其他案件的区别

1. 治安行政案件与刑事案件的区别。人民警察是武装性质的国家治安行政力量和刑事司法力量，承担依法预防、制止和惩治违法犯罪活动，保护人民，服务经济社会发展，维护国家安全，维护社会治安秩序的职责。公安机关具有治安行政和刑事司法双重职能，同时办理治安行政案件和刑事案件。治安行政案件是指行使治安行政职能，依据治安行政管理法律

规范，依法管辖和办理的案件；刑事案件是指行使刑事侦查职能，依据刑事法律规范，依法管辖和办理的案件。

2. 治安行政案件与民事案件的区别。民事案件是指公民行使民事权利因民事纠纷引发的案件，与公安机关的治安行政职权公权力无关，公安机关无民事案件管辖权。但根据《治安管理处罚法》的有关规定，对于因民间纠纷引起的打架斗殴或者损毁他人财物等违反治安管理行为，情节较轻的，公安机关可以调解处理。经公安机关调解，当事人达成协议的，不予处罚。经调解未达成协议或者达成协议后不履行的，公安机关应当依照本法的规定对违反治安管理行为人给予处罚，并告知当事人可以就民事争议依法向人民法院提起民事诉讼。

3. 治安行政案件与其他行政案件的区别。其他行政案件是指除公安机关以外的其他国家行政机关行使行政管理职权时，依法管辖和办理的行政案件。根据《治安管理处罚法》的有关规定，公安机关对其他行政主管部门移送的违反治安管理案件，应当及时受理，并进行登记；公安机关受理报案、控告、举报、投案后，认为不属于违反治安管理行为的，应当告知报案人、控告人、举报人、投案人，并说明理由。

四、治安行政案件程序分类

治安行政案件程序分为简易程序、一般程序、特别程序和调解程序。

1. 简易程序

简易程序，是指对违法事实确凿且符合法定情形的案件，人民警察可以当场作出处罚决定的程序。

2. 一般程序

一般程序，是指公安机关及其执法办案人员对除当场处罚简易程序以外的其他治安行政案件普遍适用的程序。

3. 特别程序

特别程序，是指公安机关对特定处罚种类的行政案件，在作出行政处罚决定前，听取有关当事人的陈述、申辩、质证的听证程序。

4. 调解程序

调解程序，是指对于因民间纠纷引起的特定违反治安管理行为且情节较轻的案件，可以通过调解方式处理的程序。

第二十六章　治安行政案件管辖与回避程序

第一节　治安行政案件管辖程序

治安行政案件管辖，是指公安机关受理、调查行政案件时，在事务、地域和层级等方面的分工。

一、职能管辖

职能管辖，是指根据不同部门的职能分工，确定其办理案件的性质范围。公安机关依照法律、法规和规章的规定，管辖对违法行为人决定行政处罚以及强制隔离戒毒、收容教育等处理措施的案件。

二、级别管辖

级别管辖，是指根据各级公安机关的职责确定其对案件的调查管辖范围。它是从纵向上划分上下级公安机关之间对治安行政案件的管辖分工。

1. 一般公安机关管辖

治安行政案件由公安机关、公安派出所、依法具有独立执法主体资格的公安机关业务部门以及出入境边防检查站管辖。

2. 上级公安机关管辖

重大、复杂的案件，上级公安机关可以直接办理。

三、地域管辖

地域管辖，是指按照同级公安机关之间的行政管辖区域划分、确定其办理案件权限的地域范围，是横向划分同级公安机关之间及其所属部门在各自辖区内受理、调查治安行政案件的权限分工。

1. 行为地管辖

治安行政案件由违法行为地的公安机关管辖。

2. 居住地管辖

由违法行为人居住地公安机关管辖更为适宜的，可以由违法行为人居住地公安机关管辖，但是涉及卖淫、嫖娼、赌博、毒品的案件除外。

四、共同管辖

共同管辖，是指两个或者两个以上公安机关对同一治安行政案件都有管辖权时，确定具体由哪个公安机关管辖的制度。

1. 最初受理地管辖

几个公安机关都有权管辖的治安行政案件，由最初受理的公安机关管辖。

2. 主要违法行为地管辖

必要时，可以由主要违法行为地公安机关管辖。

五、指定管辖

指定管辖，是指两个或两个以上的公安机关之间因案件管辖权无法协商一致，由上一级公安机关以决定方式指定某一公安机关管辖的制度。

1. 争议指定管辖

对管辖权发生争议的，报请共同的上级公安机关指定管辖。

2. 案情指定管辖

对于重大、复杂的案件，上级公安机关可以直接办理或者指定管辖。上级公安机关直接办理或者指定管辖的，书面通知被指定管辖的公安机关和其他有关的公安机关。

六、专门管辖

1. 专门公安机关的专门管辖

铁路、交通、民航、森林、海洋公安机关管辖。

2. 具有独立执法主体资格的专门管辖

公安边防部门、出入境管理部门、公安消防部门、交通管理部门和网络信息安全监察部门。

3. 公安机关和军队互涉案件的专门管辖

公安机关和军队互涉治安行政案件的管辖分工由公安部和中国人民解放军总政治部另行规定。

七、移送管辖

移送管辖，是指对某一案件本无管辖权的公安机关将已经受理的案件，依法移送给有管辖权的机关或者部门办理的情形。

1. 移交违法行为人居住地公安机关管辖

移交违法行为人居住地公安机关管辖的治安行政案件，违法行为地公安机关在移交前应当及时收集证据，并配合违法行为人居住地公安机关开展调查取证工作。

2. 移交上级公安机关指定管辖

原受理案件的公安机关自收到上级公安机关书面通知之日起不再行使管辖权，并立即将案卷材料移送被指定管辖的公安机关或者办理的上级公安机关，及时书面通知当事人。

第二节　治安行政案件回避程序

回避程序，是指与治安行政案件或与案件相关的人有利害关系，可能影响案件公正处理的办案人员，不参与案件处理的程序。程序公正首先要求的就是程序的操纵者与程序的结果应当没有任何利害关系。

一、回避的适用人员

与案件或与案件相关的人有利害关系，可能影响案件公正处理的公安机关负责人、办案人民警察、鉴定人和翻译人员，不参与案件处理的程序。

二、回避的适用情形

1. 本案的当事人或者当事人的近亲属

“本案当事人”，指违法嫌疑人及被侵害人；“近亲属”，指夫妻、父子或母子、同胞兄弟姐妹关系。

2. 本人或者其近亲属与本案有利害关系

“利害关系”，是指案件的查处，会涉及其切身利益。

3. 与本案当事人有其他关系，可能影响案件公正处理

“其他关系”，是指其他“血缘”、“业缘”、“地缘”等关系。

三、回避的提出方式

1. 申请回避

申请回避，由案件当事人及其法定代理人要求提出。

2. 自行回避

自行回避，由公安机关负责人、办案民警、鉴定人和翻译人员自行主动提出。

3. 指令回避

没有申请回避和自行回避的，由公安机关负责人指令回避。

四、回避申请的决定

1. 办案民警回避的决定

办案民警回避的决定，由其所属的公安机关决定。

2. 公安机关负责人回避的决定

公安机关负责人回避的决定，由上一级公安机关决定。

3. 鉴定人和翻译人员回决定

鉴定人和翻译人员回决定，由指派或者聘请的公安机关决定。

五、决定回避前后的办案行为的效力认定

1. 决定回避前的办案行为的效力认定

在公安机关作出回避决定前，办案人民警察不得停止对治安行政案件的调查。被决定回避的公安机关负责人、办案人民警察、鉴定人和翻译人员，在回避决定作出前所进行的与案件有关的活动是否有效，由作出回避决定的公安机关根据案件情况决定。

2. 决定回避后的办案行为的效力认定

作出回避决定后，公安机关负责人、办案人民警察不得再参与该行政案件的调查和审核、审批工作。

第二十七章　治安行政案件简易程序和调解程序

第一节　治安行政案件简易程序

简易程序，是指违法事实确凿，符合法定情形情形，人民警察可以当场作出处罚决定的程序。

一、简易程序的法定适用情形

1. 对违反治安管理行为人或者道路交通违法行为人处 200 元以下罚款或者警告；

2. 出入境边防检查机关对违反出境入境管理行为人处 500 元以下罚款或者警告；

3. 对有其他违法行为的个人处 50 元以下罚款或者警告、对单位处 1000 元以下罚款或者警告；

4. 法律规定可以当场处罚的其他情形。

二、不适用简易程序的案件

涉及卖淫、嫖娼、赌博、毒品的案件，不适用当场处罚简易程序。

三、简易程序的主体

适用简易程序处罚的，可以由人民警察一人作出行政处罚决定。

人民警察当场作出行政处罚决定的，应当于作出决定后的 24 小时内将当场处罚决定书报所属公安机关备案，交通警察应当于作出决定后的 2 日内报所属公安机关交通管理部门备案。在旅客列车、民航飞机、水上作出行政处罚决定的，应当在返回后的 24 小时内报所属公安机关备案。

四、简易程序的步骤

1. 向违法行为人表明执法身份；

2. 收集证据；

3. 口头告知违法行为人拟作出行政处罚决定的事实、理由和依据，并告知违法行为人依法享有的陈述权和申辩权；

4. 充分听取违法行为人的陈述和申辩，违法行为人提出的事实、理由或者证据成立的，应当采纳；

5. 填写当场处罚决定书并当场交付被处罚人；

6. 当场收缴罚款的，同时填写罚款收据，交付被处罚人；未当场收缴罚款的，告知被处罚人在规定期限内到指定的银行缴纳罚款。

第二节　治安行政案件调解程序

调解程序，是指对于因民间纠纷引起的殴打他人、故意伤害、侮辱、诽谤、诬告陷害、故意损毁财物、干扰他人正常生活、侵犯隐私、非法侵入住宅等违反治安管理行为，情节较轻，且符合法定情形，可以通过调解方式处理案件的程序。

一、适用调解程序的案件情形

1. 亲友、邻里、同事、在校学生之间因琐事发生纠纷引起的违反治安管理行为；
2. 行为人的侵害行为系由被侵害人事前的过错行为引起的违反治安管理行为；
3. 其他适用调解处理更易化解矛盾的违反治安管理行为。

对不构成违反治安管理行为的民间纠纷，告知当事人向人民法院或者人民调解组织申请处理。

二、不适用调解程序的案件情形

具有下列情形之一的违反治安管理行为案件，不适用调解程序：

1. 雇凶伤害他人的；
2. 结伙斗殴或者其他寻衅滋事的；
3. 多次实施违反治安管理行为的；
4. 当事人明确表示不愿意调解处理的；
5. 当事人在治安调解过程中又针对对方实施违反治安管理行为的；
6. 调解过程中，违法嫌疑人逃跑的；
7. 其他不宜调解处理的。

三、调解原则

调解处理案件，应遵循合法、公正、自愿、及时的原则，注重教育和疏导，化解矛盾。

四、调解方式

治安行政案件调解方式包括当场调解和调查调解两种方式。

1. 当场调解

当场调解，是指对情节轻微、事实清楚、因果关系明确，不涉及医疗费用、物品损失或者双方当事人对医疗费用和物品损失的赔付无争议，符合治安调解条件，双方当事人同意当场调解，并当场制作调解协议书、当场履行的治安案件的调解程序。

2. 调查调解

调查调解，是指在收集证据、查明事实的基础上再实施的调解程序。调查调解一般为一次并制作笔录，对一次调解不成，公安机关认为有必要或者当事人申请的，可以再次调解，并应当在第一次调解后的 7 个工作日内完成。

五、调解中的其他参与人

1. 当事人的监护人

当事人中有未成年人的，调解时应当通知其父母或者其他监护人到场。但是，当事人为年满 16 周岁以上的未成年人，以自己的劳动收入为主要生活来源，本人同意不通知的，可以不通知。

2. 被害人的委托人

被侵害人委托其他人参加调解的，应当向公安机关提交委托书，并写明委托权限。违法嫌疑人不得委托他人参加调解。

3. 第三人

对因邻里纠纷引起的治安案件进行调解时，可以邀请当事人居住地的居（村）民委员会的人员或者双方当事人熟悉的人员参加帮助调解。

六、调解协议书制作

调解达成协议的，在公安机关主持下制作调解协议书，双方当事人应当在调解协议书上签名，并履行调解协议。调解协议书应当包括调解机关名称、主持人、双方当事人和其他在场人员的基本情况，案件发生时间、地点、人员、起因、经过、情节、结果等情况、协议内容、履行期限和方式等内容。对调解达成协议的，应当保存案件证据材料，与其他文书材料和调解协议书一并归入案卷。

七、调解结果的处理

1. 达成协议不处罚

调解达成协议并履行的，公安机关不再处罚。

2. 协议不成依法处罚

对调解未达成协议或者达成协议后不履行的，对违反治安管理行为人依法予以处罚；对违法行为造成的损害赔偿纠纷，公安机关可以进行调解，调解不成的，告知当事人向人民法院提起民事诉讼。

八、自行和解

对符合法定调解规定的治安案件，当事人自行和解并履行和解协议，双方当事人书面申请并经公安机关认可的，公安机关不予治安管理处罚，但公安机关已依法作出处理决定的除外。

第二十八章　治安行政案件一般程序

一般程序，是指公安机关及其执法办案人员对除当场处罚简易程序以外的其他治安行政案件普遍适用的程序。一般程序包括受案、调查、决定和执行四个环节。

第一节　受案程序

受案是指公安机关对单位和个人的报案或者违法嫌疑人的投案以及其他行政主管部门、司法机关移送的违反治安管理案件予以接受、受理的程序。

一、受理案件

公安机关对报案、控告、举报、群众扭送或者违法嫌疑人投案，以及其他行政主管部门、司法机关移送的案件，应当及时受理，制作受案登记表。

报案人不愿意公开自己的姓名和报案行为的，公安机关应当在受案登记时注明，并为其保密。对报案人、控告人、举报人、扭送人、投案人提供的有关证据材料、物品等应当登记，出具接受证据清单，并妥善保管。必要时，应当拍照、录音、录像。移送案件时，应当将有关证据材料和物品一并移交。

二、受案后的处理

1. 对属于本单位管辖范围内的事项，应当及时调查处理；

2. 对属于公安机关职责范围，但不属于本单位管辖的，应当在受理后的二十四小时内移送有管辖权的单位处理，并告知报案人、控告人、举报人、扭送人、投案人；

3. 对不属于公安机关职责范围内的事项，书面告知报案人、控告人、举报人、扭送人、投案人向其他有关主管机关报案或者投案；

4. 对受理的案件暂时无法确定为刑事案件或者行政案件的，可以按照行政案件的程序办理。在办理过程中，认为涉嫌构成犯罪的，按照《公安机关办理刑事案件程序规定》办理。

公安机关接受案件时，应当制作受案回执单一式二份，一份交报案人、控告人、举报人、扭送人，一份附卷。

公安机关及其人民警察在日常执法执勤中发现的违法行为，适用上述程序。

三、先行强制和处置措施

属于公安机关职责范围但不属于本单位管辖的案件，具有下列情形之一的，受理案件或者发现案件的公安机关及其人民警察应当依法先行采取必要的强制措施或者其他处置措施，再移送有管辖权的单位处理：

1. 违法嫌疑人正在实施危害行为的；
2. 正在实施违法行为或者违法后即时被发现的现行犯被扭送至公安机关的；
3. 在逃的违法嫌疑人已被抓获或者被发现的；
4. 有人员伤亡，需要立即采取救治措施的；
5. 其他应当采取紧急措施的情形。

第二节　调查程序

调查程序，是指公安机关对受理的认为属于违反治安管理行为的报案、控告、举报、投案，进行调查取证查明案件事实的程序。

需要调查的案件事实是：违法嫌疑人的基本情况；违法行为是否存在；违法行为是否为违法嫌疑人实施；实施违法行为的时间、地点、手段、后果以及其他情节；违法嫌疑人有无法定从重、从轻、减轻以及不予处理的情形；与案件有关的其他事实等。

一、询问程序

1. 通用询问程序

询问违法嫌疑人、被侵害人或者其他证人，应当个别进行。询问时，应当告知被询问人必须如实提供证据、证言和故意作伪证或者隐匿证据应负的法律责任，对与本案无关的问题有拒绝回答的权利。

询问未成年人时，应当通知其父母或者其他监护人到场，其父母或者其他监护人不能到场的，也可以通知未成年人的其他成年亲属，所在学校、单位、居住地基层组织或者未成年人保护组织的代表到场，并将有关情况记录在案。确实无法通知或者通知后未到场的，应当在询问笔录中注明。

询问聋哑人，应当有通晓手语的人提供帮助，并在询问笔录中注明被询问人的聋哑情况以及翻译人员的姓名、住址、工作单位和联系方式。

对不通晓当地通用的语言文字的被询问人，应当为其配备翻译人员，并在询问笔录中注明翻译人员的姓名、住址、工作单位和联系方式。

询问笔录应当交被询问人核对，对没有阅读能力的，应当向其宣读。记录有误或者遗漏的，应当允许被询问人更正或者补充，并要求其在修改处捺指印。被询问人确认笔录无误后，应当在询问笔录上逐页签名或者捺指印。拒绝签名和捺指印的，办案人民警察应当在询问笔录中注明。办案人民警察应当在询问笔录上签名，翻译人员应当在询问笔录的结尾处签名。

询问时，可以全程录音、录像，并保持录音、录像资料的完整性。

2. 询问违法嫌疑人程序

询问违法嫌疑人，可以到违法嫌疑人住处或者单位进行，也可以将违法嫌疑人传唤到其所在市、县内的指定地点进行。

首次询问违法嫌疑人时，应当问明违法嫌疑人的姓名、出生日期、户籍所在地、现住址、身份证件种类及号码，是否为各级人民代表大会代表，是否受过刑事处罚或者行政拘留、劳动教养、收容教育、强制隔离戒毒、社区戒毒、收容教养等情况。必要时，还应当问明其家庭主要成员、工作单位、文化程度、民族、身体状况等情况。

违法嫌疑人为外国人的，首次询问时还应当问明其国籍、出入境证件种类及号码、签证种类、入境时间、入境事由等情况。必要时，还应当问明其在华关系人等情况。

询问违法嫌疑人时，应当听取违法嫌疑人的陈述和申辩。对违法嫌疑人的陈述和申辩，应当核查。

3. 询问被害人或相关人程序

询问被侵害人、其他证人或者其他与案件有关的人，可以在现场进行，也可以到其单位、学校、住所、其居住地居（村）民委员会或者其提出的地点进行。必要时，也可以书面、电话或者当场通知其到公安机关提供证言。

在现场询问的，办案人民警察应当出示工作证件。询问前，应当了解被询问人的身份以及其与被侵害人、其他证人、违法嫌疑人之间的关系。

4. 自供书面材料程序

违法嫌疑人、被侵害人或者其他证人请求自行提供书面材料的，应当准许。必要时，办案人民警察也可以要求违法嫌疑人、被侵害人或者其他证人自行书写。违法嫌疑人、被侵害人或者其他证人应当在其提供的书面材料的结尾处签名或者捺指印。对打印的书面材料，违法嫌疑人、被侵害人或者其他证人应当逐页签名或者捺指印。办案人民警察收到书面材料后，应当在首页注明收到日期，并签名。

二、勘验、检查程序

1. 勘验程序

勘验程序，是指对于违法行为案发现场进行勘验，提取与案件有关的证据材料，判断案件性质，确定调查方向和范围的程序。现场勘验参照刑事案件现场勘验的有关规定执行。

2. 检查程序

检查程序，是指对与违法行为有关的场所、物品、人身进行检查的程序。检查时，人民警察不得少于二人，并应当出示工作证件和县级以上公安机关开具的检查证。对确有必要立即进行检查的，人民警察经出示工作证件，可以当场检查；但检查公民住所的，必须有证据表明或者有群众报警公民住所内正在发生危害公共安全或者公民人身安全的案（事）件，或者违法存放危险物质，不立即检查可能会对公共安全或者公民人身、财产安全造成重大危害。

对违法嫌疑人进行检查时，应当尊重被检查人的人格尊严，不得以有损人格尊严的方式进行检查。检查妇女的身体，应当由女性工作人员进行。依法对卖淫、嫖娼人员进行性病检查，应当由医生进行。检查场所时，应当有被检查人或者见证人在场。

检查情况应当制作检查笔录。检查笔录由检查人员、被检查人或者见证人签名；被检查人不在场或者拒绝签名的，办案人民警察应当在检查笔录中注明。

三、鉴定、检测程序

1. 鉴定程序

鉴定程序，是指为了查明案情，需要对专门性技术问题进行鉴定，指派或者聘请具有专门知识的人员进行鉴定的程序。

（1）伤情鉴定。人身伤害案件具有下列情形之一的，公安机关应当进行伤情鉴定：

①受伤程度较重，可能构成轻伤以上伤害程度的；

②被侵害人要求作伤情鉴定的；

③违法嫌疑人、被侵害人对伤害程度有争议的。

对需要进行伤情鉴定的案件，被侵害人拒绝提供诊断证明或者拒绝进行伤情鉴定的，公安机关应当将有关情况记录在案，并可以根据已认定的事实作出处理决定。经公安机关通知，被侵害人无正当理由未在公安机关确定的时间内作伤情鉴定的，视为拒绝鉴定。

对人身伤害的鉴定由法医进行。卫生行政主管部门许可的医疗机构具有执业资格的医生出具的诊断证明，可以作为公安机关认定人身伤害程度的依据，但具有上述情形的除外。

（2）精神病鉴定。对精神病的鉴定，由有精神病鉴定资格的鉴定机构进行。

（3）价格鉴证。涉案物品价值不明或者难以确定的，公安机关委托价格鉴证机构估价。根据当事人提供的购买发票等票据能够认定价值的涉案物品，或者价值明显不够刑事立案标准的涉案物品，公安机关可以不进行价格鉴证。

2. 检测程序

检测程序，是指为了查明案情，对特定物质性质和成分进行检验测试的程序。

（1）毒品检测。对涉嫌吸毒的人员，进行吸毒检测。对拒绝接受检测的，经县级以上公安机关或者其派出机构负责人批准，可以强制检测。采集女性被检测人检测样本，由女性工作人员进行。

对涉嫌服用国家管制的精神药品、麻醉药品驾驶机动车的人员，对其进行体内国家管制的精神药品、麻醉药品含量检验。

（2）酒精测试。对有酒后驾驶机动车嫌疑的人，对其进行呼气酒精测试，对具有下列情形之一的，立即提取血样，检验血液酒精含量：

①当事人对呼气酒精测试结果有异议的；

②当事人拒绝配合呼气酒精测试的；

③涉嫌醉酒驾驶机动车的；

④涉嫌饮酒后驾驶机动车发生交通事故的。

当事人对呼气酒精测试结果无异议的，签字确认。事后提出异议的，不予采纳。

3. 重新鉴定程序

违法嫌疑人或者被侵害人对鉴定意见有异议的，可以在收到鉴定意见复印件之日起3日内提出重新鉴定的申请，经县级以上公安机关批准后，进行重新鉴定。同一行政案件的同一事项重新鉴定以一次为限。当事人是否申请重新鉴定，不影响案件的正常办理。公安机关认为必要时，也可以直接决定重新鉴定。重新鉴定，公安机关应当另行指派或者聘请鉴定人。具有下列情形之一的，应当进行重新鉴定：

（1）鉴定程序违法或者违反相关专业技术要求，可能影响鉴定意见正确性的；

（2）鉴定机构、鉴定人不具备鉴定资质和条件的；

（3）鉴定意见明显依据不足的；

（4）鉴定人故意作虚假鉴定的；

（5）鉴定人应当回避而没有回避的；

（6）检材虚假或者被损坏的；

（7）其他应当重新鉴定的。

四、辨认程序

辨认程序，是指为了查明案情，由办案人民警察让违法嫌疑人、被侵害人或者其他证人对与违法行为有关的物品、场所或者违法嫌疑人进行辨别确认的程序。

1. 辨认主持

辨认由二名以上办案人民警察主持；组织辨认前，应当向辨认人详细询问辨认对象的具体特征，并避免辨认人见到辨认对象。

2. 辨认对象

辨认对象是指与违法行为有关的物品、场所或者违法嫌疑人。辨认时，应当将辨认对象混杂在特征相类似的其他对象中，不得给辨认人任何暗示；辨认违法嫌疑人时，被辨认的人数不得少于七人；对违法嫌疑人照片进行辨认的，不得少于十人的照片；辨认每一件物品时，混杂的同类物品不得少于五件；同一辨认人对与同一案件有关的辨认对象进行多组辨认的，不得重复使用陪衬照片或者陪衬人。

3. 辨认人

辨认人是指违法嫌疑人、被侵害人或者其他证人。辨认人不愿意暴露身份的，对违法嫌疑人的辨认可以在不暴露辨认人的情况下进行，公安机关及其人民警察应当为其保守秘密；多名辨认人对同一辨认对象或者一名辨认人对多名辨认对象进行辨认时，应当个别进行。

4. 辨认笔录

辨认经过和结果，应当制作辨认笔录，由办案人民警察和辨认人签名或者捺指印。必要时，应当对辨认过程进行录音、录像。

五、证据保全程序

证据保全程序，是指与治安行政违法案件有关的物品、场所、设施，实施扣押、扣留、查封、抽样取证、先行登记保存等证据保全措施。

1. 扣押、扣留保全程序

（1）可以扣押、扣留的物品。对下列物品，经公安机关负责人批准，可以依法扣押或者扣留：

①与治安案件、违反出境入境管理的案件有关的需要作为证据的物品；

②道路交通安全法律、法规规定适用扣留的车辆、机动车驾驶证；

③其他法律、法规规定适用扣押或者扣留的物品。

（2）不得扣押、扣留的物品。对下列物品，不得扣押或者扣留：

①与案件无关的物品；

②公民个人及其所扶养家属的生活必需品；

③被侵害人或者善意第三人合法占有的财产。

但对不得扣押、扣留的公民个人及其所扶养家属的生活必需品以及被侵害人或者善意第三人合法占有的财产，应当予以登记，写明登记财物的名称、规格、数量、特征，并由占有人签名或者捺指印。必要时，可以进行拍照。但是，与案件有关必须鉴定的，可以依法扣押，结束后应当立即解除。

2. 查封程序

查封程序，是指公安机关对从事无证经营活动的场所、设施、物品，依法封存不能动用的程序。

（1）查封的案件类别。办理下列治安行政行政案件时，对专门用于从事无证经营活动的场所、设施、物品，可以依法查封。但对与违法行为无关的场所、设施，公民个人及其扶养家属的生活必需品不得查封：

①擅自经营按照国家规定需要由公安机关许可的行业的；

②依照《娱乐场所管理条例》可以由公安机关采取取缔措施的；

③法律、法规规定适用查封的其他公安行政案件。

对有关单位或者个人经通知不及时消除消防安全隐患可能严重威胁公共安全的，公安机关消防机构应当对危险部位或者场所采取临时查封措施。

（2）查封的决定权限。查封由公安机关负责人批准。

（3）不能重复查封。相关场所、设施、物品已被其他国家机关依法查封的，公安机关不得重复查封。

3. 抽样取证程序

抽样取证，是指对相同规格和品质的同类物品，通过随机抽取一定数量的样品来确定整体性质的认证方式。

（1）抽样取证的权限。抽样取证，由公安机关办案部门负责人批准。

（2）抽样取证的方式。抽样取证采取随机的方式，抽取样品的数量以能够认定本品的品质特征为限。抽样取证时，应当对抽样取证的现场、被抽样物品及被抽取的样品进行拍照或者对抽样过程进行录像。

（3）抽样样品的检验。对抽取的样品应当及时进行检验。经检验，能够作为证据使用的，依法扣押、先行登记保存或者登记；不属于证据的，及时返还样品。样品有减损的，予以补偿。

4. 先行登记保存程序

先行登记保存，是指在证据可能灭失或者以后难以取得的情况下，对证据予以先行登记和保存。

（1）先行登记保存的权限。先行登记保存，由公安机关办案部门负责人批准。

（2）先行登记保存的要求。先行登记保存期间，证据持有人及其他人员不得损毁或者转移证据。

5. 证据保全决定书

（1）制作证据保全决定书。实施扣押、扣留、查封、抽样取证、先行登记保存等证据保全措施时，应当会同当事人查点清楚，制作并当场交付证据保全决定书。必要时，对采取证据保全措施的证据进行拍照或者对采取证据保全的过程进行录像。证据保全决定书载明下列事项：

①当事人的姓名或者名称、地址；

②抽样取证、先行登记保存、扣押、扣留、查封的理由、依据和期限；

③申请行政复议或者提起行政诉讼的途径和期限；

④作出决定的公安机关的名称、印章和日期。

（2）附证据保全决定书清单。证据保全决定书应当附清单，载明被采取证据保全措施的场所、设施、物品的名称、规格、数量、特征等，由办案人民警察和当事人签名后，一份交当事人，一份附卷。有见证人的，由见证人签名。当事人或者见证人拒绝签名的，由办案人民警察在证据保全清单上注明。

对可以作为证据使用的录音带、录像带、电子数据存储介质，在扣押时应当予以检查，记明案由、内容以及录取和复制的时间、地点等，并妥为保管。

6. 证据保全期限

（1）扣押、扣留、查封期限。扣押、扣留、查封期限为30日，情况复杂的，经县级以上公安机关负责人批准，可以延长30日；法律、行政法规另有规定的除外。延长扣押、扣留、查封期限的，应当及时书面告知当事人，并说明理由。

（2）先行登记保存期限。对先行登记保存的证据，应当在7日内作出处理决定。逾期不作出处理决定的，视为自动解除。

（3）鉴定期限。对物品需要进行鉴定的，鉴定期间不计入扣押、扣留、查封期间，但应当将鉴定的期间书面告知当事人。

7. 解除证据保全

（1）解除证据保全的情形。有下列情形之一的，公安机关及时作出解除证据保全决定：

①当事人没有违法行为的；

②被采取证据保全的场所、设施、物品与违法行为无关的；

③已经作出处理决定，不再需要采取证据保全措施的；

④采取证据保全措施的期限已经届满的；

⑤被临时查封的危险部位和场所的火灾隐患已经消除的；

⑥其他不再需要采取证据保全措施的。

（2）解除证据保全后的处理。解除证据保全措施的，立即退还财物，并由当事人签名确认。

第三节　决定程序

一、追究时效

违反治安管理行为在6个月内没有被公安机关发现，其他违法行为在2年内没有被公安机关发现的，不再给予行政处罚。其期限从违法行为发生之日起计算，违法行为有连续、继续或者持续状态的，从行为终了之日起计算。被侵害人在违法行为追究时效内向公安机关控告，公安机关应当受理而不受理的，不受此追究时效的限制。

二、办案期限

公安机关办理治安案件的期限，自受理之日起不得超过30日；案情重大、复杂的，经上一级公安机关批准，可以延长30日。办理其他行政案件，有法定办案期限的，按照相关法律规定办理。为了查明案情进行鉴定的期间，不计入办案期限。对因违反治安管理行为人逃跑等客观原因造成案件在法定期限内无法作出行政处理决定的，继续进行调查取证，并向被侵害人说明情况，及时依法作出处理决定。

三、权利告知

在作出行政处罚决定前，告知违法嫌疑人拟作出行政处罚决定的事实、理由及依据，并告知违法嫌疑人依法享有陈述权和申辩权。单位违法的，告知其法定代表人、主要负责人或者其授权的人员。适用一般程序作出行政处罚决定的，采用书面形式或者笔录形式告知。

对违法行为事实清楚，证据确实充分，依法应当予以行政处罚，因违法行为人逃跑等原因无法履行告知义务的，可以采取公告方式予以告知。自公告之日起7日内，违法嫌疑人未提出申辩的，可以依法作出行政处罚决定。

违法嫌疑人有权进行陈述和申辩。对违法嫌疑人提出的新的事实、理由和证据，公安机关应当进行复核。公安机关不得因违法嫌疑人申辩而加重处罚。

四、案件审核审批

对治安行政案件进行审核、审批时，审查下列内容：

（1）违法嫌疑人的基本情况；

（2）案件事实是否清楚，证据是否确实充分；

（3）案件定性是否准确；

（4）适用法律、法规和规章是否正确；

（5）办案程序是否合法；

（6）拟作出的处理决定是否适当。

五、处理决定

公安机关根据治安行政案件的不同情况分别作出下列处理决定：

（1）确有违法行为，给予行政处罚的，根据其情节和危害后果的轻重，作出行政处罚决定；

（2）确有违法行为，但有依法不予行政处罚情形的，作出不予行政处罚决定；有违法所得和非法财物、违禁品、管制器具的，予以追缴或者收缴；

（3）违法事实不能成立的，作出不予行政处罚决定；

（4）对需要给予社区戒毒、强制隔离戒毒、收容教育、收容教养等处理的，依法作出决定；

（5）对符合劳动教养条件的，依法呈报劳动教养；

（6）违法行为涉嫌构成犯罪的，转为刑事案件办理或者移送有权处理的主管机关、部门办理，无需撤销行政案件。公安机关已经作出行政处理决定的，一并附卷；

（7）发现违法行为人有其他违法行为的，在依法作出行政处理决定的同时，通知有关行政主管部门处理。

违法嫌疑人不讲真实姓名、住址，身份不明，但只要违法事实清楚、证据确实充分的，可以按其自报的姓名、贴附照片作出处理决定，并在相关法律文书中注明。

六、制作决定书

公安机关作出治安行政处罚决定的，制作行政处罚决定书。决定书载明下列内容：

（1）被处罚人的姓名、性别、出生日期、身份证件种类及号码、户籍所在地、现住址、工作单位、违法经历以及被处罚单位的名称、地址和法定代表人；

（2）违法事实和证据以及从重、从轻、减轻等情节；

（3）处罚的种类、幅度和法律依据；

（4）处罚的执行方式和期限；

（5）对涉案财物的处理结果及对被处罚人的其他处理情况；

（6）对处罚决定不服，申请行政复议、提起行政诉讼的途径和期限；

（7）作出决定的公安机关的名称、印章和日期。

作出罚款处罚的，决定书应载明逾期不缴纳罚款依法加处罚款的标准和最高限额；对涉案财物作出处理的，决定书应当附没收、收缴、追缴物品清单。

七、决定结果通知

1. 行政拘留处罚决定通知

作出行政拘留处罚决定的，及时将处罚情况和执行场所或者依法不执行的情况通知被处罚人家属。

2. 社区戒毒决定通知

作出社区戒毒决定的，通知被决定人户籍所在地或者现居住地的城市街道办事处、乡镇人民政府。

3. 强制隔离戒毒、收容教育决定通知

作出强制隔离戒毒、收容教育决定的，在法定期限内通知被决定人的家属、所在单位、户籍所在地公安派出所。

4. 信息不明不通知

被处理人拒不提供家属联系方式或者不讲真实姓名、住址，身份不明的，可以不予通知，但应当在附卷的决定书中注明。

5. 被侵害人送达

治安行政案件有被侵害人的，公安机关应当在作出处罚决定之日起 2 日内将决定书复印件送达被侵害人。无法送达的，应当注明。

第四节　执 行 程 序

一、执行方式

治安行政处理决定的执行方式，分为自动履行、强制执行和申请强制执行三种。

公安机关依法作出行政处理决定后，被处理人应当在行政处理决定的期限内予以履行。逾期不履行的，作出行政处理决定的公安机关依法强制执行或者申请人民法院强制执行。被处理人对行政处理决定不服申请行政复议或者提起行政诉讼的，行政处理决定不停止执行，但法律另有规定的除外。

在执行中或者执行完毕后，据以执行的行政处理决定被撤销、变更，或者执行错误，恢复原状或者退还财物；不能恢复原状或者退还财物的，依法给予赔偿。

二、事先催告

1. 事先催告的含义

事先催告，是指公安机关在依法作出强制执行决定或者申请人民法院强制执行前，应当事先催促告知被处理人履行行政处理决定的程序。催告以书面形式作出，并直接送达被处理人。

2. 催告书内容

（1）履行行政处理决定的期限和方式；

（2）涉及金钱给付的，应当有明确的金额和给付方式；

（3）被处理人依法享有的陈述权和申辩权。

3. 陈述和申辩

被处理人收到催告书后有权进行陈述和申辩。公安机关应当充分听取并记录、复核。被处理人提出的事实、理由或者证据成立的，公安机关应当采纳。

三、强制执行

1. 强制执行的条件

经催告，被处理人无正当理由逾期仍不履行行政处理决定，法律规定由公安机关强制执行的，公安机关可以依法作出强制执行决定。在催告期间，对有证据证明有转移或者隐匿财物迹象的，公安机关可以作出立即强制执行决定。

2. 强制执行决定书

强制执行决定以书面形式作出，并载明下列事项：

（1）被处理人的姓名或者名称、地址；

（2）强制执行的理由和依据；

（3）强制执行的方式和时间；

（4）申请行政复议或者提起行政诉讼的途径和期限；

（5）作出决定的公安机关名称、印章和日期。

四、代履行

1. 代履行的含义

代履行，是指公安机关依法作出要求被处理人履行排除妨碍、恢复原状等义务的治安行政处理决定，被处理人逾期不履行，经催告仍不履行，其后果已经或者将危害交通安全、消防安全的，由公安机关替代履行，或者委托没有利害关系的第三人替代履行的措施。

2. 代履行的程序

（1）代履行前送达决定书，代履行决定书应当载明当事人的姓名或者名称、地址，代履行的理由和依据、方式和时间、标的、费用预算及代履行人；

（2）代履行三日前，催告当事人履行，当事人履行的，停止代履行；

（3）代履行时，作出决定的公安机关应当派员到场监督；

（4）代履行完毕，公安机关到场监督人员、代履行人和当事人或者见证人应当在执行文书上签名或者盖章。

3. 立即代履行

需要立即清理道路的障碍物，当事人不能清除的，或者有其他紧急情况需要立即履行的，公安机关可以决定立即实施代履行。当事人不在场的，公安机关应当在事后立即通知当事人，并依法作出处理。

4. 代履行费用

代履行的费用由当事人承担。但是，法律另有规定的除外。

五、执行协议

1. 执行协议的含义

执行协议，是指公安机关在实施治安行政强制执行时，在不损害公共利益和他人合法权益的情况下，与当事人达成的有关执行的协议。

2. 执行协议的履行

执行协议可以约定分阶段履行；当事人采取补救措施的，可以减免加处的罚款。被处罚人不履行执行协议的，公安机关恢复强制执行。

六、申请强制执行

1. 申请强制执行的含义

申请强制执行，是指当事人在法定期限内不申请行政复议或者提起行政诉讼，又不履行治安行政处理决定，法律没有规定公安机关强制执行的，公安机关向人民法院申请强制执行的程序。

2. 申请强制执行的期限

作出治安行政处理决定的公安机关可以自期限届满之日起 3 个月内，向所在地有管辖权的人民法院申请强制执行。因情况紧急，为保障公共安全，公安机关可以申请人民法院立即执行。申请人民法院强制执行前，公安机关应当催告被处理人履行义务，催告书送达 10 日后被处理人仍未履行义务的，公安机关可以向人民法院申请强制执行。

3. 申请强制执行的材料

公安机关向人民法院申请强制执行，提供下列材料：

（1）强制执行申请书；（强制执行申请书由作出处理决定的公安机关负责人签名，加盖公安机关印章，并注明日期）

（2）行政处理决定书及作出决定的事实、理由和依据；

（3）当事人的意见及公安机关催告情况；

（4）申请强制执行标的情况；

（5）法律、法规规定的其他材料。

4. 申请强制执行的复议

公安机关对人民法院不予受理强制执行申请、不予强制执行的裁定有异议的，可以在 15 日内向上一级人民法院申请复议。

5. 申请强制执行的费用

强制执行的费用由被执行人承担。

七、中止强制执行

1. 中止强制执行的含义

中止强制执行，是指中途暂时停止强制执行的程序

2. 中止强制执行的情形

（1）当事人暂无履行能力的；

（2）第三人对执行标的主张权利，确有理由的；

（3）执行可能对他人或者公共利益造成难以弥补的重大损失的；

（4）其他需要中止执行的。

3. 恢复强制执行

中止执行的情形消失后，公安机关恢复执行。对没有明显社会危害，当事人确无能力履行，中止执行满3年未恢复执行的，不再执行。

八、终结强制执行

1. 终结强制执行的含义

终结强制执行是指终了和结束强制执行的程序。

2. 终结强制执行的情形

（1）公民死亡，无遗产可供执行，又无义务承受人的；

（2）法人或者其他组织终止，无财产可供执行，又无义务承受人的；

（3）执行标的灭失的；

（4）据以执行的行政处理决定被撤销的；

（5）其他需要终结执行的。

第二十九章　治安行政案件听证程序

听证程序，是指公安机关在作出特定的治安行政处罚决定前，听取有关当事人的陈述、申辩、质证的程序，是一般程序中的特别程序。

第一节　听证程序的适用和组织

一、听证程序的适用情形

公安机关在作出下列治安行政处罚决定之前，告知违法嫌疑人有要求举行听证的权利：

1. 责令停产停业；

2. 吊销许可证或者执照；

3. 较大数额罚款；（较大数额罚款，是指对个人处以2000元以上罚款，对单位处以10000元以上罚款，对违反边防出境入境管理法律、法规和规章的个人处以6000元以上罚款。对依据地方性法规或者地方政府规章作出的罚款处罚，适用听证的罚款数额按照地方规定执行。）

4. 法律、法规和规章规定违法嫌疑人可以要求举行听证的其他情形。

二、听证程序组织实施

听证由公安机关法制部门组织实施。依法具有独立执法主体资格的公安机关业务部门以及出入境边防检查站依法作出治安行政处罚决定的，由其非本案调查人员组织听证。

第二节　听证程序的组成人员

听证程序的组成人员包括听证人员、听证参加人员和第三人。

一、听证人员

1. 听证人员组成

听证人员由听证主持人、记录员和听证员组成。听证设听证主持人一名，负责组织听证；记录员一名，负责制作听证笔录。必要时，可以设听证员一至二名，协助听证主持人进行听证。本案调查人员不得担任听证主持人、听证员或者记录员。

2. 听证主持人的权利

听证主持人决定或者开展下列事项：

（1）举行听证的时间、地点；

（2）听证是否公开举行；

（3）要求听证参加人到场参加听证，提供或者补充证据；
（4）听证的延期、中止或者终止；
（5）主持听证，就案件的事实、理由、证据、程序、适用法律等组织质证和辩论；
（6）维持听证秩序，对违反听证纪律的行为予以制止；
（7）听证员、记录员的回避；
（8）其他有关事项。

二、听证参加人

1. 听证参加人的范围
（1）当事人及其代理人；
（2）本案办案人民警察；
（3）证人、鉴定人、翻译人员；
（4）其他有关人员。
2. 听证参加人的权利
（1）申请回避；
（2）委托一至二人代理参加听证；
（3）进行陈述、申辩和质证；
（4）核对、补正听证笔录；
（5）依法享有的其他权利。

三、第三人

与听证案件处理结果有直接利害关系的其他公民、法人或者其他组织，可以作为第三人申请参加听证。为查明案情，必要时，听证主持人可以通知第三人参加听证。

第三节　听证程序的申请和受理

一、听证权利的告知

对适用听证程序的治安行政案件，公安机关办案部门在提出处罚意见后，应当告知违法嫌疑人拟作出的行政处罚和有要求举行听证的权利。

二、听证的申请

违法嫌疑人要求听证的，在公安机关告知后三日内提出申请；违法嫌疑人放弃听证或者撤回听证要求后，处罚决定作出前，又提出听证要求的，只要在听证申请有效期限内，应当允许；公安机关不得因违法嫌疑人提出听证要求而加重处罚。

三、听证的受理

公安机关收到听证申请后，在2日内决定是否受理。认为听证申请人的要求不符合听证条件，决定不予受理的，制作不予受理听证通知书，告知听证申请人。逾期不通知听证申请人的，视为受理。

公安机关受理听证后，在举行听证的 7 日前将举行听证通知书送达听证申请人，并将举行听证的时间、地点通知其他听证参加人。

第四节　听证程序的举行

一、听证举行的期限和方式

1. 听证举行的期限

听证在公安机关收到听证申请之日起 10 日内举行。听证申请人不能按期参加听证的，可以申请延期，是否准许，由听证主持人决定。

二个以上违法嫌疑人分别对同一行政案件提出听证要求的，可以合并举行；同一行政案件中有二个以上违法嫌疑人，其中部分违法嫌疑人提出听证申请的，应当在听证举行后一并作出处理决定。

2. 听证举行的方式

听证应当公开举行，除涉及国家秘密、商业秘密、个人隐私的行政案件外。

二、听证举行过程

1. 宣布确认听证相关事项

开始听证时，听证主持人核对听证参加人；宣布案由；宣布听证员、记录员和翻译人员名单；告知当事人在听证中的权利和义务；询问当事人是否提出回避申请；对不公开听证的行政案件，宣布不公开听证的理由。

2. 办案警察提出事实和理由

听证开始后，首先由办案人民警察提出听证申请人违法的事实、证据和法律依据及行政处罚意见。办案人民警察提出证据时，应当向听证会出示。对证人证言、鉴定意见、勘验笔录和其他作为证据的文书，应当当场宣读。

3. 听证申请人申辩和质证

听证申请人可以就办案人民警察提出的违法事实、证据和法律依据以及行政处罚意见进行陈述、申辩和质证，并可以提出新的证据。第三人可以陈述事实，提出新的证据。

听证过程中，当事人及其代理人有权申请通知新的证人到会作证，调取新的证据。对上述申请，听证主持人应当当场作出是否同意的决定；申请重新鉴定的，按照重新鉴定有关规定办理。

4. 双方辨认

听证申请人、第三人和办案人民警察可以围绕案件的事实、证据、程序、适用法律、处罚种类和幅度等问题进行辩论。

5. 最后陈述

辩论结束后，听证主持人应当听取听证申请人、第三人、办案人民警察各方最后陈述意见。

三、中止听证

听证过程中，遇有下列情形之一，听证主持人可以中止听证，中止听证的情形消除后，听证主持人应当及时恢复听证：

（1）需要通知新的证人到会、调取新的证据或者需要重新鉴定或者勘验的；

（2）因回避致使听证不能继续进行的；

（3）其他需要中止听证的。

四、终止听证

听证过程中，遇有下列情形之一，应当终止听证：

（1）听证申请人撤回听证申请的；

（2）听证申请人及其代理人无正当理由拒不出席或者未经听证主持人许可中途退出听证的；

（3）听证申请人死亡或者作为听证申请人的法人或者其他组织被撤销、解散的；

（4）听证过程中，听证申请人或者其代理人扰乱听证秩序，不听劝阻，致使听证无法正常进行的；

（5）其他需要终止听证的。

五、制作听证笔录

记录员应当将举行听证的情况记入听证笔录。听证笔录应当载明下列内容：

（1）案由；

（2）听证的时间、地点和方式；

（3）听证人员和听证参加人的身份情况；

（4）办案人民警察陈述的事实、证据和法律依据以及行政处罚意见；

（5）听证申请人或者其代理人的陈述和申辩；

（6）第三人陈述的事实和理由；

（7）办案人民警察、听证申请人或者其代理人、第三人质证、辩论的内容；

（8）证人陈述的事实；

（9）听证申请人、第三人、办案人民警察的最后陈述意见；

（10）其他事项。

听证笔录应当交听证申请人阅读或者向其宣读。听证笔录中的证人陈述部分，应当交证人阅读或者向其宣读。听证申请人或者证人认为听证笔录有误的，可以请求补充或者改正。听证申请人或者证人审核无误后签名或者捺指印。听证申请人或者证人拒绝的，由记录员在听证笔录中记明情况。

听证笔录经听证主持人审阅后，由听证主持人、听证员和记录员签名。

六、制作听证报告书

听证人员应当就行政案件的事实、证据、程序、适用法律等方面全面听取当事人陈述和申辩。听证结束后，听证主持人应当写出听证报告书，连同听证笔录一并报送公安机关负责人。听证报告书应当包括下列内容：

（1）案由；

（2）听证人员和听证参加人的基本情况；

（3）听证的时间、地点和方式；

（4）听证会的基本情况；
（5）案件事实；
（6）处理意见和建议。

第六篇
治安行政救济法篇

第三十章　治安行政救济法概述

第一节　治安行政救济法的概念与特征

行政救济是针对不法行政行为而提供的一种事后补救。治安行政救济法，是指由国家制定的、规定治安行政救济行为的种类、原则、途径、主管机关、申请人权利以及救济程序等相关问题的一整套法律规范体系。根据这一概念，治安行政救济法具有以下特征：

第一，治安行政救济法是由国家制定的具有特定要式的法律规范。即由具有法定立法权的国家机关根据法定的立法权限和立法程序所制定的、具有国家强制力和普遍约束力的要式行为规则。

这些法律规范包括全国人大及其常委会制定的法律、国务院制定的行政法规、省、自治区、直辖市的人大及其常委会、较大的市的人大及其常务委员会制定的地方性法规、公安部制定的部门规章、省、自治区、直辖市和较大的市的人民政府制定的地方政府规章。除此之外，任何国家机关、部门和单位制定的其他规范性文件均不是治安行政处罚法的要式法律规范，不具有法律效力。

第二，治安行政救济法是规定治安行政救济行为的种类、原则、途径、方式以及救济程序等相关问题的专门法律规范。这是治安行政救济法特定的、固有的内容，也是它同其他治安行政法律规范的区别所在。它决定了治安行政救济法有单独的类别性，决定了治安行政救济法有着自己特定的调整对象，即调整的是在治安行政救济中形成的一类特定具体社会关系。

第三，治安行政救济法既包括实体内容，又包括程序内容，是实体法和程序法的合体的法律规范。它既包括规定治安行政救济行为的种类、原则、主管机关、申请人权利的实体性质的法律规范，也包括规定治安行政救济行为的实施程序的程序性质的法律规范。因此它既非单纯的实体法，也非单纯的程序法。这是治安行政救济法的一个显著特点，也是正确理解和诠释该法的一个重要问题。

第四，治安行政救济法是各种有关治安行政救济问题的全部法律规范的总和，是组成一整套完整法律体系的法律规范。即治安行政救济法并不仅仅是指某一项法律或法规，而是一个广义上的概念。根据我国有关治安行政救济法的立法状况，治安行政救济法律规范体系主要由以下几个部分组成：

1. 全国人大制定的《行政复议法》《行政诉讼法》和《国家赔偿法》

这三部法律是对所有行政救济行为作出系统、全面规定的专门法律，既包括行政救济的实体内容，也包括行政救济的程序内容，是整个行政救济法律规范中最基本、最主要的组成部分。同样也是治安行政救济法律规范的最基本、最主要的组成部分。

2. 全国人大及其常委会制定的其他有关治安行政救济的法律

主要有《行政处罚法》《行政强制法》《行政许可法》《治安管理处罚法》《禁毒法》《集会游行示威法》《道路交通安全法》《消防法》《公民出境入境管理法》《外国人入境出境管理法》等。

3. 国务院制定的有关治安行政救济的行政法规

主要有《娱乐场所管理条例》《印刷业管理条例》《集会游行示威法实施条例》《民用爆炸物品管理条例》《危险化学品安全管理条例》《易制毒化学品管理条例》《互联网上网服务营业场所管理条例》《道路交通安全法实施条例》《公民出境入境管理法实施细则》《外国人入境出境管理法实施细则》《中国公民因私事往来香港地区或者澳门地区的暂行管理办法》《中国公民往来台湾地区管理办法》等。

4. 经国务院批准由公安部发布的有关治安行政救济的行政法规

主要有《旅馆业治安管理办法》《废旧金属收购业治安管理办法》《印铸刻字业暂行管理规则》《对部分刀具实行管制的暂行规定》等。

5. 公安部制定的有关治安行政救济的行政规章

主要有《机动车修理业、报废机动车回收业治安管理办法》《群众性文化体育活动治安管理办法》《租赁房屋治安管理规定》等。

6. 公安部与国务院有关部门联合制定的有关治安行政救济的部门行政规章

主要有公安部、商务部联合制定的《典当管理办法》，国内贸易部、公安部联合制定的《旧货流通管理办法（试行）》，公安部、轻工业部、农业部、商业部、铁道部、交通部联合制定的《关于运输烟花爆竹的规定》、商业部 公安部联合制定的《商业、供销社系统烟花爆竹安全经营管理暂行规定》等。

7. 公安部制定的有关具体实施治安行政救济的具有规章效力的文件

主要有《公安部关于公安机关贯彻实施〈行政诉讼法〉若干问题的通知》《公安部关于公安机关贯彻实施〈中华人民共和国行政复议法〉若干问题的意见》《公安部关于公安机关贯彻实施〈国家赔偿法〉有关问题的通知》《公安部关于执行〈出境入境边防检查条例〉等法律、法规中的处罚程序和应用法律文书的通知》等。

8. 最高人民法院、最高人民检察院制定的有关治安行政救济的司法解释

主要有《最高人民法院关于执行〈中华人民共和国行政诉讼法〉若干问题的解释》《最高人民法院关于适用〈行政复议法〉第 30 条第 1 款有关问题的批复》《最高人民法院关于人民法院执行〈中华人民共和国国家赔偿法〉几个问题的解释》《最高人民检察院关于执行行政诉讼法第 64 条的暂行规定》等。

第二节　治安行政救济的概念与特征

治安行政救济是指国家专门机关，为排除、制止和矫正违法或不当的治安行政行为对公民、法人和其他组织的合法权益造成的侵害，而采取的各种恢复和补救的法律制度的总称。如行政复议救济、行政诉讼救济、行政赔偿救济等。

治安行政救济与治安行政救济法是两个既有联系又有区别的不同概念，治安行政救济是治安行政救济法的核心内容，治安行政救济法是实施治安行政救济的法律依据。治安行政救济具有以下特征：

一、治安行政救济的主体是国家专门机关

根据《行政复议法》《行政诉讼法》和《国家赔偿法》的规定，治安行政救济的主体是行政复议机关、人民法院和赔偿义务机关。

二、治安行政救济的对象是认为合法权益受到侵害的治安行政相对人

治安行政救济是依申请而为的行为，只有在行政相对人包括公民、法人和其他组织认为自己的合法权益受到侵害而提出救济申请以后，治安行政救济程序才能启动。国家专门机关对治安行政争议的解决实行不告不理的原则，没有行政相对人的救济申请，救济程序不能开始，没有行政相对人的救济申请，国家专门机关不能主动进行救济。

三、治安行政救济的依据是治安行政救济法律规范

治安行政救济法律规范是由国家制定的、规定治安行政救济的权利、途径、程序及其方法等相关问题的一整套法律规范体系。包括全国人大及其常委会制定的有关治安行政救济法律；国务院制定的有关治安行政救济法规；地方人大及其常委会制定的有关治安行政救济地方性法规；国务院部、委、地方人民政府制定的有关治安行政救济的部门规章和政府规章等。

四、治安行政救济的目的是保护治安行政相对人的合法权益

尽管治安行政救济有多方面的功能，但恢复和弥补治安行政相对人受损的合法权益，使公民、法人和其他组织的合法权益能够得到实现，则是其最主要的目的。治安行政救济的目的就在于通过矫正违法或不当的治安行政行为，对行政相对人受损害的合法权益进行补救，为行政相对人的合法权益提供法律保护。

治安行政救济目的的实现，是通过对违法或不当的治安行政行为所造成的损害后果进行事后补救来实现的，如通过治安行政复议、治安行政诉讼、治安行政赔偿等途径撤销违法行政行为或得到赔偿等。它同治安行政处罚、治安行政强制措施、治安行政许可设定的事前预防性的权利救济，如陈述、申辩、回避、听证等，具有不同的途径、方式和原则。

第三节　治安行政救济的种类

根据不同的标准和分类方法，可将治安行政救济分为不同的类别。本书将治安行政救济的种类主要分为四个方面，即行政内救济与行政外救济、事后救济与事前救济、选择性救济与法定性救济、诉讼救济与非诉讼救济。

一、行政内救济与行政外救济

根据行政救济的主体的不同，治安行政救济可分为行政内救济与行政外救济。

行政内救济，是指行政相对人在其合法权益受到治安行政主体及其工作人员侵害时，由治安行政机关即公安机关自身实施的救济。行政内救济主要通过治安行政复议和治安行政赔偿的方式来实现。

行政外救济，是指行政相对人在其合法权益受到治安行政主体及其工作人员侵害时，由

治安行政机关即公安机关以外的机关所提供的救济。主要包括司法机关的行政诉讼救济和行政赔偿救济。

二、事后救济与事前救济

根据行政救济的顺序的不同，治安行政救济可分为事后救济与事前救济。

事后救济，是指对治安行政主体已经作出的侵犯行政相对人合法权益的治安行政行为，采取撤销、变更或者赔偿等方式予以事后补救的救济。治安行政复议、治安行政诉讼和治安行政赔偿均属于事后救济，治安行政救济法的研究范畴也主要是事后救济。

事前救济，是指治安行政主体在作出治安行政行为之前为有效地防止违法、不当行政行为的出现而设定的特别程序救济。如申辩、告知、听证程序救济。它使相对人的意思表示表现于行政决定作出之前，有利于公安机关作出正确、合法的行政行为。

三、选择性救济与法定性救济

根据行政相对人选择行政救济途径的自主权的不同，治安行政救济可分为选择性救济与法定性救济。

选择性救济，是指治安行政相对人可以自主选择任何救济途径来保护自身合法权益的救济。如《行政诉讼法》第 37 条规定：对属于人民法院受案范围的行政案件，公民、法人或者其他组织可以先向上一级行政机关或者法律、法规规定的行政机关申请复议，对复议不服的，再向人民法院提起诉讼；也可以直接向人民法院提起诉讼。

法定性救济，是指治安行政相对人无权自主选择救济途径而只能依照法律的规定确定救济途径的救济。根据《行政复议法》《行政诉讼法》和《国家赔偿法》的规定，法定性救济包括前置性救济程序和择一性救济程序两种。

前置性救济程序，是指公安机关救济是司法机关救济必经的前置程序。如《行政复议法》第 16 条规定：法律、法规规定应当先向行政复议机关申请行政复议、对行政复议决定不服再向人民法院提起行政诉讼的，在法定行政复议期限内不得向人民法院提起行政诉讼。《行政诉讼法》第 37 条第 2 款规定：法律、法规规定应当先向行政机关申请复议，对复议不服再向人民法院提起诉讼的，依照法律、法规的规定。《治安管理处罚条例》第 39 条规定：被裁决受治安管理处罚的人或者被侵害人不服公安机关或者乡（镇）人民政府裁决的，可以向上一级公安机关提出申诉，由上一级公安机关作出裁决；不服上一级公安机关裁决的，可以向当地人民法院提起诉讼。

择一性救济程序，是指公安机关救济和司法机关救济相互排斥，二者只能选择其一，治安行政相对人选择了公安机关救济，就不能再选择司法机关救济，反之亦然。如《行政复议法》第 5 条规定：公民、法人或者其他组织对行政复议决定不服的，可以依照行政诉讼法的规定向人民法院提起行政诉讼，但是法律规定行政复议决定为最终裁决的除外。《公民出境入境管理法》第 15 条规定：受公安机关拘留处罚的公民对处罚不服的，在接到通知之日起 15 日内，可以向上一级公安机关提出申诉，由上一级公安机关作出最后的裁决，也可以直接向当地人民法院提起诉讼。《外国人入境出境管理法》第 29 条规定：受公安机关罚款或者拘留处罚的外国人，对处罚不服的，在接到通知之日起 15 日内，可以向上一级公安机关提出申诉，由上一级公安机关作出最后的裁决，也可以直接向当地人民法院提起诉讼。

四、诉讼救济与非诉讼救济

根据实施救济机关的性质的不同，治安行政救济可分为诉讼救济与非诉讼救济。

诉讼救济，是指由人民法院作为救济机关对治安行政主体侵犯相对人合法权益的治安行政行为所实施的救济。诉讼救济是行政外救济和事后救济的一种，它通过人民法院的行政诉讼，以第三者身份客观、公正地裁决治安行政主体与相对人之间的治安行政争议，维持合法的治安行政行为，制止和纠正违法不当的治安行政行为，从而补救相对人受损的合法权益。诉讼救济对维护和监督公安机关依法行政，保护相对人的合法权益起着非常重要的作用，是行政救济制度中的最主要和最为有效的途径。我国《行政诉讼法》对此作了明确而具体的规定。

非诉讼救济，是指除人民法院以外的其他救济机关所实施的救济。诉讼救济不可能涵盖对全部治安行政违法行为的救济，如超过行政诉讼时效的治安行政行为、由公安机关作出终局裁决的治安行政行为等，因此其他非诉讼救济有着诉讼救济所不能替代的某些作用，是诉讼救济的必要补充和辅助。非诉讼救济包括行政复议救济、行政监察救济、信访救济和权力机关的救济等。

第四节　治安行政救济的原则

治安行政救济的原则是指由治安行政法律规范确定的对治安行政救济的设置和适用具有普遍指导意义的基本准则。

一、行政内救济优先原则

行政内救济优先原则，是指行政内救济与行政外救济的司法救济相比，处于优先地位，对某一个治安行政争议，除法律另有规定的以外，应当鼓励相对人首先通过公安机关内部救济途径加以解决，内部救济途径不能解决或者相对人对内部救济途径解决不满意的再申请司法救济。这有利于公安机关加强内部监督，有利于上级公安机关对下级公安机关的制约，也有利于行政救济的低成本、高效率运作。

二、救济机构地位独立原则

救济机构地位独立原则，是指实施救济的机构独立于作出治安行政行为的公安机关和相对人，或者说救济机构的救济活动不依附于任何公安机关和相对人。保证救济机构的地位独立，是保证救济机构公正行使裁判权的必然要求。因此实施救济的机构地位独立，是所有纠纷解决制度的共同特点。《行政诉讼法》第 3 条规定：人民法院依法对行政案件独立行使审判权，不受行政机关、社会团体和个人的干涉。著名的丹宁法官的一句名言也正好说明了这一点："不仅要主持正义，而且要人们明确无误地、毫不怀疑地看到是谁在主持正义，这一点不仅是重要的，而且是极为重要的。①"

---

① ［英］丹宁勋爵：《法律的训诫》，杨百揆等译，法律出版社 1999 年版，第 98 页。

三、及时原则

及时原则，是指在治安行政救济中既要维护救济的合法公正性，又要保证救济效率，在法律规定的期限内尽快作出救济决定的原则。这一原则特别在《行政复议法》中得到集中体现。《行政复议法》第 4 条规定：行政复议机关履行行政复议职责，应当遵循及时的原则。及时原则的主要内容和基本要求体现为：

1. 及时受理治安行政救济申请

根据《行政复议法》的规定，复议机关收到行政相对人的复议申请后，应及时审查，在 5 日内作出是否受理的决定。公民、法人或者其他组织依法提出行政复议申请，行政复议机关无正当理由不予受理的，上级行政机关应当责令其受理；必要时，上级行政机关也可以直接受理。

根据《行政诉讼法》的规定，人民法院接到起诉状，经审查，应当在 7 日内立案或者作出裁定不予受理。原告对裁定不服的，可以提起上诉。

2. 及时作出治安行政救济决定

根据《行政复议法》的规定，复议机关应当自受理申请之日起 60 日内作出复议决定，如果法律法规规定复议期限少于 60 日的依其规定；如果情况复杂，不能在规定期限内作出行政复议决定的，经行政复议机关负责人批准最长可延长 30 日。

根据《行政诉讼法》的规定，人民法院应当在立案之日起 3 个月内作出第一审判决。有特殊情况需要延长的，由高级人民法院批准。人民法院审理上诉案件，应当在收到上诉状之日起两个月内作出终审判决。有特殊情况需要延长的，由高级人民法院批准。

根据《国家赔偿法》的规定，赔偿义务机关应当自收到申请之日起两个月内依照本法规定给予赔偿。

3. 及时执行治安行政救济结果

根据《行政复议法》的规定，被申请人不履行或者无正当理由拖延履行行政复议决定的，行政复议机关或者有关上级行政机关应当责令其限期履行。申请人逾期不起诉又不履行行政复议决定的，或者不履行最终裁决的行政复议决定的，分别情况由作出具体行政行为的行政机关或行政复议机关依法强制执行，或者申请人民法院强制执行。

根据《行政诉讼法》的规定，行政机关拒绝履行判决、裁定的，第一审人民法院可以对应当归还的罚款或者应当给付的赔偿金，通知银行从该行政机关的账户内划拨；在规定期限内不履行的，从期满之日起，对该行政机关按日处 50 元至 100 元的罚款；向该行政机关的上一级行政机关或者监察、人事机关提出司法建议。接受司法建议的机关，根据有关规定进行处理，并将处理情况告知人民法院；拒不履行判决、裁定，情节严重构成犯罪的，依法追究主管人员和直接责任人员的刑事责任。

四、便民原则

便民原则，是指在治安行政救济中尽量方便行政争议相对人，在尽量节省费用、时间、精力的情况下，充分保障公民、法人或者其他组织行使行政救济权的原则。这一原则特别在《行政复议法》中得到集中体现。《行政复议法》第 4 条规定：行政复议机关履行行政复议职责，应当遵循便民的原则。便民原则的主要内容和基本要求体现为：

1. 在治安行政救济申请上方便相对人

根据《行政复议法》的规定，申请人提出复议申请，既可以书面形式提出，也可以口头方式提出。如申请人以口头形式申请复议的，行政复议机关应当当场记录申请人的基本情况、行政复议请求、申请复议的主要事实、理由和时间。形成书面的复议申请材料，由行政机关转送。

根据《行政诉讼法》的规定，对属于人民法院受案范围的行政案件，公民、法人或者其他组织可以先向上一级行政机关或者法律、法规规定的行政机关申请复议，对复议不服的，再向人民法院提起诉讼；也可以直接向人民法院提起诉讼。

根据《国家赔偿法》的规定，赔偿请求人要求赔偿应当先向赔偿义务机关提出，也可以在申请行政复议和提起行政诉讼时一并提出。赔偿请求人书写申请书确有困难的，可以委托他人代书；也可以口头申请，由赔偿义务机关记入笔录。

2. 在治安行政救济管辖上方便相对人

根据《行政复议法》的规定，申请人对县级以上地方各级人民政府工作部门的具体行政行为不服的，由申请人选择，可以向该部门的本级人民政府申请复议，也可以向上一级主管部门申请复议。

根据《行政诉讼法》的规定，对限制人身自由的行政强制措施不服提起的诉讼，由被告所在地或者原告所在地人民法院管辖。两个以上人民法院都有管辖权的案件，原告可以选择其中一个人民法院提起诉讼。原告向两个以上有管辖权的人民法院提起诉讼的，由最先收到起诉状的人民法院管辖。

根据《国家赔偿法》的规定，赔偿请求人可以向共同赔偿义务机关中的任何一个赔偿义务机关要求赔偿，该赔偿义务机关应当先予赔偿。

3. 在治安行政救济案件办理上方便相对人

根据《行政复议法》的规定，在复议案件的审理形式上，采用书面审理为主，其他方式审理为例外的原则。在通过书面审理能够公正解决行政争议的情况下，尽量不采用其他方式审理复议案件，避免给复议当事人增加不必要的负担。

根据《行政诉讼法》的规定，被告不提出答辩状的，不影响人民法院审理。被告无正当理由拒不到庭的，可以缺席判决。人民法院对上诉案件，认为事实清楚的，可以实行书面审理。

根据《国家赔偿法》的规定，国家赔偿以支付赔偿金为主要方式。

第三十一章　治安行政复议救济

第一节　治安行政复议救济的范围

治安行政复议救济，是指行政相对人依法向法定的治安行政复议机关申请对公安机关的治安具体行政行为进行审查并重新作出处理的救济制度。治安行政复议救济的范围是指相对人可以向治安行政复议机关申请复议的行政行为的范围。

一、可以申请治安行政复议救济的具体行政行为范围

公民、法人或者其他组织可以对下列治安具体行政行为申请治安行政复议救济：

1. 对公安机关作出的警告、罚款、没收违法所得、没收非法财物、责令停产停业、暂扣或者吊销许可证、暂扣或者吊销执照、行政拘留等治安行政处罚决定不服的；

2. 对公安机关作出的限制人身自由或者查封、扣押、冻结财产等治安行政强制措施决定不服的；

3. 对公安机关作出的有关许可证、执照、资质证、资格证等证书变更、中止、撤销的决定不服的；

4. 认为公安机关侵犯合法的经营自主权的；

5. 认为公安机关违法集资、征收财物、摊派费用或者违法要求履行其他义务的；

6. 认为符合法定条件，申请公安机关颁发许可证、执照、资质证、资格证等证书，或者申请公安机关审批、登记有关事项，公安机关没有依法办理的；

7. 申请公安机关履行保护人身权利、财产权利的法定职责，公安机关没有依法履行的；

8. 认为公安机关的其他具体行政行为侵犯其合法权益的。

二、可以申请治安行政复议救济的抽象行政行为范围

公民、法人或者其他组织认为公安机关的具体行政行为所依据的国务院部门的规定、县级以上地方各级人民政府及其工作部门的规定、乡、镇人民政府的规定不合法，在对具体行政行为申请行政复议时，可以一并向行政复议机关提出对该规定的审查申请。

三、不能申请治安行政复议救济的范围

公民、法人或者其他组织不能申请治安行政复议救济的范围是：

1. 抽象治安行政行为。即认为公安机关的具体行政行为所依据的国务院部、委员会规章和地方人民政府规章不合法的，不能申请治安行政复议救济。规章的审查依照法律、行政法规办理。

2. 内部治安行政行为。即不服公安机关作出的行政处分或者其他人事处理决定的，不

能申请治安行政复议救济。内部治安行政行为依照有关法律、行政法规的规定提出申诉。

3. 居间治安行政行为。即不服公安机关对民事纠纷作出的调解或者其他处理的，不能申请治安行政复议救济。居间治安行政行为依法申请仲裁或者向人民法院提起诉讼。

第二节　治安行政复议救济的管辖

治安行政复议救济的管辖，是指各治安行政复议机关在受理治安行政复议案件上的权限和分工。分为一般管辖、特殊管辖、转送管辖、责令管辖和转移管辖共五种。

一、一般管辖

1. 对省（自治区、直辖市）、市（地、州）、县（市）公安机关作出的具体行政行为不服的，向作出该具体行政行为的公安机关的上一级公安机关或者该公安机关的本级人民政府申请行政复议。

2. 对城市公安分局作出的具体行政行为不服的，向该城市公安分局隶属的城市公安局申请行政复议。

3. 对省（自治区、直辖市）、市（地、州）公安厅、局直属的公安局、公安分局作出的具体行政行为不服的，向该直属公安局、公安分局隶属的公安机关申请行政复议。

4. 对公安部作出的具体行政行为不服的，向公安部申请行政复议。

二、特殊管辖

1. 对公安派出所依法以自己的名义作出的具体行政行为不服的，向该公安派出所隶属的公安机关申请行政复议。

2. 对县级以上公安机关所属的公安消防机构作出的具体行政行为不服的，向该公安消防机构的主管公安机关申请行政复议。

3. 对省（自治区、直辖市）、市（地、州）、县（市）公安机关所属的公安交通管理机关作出的具体行政行为不服的，向该公安交通管理机关的主管公安机关申请行政复议。

4. 对城市公安分局所在地的公安交通管理机关作出的具体行政行为不服的，向该城市公安分局申请行政复议；与城市公安分局不在同一行政区域的，向该城市公安局申请行政复议。

5. 对高速公路、高等级公路公安交通管理机关作出的具体行政行为不服的，向该公安交通管理机关的主管公安机关申请行政复议。

6. 对已改职业制的出入境边防检查站作出的具体行政行为不服的，向隶属的出入境边防检查总站申请行政复议；对出入境边防检查总站作出的具体行政行为不服的，向公安部申请行政复议。

7. 对未改职业制的边防检查站作出的具体行政行为不服的，向主管的公安机关申请行政复议。

8. 对特区检查站、毗邻港、澳的边防支队作出的具体行政行为不服的，向其隶属的公安厅、局申请行政复议。

9. 对边防分局（支队）、边境检查站（二类口岸、通道）作出的具体行政行为不服的，向所在地的市（地、州）公安机关申请行政复议。

10. 对边防工作站、边防公安检查站、边防派出所依法以自己的名义作出的具体行政行为不服的，向所在地县级人民政府的公安机关申请行政复议。

11. 对劳动教养管理委员会作出的劳动教养决定不服的，向该劳动教养管理委员会的本级人民政府或者上一级劳动教养管理委员会申请行政复议。

12. 对公安机关所属的其他职能部门依据法律、法规授权，以自己的名义作出的具体行政行为不服的，向该职能部门的主管公安机关申请行政复议。

三、转送管辖

转送管辖，是指依照特殊管辖的规定，接受治安行政复议申请的具体行政行为发生地的县级地方人民政府，对属于其他行政复议机关受理的行政复议申请，应当自接到该行政复议申请之日起 7 日内，转送有关治安行政复议机关，并告知申请人。有关治安行政复议机关收到行政复议申请后，应当在 5 日内进行审查，对不符合《行政复议法》规定的行政复议申请，决定不予受理，并书面告知申请人；对符合《行政复议法》规定，但是不属于本机关受理的行政复议申请，应当告知申请人向有关治安行政复议机关提出。

四、责令管辖

责令管辖，是指公民、法人或者其他组织依法提出行政复议申请，治安行政复议机关无正当理由不予受理时，由上级行政机关责令其受理。

五、转移管辖

转移管辖，是指公民、法人或者其他组织依法提出行政复议申请，治安行政复议机关无正当理由不予受理时，上级行政机关认为必要时可以直接受理。

第三节 治安行政复议救济的程序

治安行政复议救济的程序包括申请程序、受理程序、审理程序、决定程序和执行程序。

一、申请程序

1. 治安行政复议机关

治安行政复议机关是指依照《行政复议法》履行治安行政复议职责的行政机关。治安行政复议机关负责法制工作的机构具体办理治安行政复议事项。

公安机关负责法制工作的机构是指：公安部法制局；省、自治区、直辖市公安厅、局的法制处、室；市（地、州）、县（市）、市辖区的公安局、公安分局的法制处、科、股；出入境边防检查总站负责法制工作的机构。

治安行政复议机关负责法制工作的机构履行下列职责：

（1）受理治安行政复议申请；

（2）向有关组织和人员调查取证，查阅文件和资料；

（3）审查申请治安行政复议的治安具体行政行为此是否合法与适当，拟订行政复议决定；

（4）处理或者转送对《行政复议法》规定的治安具体行政行为此所涉依据的审查申请；

（5）对公安机关违反《行政复议法》规定的行为依照规定的权限和程序提出处理建议；

（6）办理因不服治安行政复议决定提起治安行政诉讼的应诉事项；

（7）法律、法规规定的其他职责。

2. 治安行政复议参加人

（1）申请人。申请人是指依法申请治安行政复议的公民、法人或者其他组织。包括近亲属、法定代理人、承受权利的法人或者其他组织。

有权申请治安行政复议的公民死亡的，其近亲属可以申请行政复议。有权申请治安行政复议的公民为无民事行为能力人或者限制民事行为能力人的，其法定代理人可以代为申请行政复议。有权申请治安行政复议的法人或者其他组织终止的，承受其权利的法人或者其他组织可以申请行政复议。

（2）第三人。第三人是指同申请治安行政复议的具体行政行为有利害关系的其他公民、法人或者其他组织。同申请行政复议的具体行政行为有利害关系的其他公民、法人或者其他组织，可以作为第三人参加治安行政复议。

（3）委托代理人。委托代理人是指申请人、第三人委托的代理人。申请人、第三人可以委托代理人代为参加治安行政复议。

（4）被申请人。被申请人是指作出被申请行政复议的治安具体行政行为此的公安机关。

3. 治安行政复议救济的申请时效

（1）60 日。公民、法人或者其他组织认为具体行政行为侵犯其合法权益的，可以自知道该具体行政行为之日起 60 日内提出治安行政复议申请。

（2）60 日以上。法律规定的申请期限超过 60 日的，从其规定。

（3）时效中断。因不可抗力或者其他正当理由耽误法定申请期限的，申请期限自障碍消除之日起继续计算。

（4）丧失申请权。公民、法人或者其他组织向人民法院提起治安行政诉讼，人民法院已经依法受理的，不得申请行政复议。

另外，公民、法人或者其他组织申请治安行政复议，行政复议机关已经依法受理的，或者法律、法规规定应当先向行政复议机关申请行政复议、对行政复议决定不服再向人民法院提起行政诉讼的，在法定行政复议期限内不得向人民法院提起治安行政诉讼。

4. 治安行政复议救济的申请形式

（1）书面申请。申请人申请治安行政复议，可以书面申请。

（2）口头申请。申请人申请治安行政复议，也可以口头申请。口头申请的，治安行政复议机关应当当场记录申请人的基本情况、行政复议请求、申请行政复议的主要事实、理由和时间。

二、受理程序

1. 审查复议申请期限

行政复议机关收到治安行政复议申请后，应当在 5 日内进行审查。

2. 审查后的处理情形

（1）受理。复议机关经过审查后，对符合《行政复议法》规定的治安行政复议申请，自行政复议机关负责法制工作的机构收到之日起即为受理。

（2）决定不予受理。复议机关经过审查后，对不符合《行政复议法》规定的治安行政复议申请，决定不予受理，并书面告知申请人。

（3）告知变更管辖。复议机关经过审查后，对符合《行政复议法》规定，但是不属于本机关受理的治安行政复议申请，告知申请人向有关行政复议机关提出。

3. 不予受理的救济

法律、法规规定应当先向行政复议机关申请治安行政复议、对行政复议决定不服再向人民法院提起行政诉讼的，行政复议机关决定不予受理或者受理后超过行政复议期限不作答复的，公民、法人或者其他组织可以自收到不予受理决定书之日起或者行政复议期满之日起15日内，依法向人民法院提起治安行政诉讼。

4. 停止执行治安具体行政行为

行政复议期间治安具体行政行为一般不停止执行。但是被申请人认为需要停止执行的；行政复议机关认为需要停止执行的；申请人申请停止执行，行政复议机关认为其要求合理，决定停止执行的；法律规定停止执行的，可以停止执行。

三、审查程序

1. 审查方式

行政复议原则上采取书面审查的办法。但是申请人提出要求的，或者行政复议机关负责法制工作的机构认为有必要时，可以向有关组织和人员调查情况，听取申请人、被申请人和第三人的意见。

2. 被申请人答复

行政复议机关负责法制工作的机构应当自行政复议申请受理之日起7日内，将行政复议申请书副本或者行政复议申请笔录复印件发送被申请人。被申请人应当自收到申请书副本或者申请笔录复印件之日起10日内，提出书面答复，并提交当初作出治安具体行政行为的证据、依据和其他有关材料。

3. 申请人查阅答复

除涉及国家秘密、商业秘密或者个人隐私外，申请人、第三人可以查阅被申请人提出的书面答复、作出治安具体行政行为的证据、依据和其他有关材料，行政复议机关不得拒绝。

4. 被申请人不得自行再取证

在行政复议过程中，被申请人不得自行向申请人和其他有关组织或者个人收集证据。

5. 复议终止

在行政复议决定作出前，申请人要求撤回治安行政复议申请的，经说明理由，可以撤回。撤回治安行政复议申请的，行政复议终止。

6. 中止审查

申请人在申请治安行政复议时，如果一并提出对被申请人的治安具体行政行为所依据的国务院部门的规定、县级以上地方各级人民政府及其工作部门的规定、乡、镇人民政府的规定的审查申请时，或者行政复议机关在对被申请人作出的治安具体行政行为此进行审查，认为其依据不合法时，行政复议机关对该规定有权处理的，应当在30日内依法处理。无权处理的，应当在7日内按照法定程序转送有权处理的行政机关依法处理，有权处理的行政机关应当在60日内依法处理。处理期间，中止对具体行政行为的审查。

（1）有权处理的范围。履行行政复议职责的公安机关有权对本级公安机关制定的规范性文件和下级公安机关制定的规范性文件进行审查。经审查，履行行政复议职责的公安机关对认定不合法的规范性文件，属于本级公安机关制定的，应当在30日内予以废止或者作出修订；属于下级公安机关制定的，应当在30日内予以撤销或者责令30日内予以废止或者作出修订。

（2）无权处理的范围。公安机关负责法制工作的机构对履行行政复议职责的公安机关的上级行政机关制定的规范性文件和履行行政复议职责的公安机关无权处理的其他规范性文件应当转送。对上级行政机关制定的规范性文件，转送至制定该规范性文件的机关；对与履行行政复议职责的公安机关同级的其他行政机关或该行政机关的下级机关制定的规范性文件，转送至履行行政复议职责的公安机关同级的行政机关；对履行行政复议职责的公安机关与其他行政机关联合制定的规范性文件，商联合制定规范性文件的行政机关办理。

四、决定程序

1. 决定期限

（1）60日。行政复议机关应当自受理申请之日起60日内作出治安行政复议决定。

（2）少于60日。法律规定的治安行政复议期限少于60日的，从其规定。

（3）90日。如果情况复杂，不能在规定期限内作出治安行政复议决定的，经行政复议机关的负责人批准，可以适当延长，并告知申请人和被申请人。但是延长期限最多不超过30日。

2. 决定方式

（1）个人决定。行政复议机关负责法制工作的机构对被申请人作出的治安具体行政行为进行审查，提出意见后，报经行政复议机关的负责人同意，作出行政复议决定。

（2）集体决定。行政复议机关负责法制工作的机构对被申请人作出的治安具体行政行为进行审查，提出意见后，经行政复议机关的负责人集体讨论通过后，作出行政复议决定。

3. 决定内容

（1）决定维持。治安具体行政行为认定事实清楚，证据确凿，适用依据正确，程序合法，内容适当的，决定维持。

（2）决定履行职责。被申请人不履行法定职责的，决定其在一定期限内履行。

（3）决定撤销、变更或者确认违法。治安具体行政行为主要事实不清、证据不足的；适用依据错误的；违反法定程序的；超越或者滥用职权的；具体行政行为明显不当的，决定撤销、变更或者确认该治安具体行政行为违法。

（4）责令重新作出治安具体行政行为。决定撤销或者确认该治安具体行政行为违法的，可以责令被申请人在一定期限内重新作出治安具体行政行为。行政复议机关责令被申请人重新作出治安具体行政行为的，被申请人不得以同一的事实和理由作出与原治安具体行政行为相同或者基本相同的治安具体行政行为。

（5）决定撤销治安具体行政行为。被申请人不按照《行政复议法》的规定提出书面答复、提交当初作出治安具体行政行为的证据、依据和其他有关材料的，视为该治安具体行政行为没有证据、依据，决定撤销该治安具体行政行为。

（6）决定被申请人赔偿。申请人在申请行政复议时可以一并提出治安行政赔偿请求，行政复议机关对符合国家赔偿法的有关规定应当给予赔偿的，在决定撤销、变更治安具体行政行为或者确认治安具体行政行为违法时，应当同时决定被申请人依法给予赔偿。

（7）责令被申请人返还财产、解除对财产的强制措施或者赔偿价款。申请人在申请行政复议时没有提出治安行政赔偿请求的，行政复议机关在依法决定撤销或者变更罚款，撤销违法集资、没收财物、征收财物、摊派费用以及对财产的查封、扣押、冻结等治安具体行政行为时，应当同时责令被申请人返还财产，解除对财产的查封、扣押、冻结措施，或者赔偿相应的价款。

4. 决定文书

行政复议机关作出行政复议决定，应当制作行政复议决定书，并加盖印章。

5. 决定的生效

行政复议决定书一经送达，即发生法律效力。行政复议文书的送达，依照民事诉讼法关于期间、送达的规定执行。

6. 法律责任

五、执行程序

1. 自觉履行

作为被申请人的公安机关应当自觉履行治安行政复议决定。

2. 责令限期履行。

被申请人不履行或者无正当理由拖延履行治安行政复议决定的，行政复议机关或者有关上级行政机关应当责令其限期履行。

3. 强制执行

申请人逾期不起诉又不履行治安行政复议决定的，或者不履行最终裁决的治安行政复议决定的，对维持具体行政行为的行政复议决定，由作出具体行政行为的公安机关依法强制执行，或者申请人民法院强制执行；对变更具体行政行为的行政复议决定，由行政复议机关依法强制执行，或者申请人民法院强制执行。

4. 行政处分

作为被申请人的公安机关不履行或者无正当理由拖延履行治安行政复议决定的，对直接负责的主管人员和其他直接责任人员依法给予警告、记过、记大过的行政处分；经责令仍拒不履行的，依法给予降级、撤职、开除的行政处分。

第三十二章　治安行政诉讼救济

第一节　治安行政诉讼救济的范围

治安行政诉讼救济是指行政相对人依法诉请人民法院对公安机关的治安具体行政行为进行审理和裁决的救济制度。治安行政诉讼救济的范围是指公民、法人或者其他组织对公安机关及其工作人员的治安具体行政行为不服而依法提起诉讼的范围。

一、可以诉请治安行政诉讼救济的治安具体行政行为范围

人民法院受理公民、法人和其他组织对下列治安具体行政行为不服提起的诉讼：

1. 对拘留、罚款、吊销许可证和执照、责令停产停业、没收财物等治安行政处罚不服的；

2. 对限制人身自由或者对财产的查封、扣押、冻结等治安行政强制措施不服的；

3. 认为公安机关侵犯法律规定的经营自主权的；

4. 认为符合法定条件申请公安机关颁发许可证和执照，公安机关拒绝颁发或者不予答复的；

5. 申请公安机关履行保护人身权、财产权的法定职责，公安机关拒绝履行或者不予答复的；

6. 认为公安机关违法要求履行义务的；

7. 认为公安机关侵犯其他人身权、财产权的。

除上述范围外，人民法院受理法律、法规规定可以提起诉讼的其他治安行政案件。

二、不能诉请治安行政诉讼救济的事项

人民法院不受理公民、法人或者其他组织对下列事项提起的诉讼：

1. 国防、外交等国家行为；

2. 行政法规、规章或者公安机关针对不特定对象制定、发布能反复适用的具有普遍约束力的决定、命令等抽象行政行为；

3. 公安机关对公安机关工作人员的奖惩、任免等涉及公安机关公务员权利义务的决定的内部行政行为；

4. 法律规定由公安机关最终裁决的治安具体行政行为；

5. 公安机关依照刑事诉讼法的明确授权实施的行为；

6. 调解行为以及法律规定的仲裁行为；

7. 不具有强制力的治安行政指导行为；

8. 驳回当事人对治安行政行为提起申诉的重复处理行为；

9. 对公民、法人或者其他组织权利义务不产生实际影响的行为。

第二节　治安行政诉讼救济的管辖

治安行政诉讼救济的管辖是指各级人民法院之间受理第一审治安行政案件的权限分工。包括级别管辖、地域管辖和裁定管辖。

一、级别管辖

1. 基层人民法院管辖的治安行政案件

基层人民法院管辖除法律规定由上级人民法院管辖的第一审治安行政案件。

2. 中级人民法院管辖的治安行政案件

中级人民法院管辖对公安部所作的治安具体行政行为提起诉讼的第一审治安行政案件和本辖区内重大、复杂的第一审治安行政案件。本辖区内重大、复杂的案件是指被告为县级以上人民政府，且基层人民法院不适宜审理的案件；社会影响重大的共同诉讼、集团诉讼案件；重大涉外或者涉及香港特别行政区、澳门特别行政区、台湾地区的案件；其他重大、复杂案件。

3. 高级人民法院管辖的治安行政案件

高级人民法院管辖本辖区内重大、复杂的第一审治安行政案件。

4. 最高人民法院管辖的治安行政案件

最高人民法院管辖全国范围内重大、复杂的第一审治安行政案件。

二、地域管辖

1. 由最初作出行政行为的公安机关所在地人民法院管辖

治安行政案件由最初作出治安具体行政行为的公安机关所在地人民法院管辖。经复议的案件，复议机关改变原具体行政行为的，也可以由复议机关所在地人民法院管辖。

2. 由被告所在地或者原告所在地人民法院管辖

对限制人身自由的治安行政强制措施不服提起的诉讼，由被告所在地或者原告所在地人民法院管辖。原告所在地包括原告的户籍所在地、经常居住地和被限制人身自由地。公安机关基于同一事实既对人身又对财产实施行政处罚或者采取行政强制措施的，被限制人身自由的公民、被扣押或者没收财产的公民、法人或者其他组织对上述行为均不服的，既可以向被告所在地人民法院提起诉讼，也可以向原告所在地人民法院提起诉讼，受诉人民法院可一并管辖。

3. 由不动产所在地人民法院管辖

因不动产提起的治安行政诉讼，由不动产所在地人民法院管辖。

三、裁定管辖

裁定管辖是指适用级别管辖和地域管辖的情形发生变化或争议而由人民法院通过裁定来确定的管辖。

1. 移送管辖

人民法院发现受理的治安行政诉讼案件不属于自己管辖时，应当移送有管辖权的人民法院。受移送的人民法院不得自行移送。

2. 指定管辖

有管辖权的人民法院由于特殊原因不能行使管辖权的，由上级人民法院指定管辖。人民法院对管辖权发生争议，由争议双方协商解决。协商不成的，报它们的共同上级人民法院指定管辖。

3. 移交管辖

上级人民法院有权审判下级人民法院管辖的第一审治安行政案件，也可以把自己管辖的第一审治安行政案件移交下级人民法院审判。

4. 决定管辖

下级人民法院对其管辖的第一审治安行政案件，认为需要由上级人民法院审判的，可以报请上级人民法院决定。

四、管辖权的选择和异议

1. 管辖权的选择

两个以上人民法院都有管辖权的治安行政案件，原告可以选择其中一个人民法院提起诉讼。原告向两个以上有管辖权的人民法院提起治安行政诉讼的，由最先收到起诉状的人民法院管辖。

2. 管辖权的异议

当事人有权对治安行政案件的管辖提出异议。当事人提出管辖异议的，应当在接到人民法院应诉通知之日起 10 日内以书面形式提出。对当事人提出的管辖异议，人民法院应当进行审查。异议成立的，裁定将案件移送有管辖权的人民法院；异议不成立的，裁定驳回。

当事人对管辖裁定不服的，有权在裁定书送达之日起 10 日内向上一级人民法院提起上诉。

第三节　治安行政诉讼救济的诉讼参加人及其权利

一、诉讼参加人

诉讼参加人是指依法享有治安行政诉讼权利承担治安行政诉讼义务而与治安行政诉讼争议或结果有利害关系的人。包括原告、被告、第三人、法定代理人和委托代理人。

1. 原告

原告是指依法提起治安行政诉讼的人，包括：

（1）公民。与治安具体行政行为有法律上利害关系的公民对该行为不服的，可以依法提起行政诉讼。

（2）近亲属。有权提起治安行政诉讼的公民死亡，其近亲属可以提起诉讼；公民因被限制人身自由而不能提起诉讼的，其近亲属可以依其口头或者书面委托以该公民的名义提起诉讼。近亲属包括配偶、父母、子女、兄弟姐妹、祖父母、外祖父母、孙子女、外孙子女和其他具有扶养、赡养关系的亲属。

（3）法人。与治安具体行政行为有法律上利害关系的法人对该行为不服的，可以依法提起行政诉讼。

合伙企业向人民法院提起诉讼的，应当以核准登记的字号为原告，由执行合伙企业事务的合伙人作诉讼代表人；联营企业、中外合资或者合作企业的联营、合资、合作各方，认为联营、合资、合作企业权益或者自己一方合法权益受治安具体行政行为侵害的，均可以自己的名义提起诉讼。非国有企业被行政机关注销、撤销、合并、强令兼并、出售、分立或者改变企业隶属关系的，该企业或者其法定代表人可以提起诉讼。股份企业的股东大会、股东代表大会、董事会等认为公安机关作出的具体行政行为侵犯企业经营自主权的，可以企业名义提起诉讼。

（4）其他组织。与治安具体行政行为有法律上利害关系的其他组织对该行为不服的，可以依法提起行政诉讼。

合伙企业以外的其他合伙组织提起诉讼的，合伙人为共同原告；不具备法人资格的其他组织向人民法院提起诉讼的，由该组织的主要负责人作诉讼代表人。没有主要负责人的，可以由推选的负责人作诉讼代表人；同案原告为 5 人以上，应当推选 1 至 5 名诉讼代表人参加诉讼；在指定期限内未选定的，人民法院可以依职权指定。

（5）承受权利的法人或者其他组织。有权提起治安行政诉讼的法人或者其他组织终止，承受其权利的法人或者其他组织可以提起诉讼。

2. 被告

被告是指原告依法提起治安行政诉讼的对象。如果原告所起诉的被告不适格，人民法院应当告知原告变更被告；原告不同意变更的，裁定驳回起诉。治安行政诉讼的被告包括：

（1）作出具体治安行政行为的公安机关。公民、法人或者其他组织直接向人民法院提起诉讼的，作出治安具体行政行为的公安机关是被告。经复议的案件，复议机关决定维持原治安具体行政行为的，作出原治安具体行政行为的公安机关是被告。复议机关在法定期间内不作复议决定，当事人对原具体行政行为不服提起诉讼的，应当以作出原具体行政行为的行政机关为被告。

（2）复议机关。经复议的案件，复议机关改变原治安具体行政行为的，复议机关是被告。当事人对复议机关不作为不服提起诉讼的，应当以复议机关为被告。

（3）共同作出具体行政行为的行政机关。两个以上行政机关作出同一具体行政行为的，共同作出具体行政行为的行政机关是共同被告。

（4）法律、法规授权的组织。由法律、法规授权的组织所作的治安具体行政行为，该组织是被告。法律、法规或者规章授权行使治安行政职权的公安机关内设机构、派出机构或者其他组织，超出法定授权范围实施行政行为，当事人不服提起诉讼的，应当以实施该行为的机构或者组织为被告。

（5）委托的公安机关。由公安机关委托的组织所作的治安具体行政行为，委托的公安机关是被告。公安机关在没有法律、法规或者规章规定的情况下，授权其内设机构、派出机构或者其他组织行使治安行政职权的，应当视为委托。当事人不服提起诉讼的，应当以该公安机关为被告。

（6）继续行使其职权的公安机关。公安机关被撤销的，继续行使其职权的公安机关是被告。

（7）其他机关。当事人不服经上级行政机关批准的治安具体行政行为，向人民法院提起诉讼的，应当以在对外发生法律效力的文书上署名的机关为被告。

公安机关组建并赋予治安行政管理职能但不具有独立承担法律责任能力的机构，以自己的名义作出具体行政行为，当事人不服提起诉讼的，应当以组建该机构的公安机关为被告。

公安机关的内设机构或者派出机构在没有法律、法规或者规章授权的情况下，以自己的名义作出具体行政行为，当事人不服提起诉讼的，应当以该公安机关为被告。

3. 第三人

第三人是指同提起诉讼的治安具体行政行为有利害关系的其他公民、法人或者其他组织。第三人可以申请参加诉讼，或者由人民法院通知参加诉讼。

应当追加被告而原告不同意追加的，人民法院应当通知其以第三人的身份参加诉讼。公安机关的同一具体行政行为涉及两个以上利害关系人，其中一部分利害关系人对具体行政行为不服提起诉讼，人民法院应当通知没有起诉的其他利害关系人作为第三人参加诉讼。

第三人有权提出与本案有关的诉讼主张，对人民法院的一审判决不服，有权提起上诉。

4. 法定代理人

法定代理人是指代为没有治安行政诉讼行为能力的公民诉讼的法定代理人。没有诉讼行为能力的公民，由其法定代理人代为诉讼；法定代理人互相推诿代理责任的，由人民法院指定其中一人代为诉讼。

5. 委托代理人

委托代理人是指受委托代为诉讼的人。当事人、法定代理人，可以委托一至二人代为诉讼。律师、社会团体、提起诉讼的公民的近亲属或者所在单位推荐的人，以及经人民法院许可的其他公民，可以受委托为诉讼代理人。

当事人委托诉讼代理人，应当向人民法院提交由委托人签名或者盖章的授权委托书。委托书应当载明委托事项和具体权限。公民在特殊情况下无法书面委托的，也可以口头委托。口头委托的，人民法院应当核实并记录在卷；被诉公安机关或者其他有义务协助的机关拒绝人民法院向被限制人身自由的公民核实的，视为委托成立。当事人解除或者变更委托的，应当书面报告人民法院，由人民法院通知其他当事人。

二、诉讼参加人的诉讼权利

1. 当事人和其他诉讼代理人的诉讼权利

经人民法院许可，当事人和其他诉讼代理人可以查阅本案庭审材料，但涉及国家秘密和个人隐私的除外。

2. 代理诉讼的律师的诉讼权利

代理诉讼的律师，可以依照规定查阅本案有关材料，可以向有关组织和公民调查，收集证据。对涉及国家秘密和个人隐私的材料，应当依照法律规定保密。

第四节　治安行政诉讼救济的证据

一、治安行政诉讼救济的证据种类

治安行政诉讼救济的证据有以下几种：

1. 书证；
2. 物证；
3. 视听资料；

4. 证人证言；

5. 当事人的陈述；

6. 鉴定结论；

7. 勘验笔录、现场笔录。

以上证据经法庭审查属实，才能作为定案的根据。

二、治安行政诉讼救济的证据规则

1. 被告举证责任

在治安行政诉讼中，被告对其作出的具体行政行为承担举证责任。被告应当在收到起诉状副本之日起 10 日内提交答辩状，并提供作出具体行政行为时的证据、依据；被告不提供或者无正当理由逾期提供的，应当认定该具体行政行为没有证据、依据。

在诉讼过程中，被告不得自行向原告和证人收集证据。但被告在作出具体行政行为时已经收集证据，而因不可抗力等正当事由不能提供的；原告或者第三人在诉讼过程中，提出了其在被告实施治安行政行为过程中没有提出的反驳理由或者证据的，被告经人民法院准许可以补充相关的证据。

2. 原告举证责任

原告对下列事项承担举证责任：

（1）证明起诉符合法定条件，但被告认为原告起诉超过起诉期限的除外；

（2）在起诉被告不作为的案件中，证明其提出申请的事实；

（3）在一并提起的治安行政赔偿诉讼中，证明因受被诉行为侵害而造成损失的事实；

（4）其他应当由原告承担举证责任的事项。

3. 人民法院对证据的收集、审查、保全、使用规则

（1）调取证据。有下列情形之一的，人民法院有权要求有关公安机关以及其他组织、公民调取证据：

①原告或者第三人及其诉讼代理人提供了证据线索，但无法自行收集而申请人民法院调取的；

②当事人应当提供而无法提供原件或者原物的。

（2）专门性问题鉴定。在诉讼过程中，人民法院认为对专门性问题需要鉴定的，应当交由法定鉴定部门鉴定；没有法定鉴定部门的，由人民法院指定的鉴定部门鉴定。

（3）保全证据。在证据可能灭失或者以后难以取得的情况下，诉讼参加人可以向人民法院申请保全证据，人民法院也可以主动采取保全措施。

（4）证据使用

①人民法院对被告及其诉讼代理人在作出具体行政行为后自行收集的证据和被告严重违反法定程序收集的其他证据不能作为认定被诉具体行政行为合法的根据。

②未经法庭质证的证据不能作为人民法院裁判的根据。

③复议机关在复议过程中收集和补充的证据，不能作为人民法院维持原具体行政行为的根据。

④被告在二审过程中向法庭提交在一审过程中没有提交的证据，不能作为二审法院撤销或者变更一审裁判的根据。

第五节　治安行政诉讼救济的程序

一、一审程序

1. 提起诉讼的条件

提起治安行政诉讼应当符合下列条件：

（1）原告是认为治安具体行政行为侵犯其合法权益的公民、法人或者其他组织；

（2）有明确的被告；

（3）有具体的诉讼请求和事实根据；

（4）属于人民法院受案范围和受诉人民法院管辖。

2. 提起诉讼的期限

（1）直接起诉的期限。公民、法人或者其他组织直接向人民法院提起治安行政诉讼的，应当在知道作出具体行政行为之日起 3 个月内提出。法律另有规定的除外。

（2）不服行政复议决定的起诉期限。申请人不服治安行政复议决定的，可以在收到复议决定书之日起 15 日内向人民法院提起诉讼。复议机关逾期不作决定的，申请人可以在复议期满之日起 15 日内向人民法院提起诉讼。法律另有规定的除外。

（3）延长期限。公民、法人或者其他组织因不可抗力或者其他特殊情况耽误法定期限的，在障碍消除后的 10 日内，可以申请延长期限，由人民法院决定。

3. 受理审查期限

人民法院接到起诉状，经审查，应当在 7 日内立案或者作出裁定不予受理。原告对裁定不服的，可以提起上诉。

4. 被告答辩

人民法院应当在立案之日起 5 日内，将起诉状副本发送被告。被告应当在收到起诉状副本之日起 10 日内向人民法院提交作出治安具体行政行为的有关材料，并提出答辩状。人民法院应当在收到答辩状之日起 5 日内，将答辩状副本发送原告。被告不提出答辩状的，不影响人民法院审理。

5. 停止具体行政行为的执行

诉讼期间，不停止治安具体行政行为的执行。但有下列情形之一的，停止具体行政行为的执行：

（1）被告认为需要停止执行的；

（2）原告申请停止执行，人民法院认为该治安具体行政行为的执行会造成难以弥补的损失，并且停止执行不损害社会公共利益，裁定停止执行的；

（3）法律、法规规定停止执行的。

6. 审理方式

（1）公开审理。除涉及国家秘密、个人隐私和法律另有规定的外，治安行政案件实行公开审理。

（2）合议庭审理。人民法院审理治安行政案件，由审判员组成合议庭，或者由审判员、陪审员组成合议庭。合议庭的成员，应当是 3 人以上的单数。

（3）不适用调解。审理治安行政案件，不适用调解。

7. 回避

（1）回避的情形。认为审判人员、书记员、翻译人员、鉴定人、勘验人与本案有利害关系或者有其他关系可能影响公正审判的，当事人有权申请回避；认为自己与本案有利害关系或者有其他关系的，审判人员、书记员、翻译人员、鉴定人、勘验人应当申请回避。

（2）回避的决定。院长担任审判长时的回避，由审判委员会决定；审判人员的回避，由院长决定；其他人员的回避，由审判长决定。当事人对决定不服的，可以申请复议。

8. 撤诉和视为撤诉

人民法院对行政案件宣告判决或者裁定前，原告申请撤诉的，或者被告改变其所作的治安具体行政行为，原告同意并申请撤诉的，是否准许，由人民法院裁定。经人民法院两次合法传唤，原告无正当理由拒不到庭的，视为申请撤诉；被告无正当理由拒不到庭的，可以缺席判决。

9. 中止诉讼

在治安行政诉讼过程中，有下列情形之一的，中止诉讼：

（1）原告死亡，须等待其近亲属表明是否参加治安行政诉讼的；

（2）原告丧失治安行政诉讼行为能力，尚未确定法定代理人的；

（3）作为一方当事人的行政机关、法人或者其他组织终止，尚未确定权利义务承受人的；

（4）一方当事人因不可抗力的事由不能参加治安行政诉讼的；

（5）案件涉及法律适用问题，需要送请有权机关作出解释或者确认的；

（6）案件的审判须以相关民事、刑事或者其他行政案件的审理结果为依据，而相关案件尚未审结的；

（7）其他应当中止诉讼的情形。

中止诉讼的原因消除后，恢复诉讼。

10. 终结诉讼

在治安行政诉讼过程中，有下列情形之一的，终结诉讼：

（1）原告死亡，没有近亲属或者近亲属放弃治安行政诉讼权利的；

（2）作为原告的法人或者其他组织终止后，其权利义务的承受人放弃治安行政诉讼权利的。

因中止诉讼的第 1、2、3 项情形而中止治安行政诉讼满 90 日仍无人继续诉讼的，裁定终结诉讼，但有特殊情况的除外。

11. 妨害治安行政诉讼的处罚

治安行政诉讼参与人或者其他人有下列行为之一的，人民法院可以根据情节轻重，予以训诫、责令具结悔过或者处 1000 元以下的罚款、15 日以下的拘留，罚款、拘留由人民法院院长批准，当事人不服的，可以申请复议；构成犯罪的，依法追究刑事责任：

（1）有义务协助执行的人，对人民法院的协助执行通知书，无故推拖、拒绝或者妨碍执行的；

（2）伪造、隐藏、毁灭证据的；

（3）指使、贿买、胁迫他人作伪证或者威胁、阻止证人作证的；

（4）隐藏、转移、变卖、毁损已被查封、扣押、冻结的财产的；

（5）以暴力、威胁或者其他方法阻碍人民法院工作人员执行职务或者扰乱人民法院工作秩序的；

（6）对人民法院工作人员、治安行政诉讼参与人、协助执行人侮辱、诽谤、诬陷、殴打或者打击报复的。

12. 审理依据

（1）执行依据。人民法院审理治安行政行政案件，以法律和行政法规、地方性法规为依据。地方性法规适用于本行政区域内发生的治安行政案件。人民法院审理民族自治地方的治安行政案件，并以该民族自治地方的自治条例和单行条例为依据。

（2）参照依据。人民法院审理治安行政案件，参照国务院部、委根据法律和国务院的行政法规、决定、命令制定、发布的规章以及省、自治区、直辖市和省、自治区的人民政府所在地的市和经国务院批准的较大的市的人民政府根据法律和国务院的行政法规制定、发布的规章。人民法院认为地方人民政府制定、发布的规章与国务院部、委制定、发布的规章不一致的，以及国务院部、委制定、发布的规章之间不一致的，由最高人民法院送请国务院作出解释或者裁决。

13. 审理期限

对第一审治安行政案件，人民法院应当在立案之日起 3 个月内作出判决。有特殊情况需要延长的，由高级人民法院批准，高级人民法院审理第一审案件需要延长的，由最高人民法院批准。

14. 判决内容

人民法院经过对治安行政案件的审理，根据不同情况，分别作出以下判决：

（1）治安具体行政行为证据确凿，适用法律、法规正确，符合法定程序的，判决维持。

（2）治安具体行政行为主要证据不足的；适用法律、法规错误的；违反法定程序的；超越职权的；滥用职权的，判决撤销或者部分撤销，并可以判决被告重新作出具体行政行为。判决被告重新作出具体行政行为的，被告不得以同一的事实和理由作出与原具体行政行为基本相同的具体行政行为。

（3）被告不履行或者拖延履行法定职责的，判决其在一定期限内履行。

（4）治安行政处罚显失公正的，可以判决变更。

人民法院在审理行政案件中，认为行政机关的主管人员、直接责任人员违反政纪的，应当将有关材料移送该行政机关或者其上一级行政机关或者监察、人事机关；认为有犯罪行为的，应当将有关材料移送公安、检察机关。

15. 裁定范围

治安行政诉讼的裁定适用于下列范围：

（1）不予受理；

（2）驳回起诉；

（3）管辖异议；

（4）终结诉讼；

（5）中止诉讼；

（6）移送或者指定管辖；

（7）诉讼期间停止具体行政行为的执行或者驳回停止执行的申请；

（8）财产保全；

（9）先予执行；

（10）准许或者不准许撤诉；

（11）补正裁判文书中的笔误；

（12）中止或者终结执行；

（13）提审、指令再审或者发回重审；

（14）准许或者不准许执行行政机关的具体行政行为；

（15）其他需要裁定的事项。

其中对第1、2、3项裁定，当事人可以上诉。

二、二审程序

1. 上诉期限

当事人不服人民法院第一审治安行政诉讼判决的，在判决书送达之日起十五日内向上一级人民法院提起上诉。当事人不服人民法院第一审治安行政诉讼裁定的，在裁定书送达之日起十日内向上一级人民法院提起上诉。逾期不提起上诉的，人民法院的第一审判决或者裁定发生法律效力。

2. 审理方式

（1）合议庭审理。

（2）书面审理。人民法院对治安行政上诉案件，认为事实清楚的，可以实行书面审理。

3. 审理期限

人民法院审理上诉案件，应当在收到上诉状之日起两个月内作出终审判决。有特殊情况需要延长的，由高级人民法院批准，高级人民法院审理上诉案件需要延长的，由最高人民法院批准。

4. 审理结果

人民法院审理治安行政上诉案件，按照下列情形，分别处理：

（1）原判决认定事实清楚，适用法律、法规正确的，判决驳回上诉；维持原判；

（2）原判决认定事实清楚，但适用法律、法规错误的，依法改判；

（3）原判决认定事实不清，证据不足，或者由于违反法定程序可能影响案件正确判决的，裁定撤销原判，发回原审人民法院重审，也可以查清事实后改判。当事人对重审案件的判决、裁定，可以上诉。

三、再审程序

1. 当事人提出再审。当事人对已经发生法律效力的治安行政判决、裁定，认为确有错误的，可以向原审人民法院或者上一级人民法院提出再审申诉，但判决、裁定不停止执行。

2. 审判委员会决定再审。人民法院院长对本院已经发生法律效力的治安行政判决、裁定，发现违反法律、法规规定认为需要再审的，提交审判委员会决定是否再审。

3. 上级人民法院指令再审。上级人民法院对下级人民法院已经发生法律效力的治安行政判决、裁定，发现违反法律、法规规定的，指令下级人民法院再审或者提审。

4. 人民检察院提出再审。人民检察院对人民法院已经发生法律效力的治安行政判决、裁定，发现违反法律、法规规定的，按照审判监督程序提出抗诉再审。

四、执行程序

1. 当事人承担履行义务

当事人必须履行人民法院发生法律效力的治安行政判决、裁定。

2. 公安机关执行

公民、法人或者其他组织拒绝履行治安行政判决、裁定的，公安机关可以向第一审人民法院申请强制执行，或者依法强制执行。

3. 人民法院执行

公安机关拒绝履行治安行政判决、裁定的，第一审人民法院可以采取以下措施执行：

（1）对应当归还的罚款或者应当给付的赔偿金，通知银行从该公安机关的账户内划拨；

（2）在规定期限内不履行的，从期满之日起，对该公安机关按日处50元至100元的罚款；

（3）向该公安机关的上一级公安机关或者监察、人事机关提出司法建议。接受司法建议的机关，根据有关规定进行处理，并将处理情况告知人民法院；

（4）拒不履行判决、裁定，情节严重构成犯罪的，依法追究主管人员和直接责任人员的刑事责任。

第三十三章　治安行政赔偿救济

第一节　治安行政赔偿救济的范围

治安行政赔偿救济是指公民、法人和其他组织因公安机关及其工作人员违法行使职权侵犯其合法权益造成损害时请求公安机关赔偿和向人民法院提起治安行政赔偿诉讼赔偿的救济制度。治安行政赔偿救济的范围是指有权请求公安机关赔偿和向人民法院提起治安行政赔偿诉讼赔偿的范围。

一、侵犯人身权的治安行政赔偿救济范围

公安机关及其工作人员在行使治安行政职权时有下列侵犯人身权情形之一的，受害人有取得赔偿的权利：

1. 违法拘留或者违法采取限制公民人身自由的行政强制措施的；
2. 非法拘禁或者以其他方法非法剥夺公民人身自由的；
3. 以殴打等暴力行为或者唆使他人以殴打等暴力行为造成公民身体伤害或者死亡的；
4. 违法使用武器、警械造成公民身体伤害或者死亡的；
5. 造成公民身体伤害或者死亡的其他违法行为。其他违法行为，包括治安具体行政行为和与公安机关及其工作人员行使行政职权有关的，造成公民身体伤害或者死亡的违反治安行政职责的行为。

二、侵犯财产权的治安行政赔偿救济范围

公安机关及其工作人员在行使治安行政职权时有下列侵犯财产权情形之一的，受害人有取得赔偿的权利：

1. 违法实施罚款、吊销许可证和执照、责令停产停业、没收财物等行政处罚的；
2. 违法对财产采取查封、扣押、冻结等行政强制措施的；
3. 违反国家规定征收财物、摊派费用的；
4. 造成财产损害的其他违法行为。其他违法行为，包括治安具体行政行为和与公安机关及其工作人员行使治安行政职权有关的，给公民、法人或者其他组织造成损害的，违反治安行政职责的行为。

三、不能请求治安行政赔偿救济的范围

属于下列情形之一的，国家不承担赔偿责任，不能请求治安行政赔偿救济：

1. 公安机关工作人员与行使职权无关的个人行为；
2. 因公民、法人和其他组织自己的行为致使损害发生的；

3. 法律规定的其他情形。

第二节　治安行政赔偿请求人和赔偿义务机关

一、赔偿请求人

赔偿请求人是指受到公安机关和公安机关工作人员违法行使职权侵犯其合法权益造成损害的公民、法人和其他组织。赔偿请求人有权要求治安行政赔偿，治安行政赔偿救济程序的启动始于赔偿请求人提出赔偿要求。治安行政赔偿请求人除受害的公民、法人和其他组织外，还包括：

1. 公民的继承人和亲属

受害的公民死亡，其继承人和其他有扶养关系的亲属有权要求赔偿。

2. 承受权利的法人或者其他组织

受害的法人或者其他组织终止，承受其权利的法人或者其他组织有权要求赔偿。

二、赔偿义务机关

赔偿义务机关是指公安机关及其工作人员行使治安行政职权侵犯公民、法人和其他组织的合法权益并造成损害的该公安机关。治安行政赔偿义务机关除一般公安机关外，还包括：

1. 共同行使行政职权的行政机关

公安机关与其他行政机关共同行使行政职权时侵犯公民、法人和其他组织的合法权益造成损害的，共同行使行政职权的行政机关为共同赔偿义务机关。赔偿请求人可以向共同赔偿义务机关中的任何一个赔偿义务机关要求赔偿，该赔偿义务机关应当先予赔偿。

2. 法律、法规授权的组织

法律、法规授权的组织在行使授予的治安行政权力时侵犯公民、法人和其他组织的合法权益造成损害的，被授权的组织为赔偿义务机关。

3. 委托的公安机关

受行政机关委托的组织或者个人在行使受委托的治安行政权力时侵犯公民、法人和其他组织的合法权益造成损害的，委托的公安机关为赔偿义务机关。

4. 继续行使其职权的公安机关

赔偿义务机关被撤销的，继续行使其职权的公安机关为赔偿义务机关。

5. 撤销赔偿义务机关的公安机关

赔偿义务机关被撤销，没有继续行使其职权的公安机关的，撤销该赔偿义务机关的公安机关为赔偿义务机关。

6. 最初造成侵权行为的公安机关

经复议机关复议的，最初造成侵权行为的公安机关为赔偿义务机关。

7. 复议机关

治安行政复议机关的复议决定加重损害的，复议机关对加重的部分履行赔偿义务。

第三节　治安行政赔偿义务机关赔偿救济

治安行政赔偿义务机关赔偿救济是指赔偿请求人单独提起治安行政赔偿救济必须先向赔

偿义务机关提出并由赔偿义务机关给予赔偿的救济制度。《国家赔偿法》规定：赔偿请求人要求赔偿应当先向赔偿义务机关提出，赔偿义务机关对依法确认有本法规定的赔偿范围的情形之一的，应当给予赔偿。

一、赔偿的时效

赔偿请求人请求国家赔偿的时效为 2 年，自公安机关及其工作人员行使职权时的行为被依法确认为违法之日起计算，但被羁押期间不计算在内。赔偿请求人在赔偿请求时效的最后 6 个月内，因不可抗力或者其他障碍不能行使请求权的，时效中止。从中止时效的原因消除之日起，赔偿请求时效期间继续计算。

二、赔偿的提出

1. 书面申请。赔偿请求人要求赔偿应当递交申请书，赔偿请求人书写申请书确有困难的，可以委托他人代书。申请书应当载明下列事项：

（1）受害人的姓名、性别、年龄、工作单位和住所，法人或者其他组织的名称、住所和法定代表人或者主要负责人的姓名、职务；

（2）具体的要求、事实根据和理由。赔偿请求人根据受到的不同损害，可以同时提出数项赔偿要求；

（3）申请的年、月、日。

2. 口头申请。赔偿请求人书写申请书确有困难的，也可以口头申请，由赔偿义务机关记入笔录。

三、赔偿的受理

（1）直接受理。公安机关对于已经依法确认违法侵权事实提出的赔偿请求，自收到赔偿申请书之日起予以受理。

（2）确认违法侵权事实后受理。对于违法侵权事实尚未得到确认的赔偿请求，被控告有违法侵权的公安机关及有关部门或者上一级公安机关，应当首先对侵权事实和是否违法进行查证，对是否有违法侵权事实作出确认或者不予确认的决定。其确认过程不计算在受理赔偿时限内。

经本级公安机关领导批准，对违法侵权事实尚未得到确认的赔偿申请可转交有关部门或者有权确认的国家机关进行调查确认，也可以告知请求人直接向有关部门或者有权确认的国家机关提出确认的要求。应当由公安机关进行确认的，按申诉控告案件的分工和程序办理。

四、赔偿的期限

赔偿义务机关应当自收到申请之日起两个月内依照《国家赔偿法》规定的赔偿方式和计算标准给予赔偿。

五、不服赔偿的诉权

赔偿请求人对赔偿义务机关逾期不予赔偿或者对赔偿数额有异议的，可以自期间届满之日起 3 个月内向人民法院提起治安行政赔偿诉讼。

六、具体违法侵权人的责任

赔偿义务机关赔偿损失后，应当责令有故意或者重大过失的工作人员或者受委托的组织或者个人承担部分或者全部赔偿费用。对有故意或者重大过失的责任人员，公安机关应当依法给予行政处分；构成犯罪的，应当依法追究刑事责任。

第四节　治安行政赔偿诉讼赔偿救济

治安行政赔偿诉讼赔偿救济是指赔偿请求人向人民法院提起治安行政赔偿诉讼以获取赔偿的救济制度。

一、受案范围

人民法院受理治安行政赔偿诉讼案件的范围包括：

1. 赔偿请求人对公安机关确认治安具体行政行为违法但又决定不予赔偿的行政赔偿诉讼案件。

2. 赔偿请求人对赔偿义务机关确定的赔偿数额有异议的治安行政赔偿诉讼案件。

3. 赔偿请求人对赔偿义务机关逾期不予赔偿的治安行政赔偿诉讼案件。

4. 赔偿请求人对法律规定由公安机关最终裁决的治安具体行政行为，被作出最终裁决的公安机关确认违法，以赔偿义务机关应当赔偿而不予赔偿或逾期不予赔偿或者对赔偿数额有异议提起的治安行政赔偿诉讼案件。

5. 赔偿请求人直接向人民法院提起的治安行政赔偿诉讼案件。赔偿请求人认为公安机关及其工作人员实施了《国家赔偿法》规定的以殴打等暴力行为或者唆使他人以殴打等暴力行为造成公民身体伤害或者死亡、违法使用武器、警械造成公民身体伤害或者死亡、造成公民身体伤害或者死亡的其他违法行为、造成财产损害的其他违法行为等非治安具体行政行为的行为侵犯其人身权、财产权并造成损失，赔偿义务机关拒不确认致害行为违法的，赔偿请求人可直接向人民法院提起治安行政赔偿诉讼。

6. 公民、法人或者其他组织在提起治安行政诉讼的同时一并提出的治安行政赔偿请求。此种情形由人民法院一并受理。

人民法院不予受理由赔偿请求人单独提起的治安行政赔偿诉讼案件。单独提起治安行政赔偿诉讼，须以赔偿义务机关先行处理为前提。

二、管辖

1. 级别管辖

（1）基层人民法院管辖的治安行政赔偿诉讼案件。单独提起的治安行政赔偿诉讼案件由被告住所地的基层人民法院管辖。

（2）中级人民法院管辖的治安行政赔偿诉讼案件。中级人民法院管辖下列第一审治安行政赔偿诉讼案件：

①被告为国务院各部门或者省、自治区、直辖市人民政府的；

②本辖区内其他重大影响和复杂的治安行政赔偿案件。

（3）高级人民法院管辖的治安行政赔偿诉讼案件。高级人民法院管辖本辖区内有重大影响和复杂的第一审治安行政赔偿诉讼案件。

（4）最高人民法院管辖的治安行政赔偿诉讼案件。最高人民法院管辖全国范围内有重大影响和复杂的第一审治安行政赔偿诉讼案件。

2. 地域管辖

（1）由不动产所在地的人民法院管辖。赔偿请求人提起行政赔偿诉讼的请求涉及不动产的，由不动产所在地的人民法院管辖。

（2）由受理案件的人民法院管辖。公民对限制人身自由的治安行政强制措施不服，或者对治安行政赔偿机关基于同一事实对同一当事人作出限制人身自由和对财产采取强制措施的治安具体行政行为不服，在提起治安行政诉讼的同时一并提出治安行政赔偿请求的，由受理该行政案件的人民法院管辖。

（3）由被告住所地或原告住所地或不动产所在地的人民法院管辖。公民对限制人身自由的治安行政强制措施不服，或者对治安行政赔偿机关基于同一事实对同一当事人作出限制人身自由和对财产采取强制措施的治安具体行政行为不服，单独提起治安行政赔偿诉讼的，由被告住所地或原告住所地或不动产所在地的人民法院管辖。

3. 裁定管辖

（1）移送管辖。人民法院发现受理的治安行政赔偿诉讼案件不属于自己管辖的，应当移送有管辖权的人民法院，受移送的人民法院不得再行移送。

（2）指定管辖。人民法院对治安行政赔偿诉讼案件管辖权发生争议的，由争议双方协商解决，协商不成的，报请他们的共同上级人民法院指定管辖。如双方为跨省、自治区、直辖市的人民法院，高级人民法院协商不成的，由最高人民法院及时指定管辖。依此规定报请上级人民法院指定管辖时，应当逐级进行。

4. 管辖权的选择

赔偿请求人因同一事实对两个以上行政机关提起治安行政诉讼的，可以向其中任何一个行政机关住所地的人民法院提起。赔偿请求人向两个以上有管辖权的人民法院提起治安行政赔偿诉讼的，由最先收到起诉状的人民法院管辖。

5. 依照治安行政诉讼救济的原则管辖

公民、法人或者其他组织在提起治安行政赔偿诉讼的同时一并提出治安行政赔偿请求的，人民法院依照《行政诉讼法》规定的治安行政诉讼救济管辖的原则管辖。

三、诉讼当事人

1. 原告

根据《国家赔偿法》的规定，受害的公民、法人和其他组织有权要求赔偿。因此，治安行政赔偿诉讼的原告包括：

（1）受害的公民。受到公安机关和公安机关工作人员违法行使职权侵犯其合法权益造成损害的公民有权提起治安行政赔偿诉讼。

（2）受害的公民的继承人等。受害的公民死亡，其继承人和其他有抚养关系的亲属以及死者生前抚养的无劳动能力的人有权提起治安行政赔偿诉讼。

（3）受害的法人和其他组织。受到公安机关和公安机关工作人员违法行使职权侵犯其合法权益造成损害的法人和其他组织有权提起治安行政赔偿诉讼。

（4）享有权利的法人或其他组织。企业法人或者其他组织被行政机关撤销、变更、兼并、注销，认为经营自主权受到侵害，依法提起治安行政赔偿诉讼，原企业法人或其他组织，或者对其享有权利的法人或其他组织均具有原告资格。

2. 被告

根据《国家赔偿法》的规定，行政机关及其工作人员行使行政职权侵犯公民、法人和其他组织的合法权益造成损害的，该行政机关为赔偿义务机关。因此，治安行政赔偿诉讼的被告包括：

（1）实施侵权损害的公安机关。因公安机关及其工作人员行使行政职权侵犯公民、法人和其他组织的合法权益造成损害的，该公安机关为赔偿义务机关。

（2）共同实施侵权损害的公安机关。两个以上行政机关共同侵权，赔偿请求人对其中一个或者数个侵权机关提起行政赔偿诉讼，若诉讼请求系可分之诉，被诉的一个或者数个侵权机关被告；若诉讼请求系不可分之诉，由人民法院依法追加其他侵权机关为共同被告。

（3）作出原决定的公安机关。复议机关的复议决定加重损害的，赔偿请求人只对作出原决定的公安机关提起行政赔偿诉讼，作出原决定的公安机关为被告。

（4）复议机关。复议机关的复议决定加重损害的，赔偿请求人只对复议机关提起治安行政赔偿诉讼的，复议机关为被告。

（5）申请强制执行的公安机关。公安机关依据《行政诉讼法》的规定申请人民法院强制执行具体行政行为，由于据以强制执行的根据错误而发生行政赔偿诉讼的，申请强制执行的公安机关为被告。

人民法院审理治安行政赔偿案件，需要变更被告而原告不同意变更的，裁定驳回起诉。

3. 第三人

第三人是指与治安行政赔偿案件处理结果有法律上的利害关系的其他公民、法人或者其他组织。与行政赔偿案件处理结果有法律上的利害关系的其他公民、法人或者其他组织有权作为第三人参加治安行政赔偿诉讼。

四、起诉与受理

1. 诉讼时效

（1）单独提起治安行政赔偿诉讼的时效。赔偿请求人单独提起治安行政赔偿诉讼，可以在向赔偿义务机关递交赔偿申请后的两个月届满之日起三个月内提出。赔偿义务机关作出赔偿决定时，未告知赔偿请求人的诉权或者起诉期限，致使赔偿请求人逾期向人民法院起诉的，其起诉期限从赔偿请求人实际知道诉权或者起诉期限时计算，但逾期的期间自赔偿请求人收到赔偿决定之日起不得超过一年。

（2）提起治安行政诉讼时一并提出赔偿请求的时效。公民、法人或者其他组织在提起治安行政诉讼的同时一并提出行政赔偿请求的，其起诉期限按照行政诉讼起诉期限的规定执行。行政案件的原告可以在提起行政诉讼后至人民法院一审庭审结束前，提出行政赔偿请求。

2. 起诉的条件

赔偿请求人单独提起治安行政赔偿诉讼，应当符合下列条件：

（1）原告具有请求资格。如果受害的公民死亡，其继承人和有抚养关系的人提起治安行政赔偿诉讼，应当提供该公民死亡的证明及赔偿请求人与死亡公民之间的关系证明。

（2）有明确的被告。

（3）有具体的赔偿请求和受损害的事实根据。

（4）加害行为为治安具体行政行为的，该行为已被确认为违法。

（5）赔偿义务机关已先行处理或超过法定期限不予处理。

（6）属于人民法院行政赔偿诉讼的受案范围和受诉人民法院管辖。

（7）符合法律规定的起诉期限。

3. 审查受理

（1）期限。人民法院接到原告单独提起的治安行政赔偿起诉状，应当进行审查，并在7日内立案或者作出不予受理的裁定。人民法院接到行政赔偿起诉状后，在7日内不能确定可否受理的，应当先予受理。审理中发现不符合受理条件的，裁定驳回起诉。当事人对不予受理或者驳回起诉的裁定不服的，可以在裁定书送达之日起10日内向上一级人民法院提起上诉。

（2）分别立案。当事人先后被采取限制人身自由的治安行政强制措施和刑事拘留等强制措施，因强制措施被确认为违法而请求赔偿的，人民法院按其行为性质分别适用行政赔偿程序和刑事赔偿程序立案受理。

五、审理和判决

1. 举证责任

原告在治安行政赔偿诉讼中对自己的主张承担举证责任。被告有权提供不予赔偿或者减少赔偿数额方面的证据。

2. 审理

（1）审理内容。人民法院审理治安行政赔偿案件，就当事人之间的行政赔偿争议进行审理。

（2）合并或单独审理。当事人在提起治安行政诉讼的同时一并提出行政赔偿请求，或者因治安具体行政行为和与行使治安行政职权有关的其他行为侵权造成损害一并提出行政赔偿请求的，人民法院分别立案，根据具体情况可以合并审理，也可以单独审理。

3. 调解

人民法院审理治安行政赔偿案件在坚持合法、自愿的前提下，可以就赔偿范围、赔偿方式和赔偿数额进行调解。调解成立的，制作行政赔偿调解书。被告在一审判决前同原告达成赔偿协议，原告申请撤诉的，由人民法院依法予以审查并裁定是否准许。

4. 判决

（1）裁判内容。人民法院审理治安行政赔偿案件，就当事人之间的行政赔偿争议进行裁判。

（2）确认违法。人民法院对赔偿请求人未经确认程序而直接提起治安行政赔偿诉讼的案件，在判决时应当对赔偿义务机关致害行为是否违法予以确认。

（3）驳回请求。被告的治安具体行政行为违法但尚未对原告合法权益造成损害的，或者原告的请求没有事实根据或法律根据的，人民法院判决驳回原告的赔偿请求。

5. 期限

（1）单独受理的赔偿案件期限。单独受理的第一审治安行政赔偿案件的审理期限为3个月，第二审为2个月。需要延长审理期限的，按照《行政诉讼法》的有关规定报请批准。

（2）一并受理的赔偿案件期限。一并受理治安行政赔偿请求案件的审理期限与该行政案件的审理期限相同。需要延长审理期限的，按照《行政诉讼法》的有关规定报请批准。

六、执行

1. 当事人承担履行义务

发生法律效力的治安行政赔偿判决、裁定或调解协议，当事人必须履行。

2. 申请人民法院执行

一方当事人拒绝履行的，对方当事人可以向第一审人民法院申请执行。申请执行的期限，申请人是公民的为 1 年，申请人是法人或者其他组织的为 6 个月。

第五节　治安行政赔偿救济的方式和计算标准

治安行政赔偿救济以支付赔偿金为主要方式，赔偿费用，列入各级财政预算。能够返还财产或者恢复原状的，予以返还财产或者恢复原状。

一、侵犯公民人身自由的治安行政赔偿救济方式和计算标准

侵犯公民人身自由的，每日的赔偿金按照国家上年度职工日平均工资计算。

二、侵犯公民生命健康权的治安行政赔偿救济方式和计算标准

1. 造成身体伤害的，支付医疗费，以及赔偿因误工减少的收入。减少的收入每日的赔偿金按照国家上年度职工日平均工资计算，最高额为国家上年度职工年平均工资的 5 倍。

2. 造成部分或者全部丧失劳动能力的，支付医疗费，以及残疾赔偿金，残疾赔偿金根据丧失劳动能力的程度确定，部分丧失劳动能力的最高额为国家上年度职工年平均工资的 10 倍，全部丧失劳动能力的为国家上年度职工年平均工资的 20 倍。造成全部丧失劳动能力的，对其扶养的无劳动能力的人，支付生活费，生活费的发放标准参照当地民政部门有关生活救济的规定办理。被扶养的人是未成年人的，生活费给付至 18 周岁止；其他无劳动能力的人，生活费给付至死亡时止。

3. 造成死亡的，支付死亡赔偿金、丧葬费，总额为国家上年度职工年平均工资的 20 倍。对死者生前扶养的无劳动能力的人，支付生活费，生活费的发放标准参照当地民政部门有关生活救济的规定办理。被扶养的人是未成年人的，生活费给付至 18 周岁止；其他无劳动能力的人，生活费给付至死亡时止。

三、侵犯公民、法人和其他组织的财产权造成损害的治安行政赔偿救济方式和计算标准

1. 处罚款、罚金、追缴、没收财产或者违反国家规定征收财物、摊派费用的，返还财产。

2. 查封、扣押、冻结财产的，解除对财产的查封、扣押、冻结。应当返还的财产损坏的，能够恢复原状的恢复原状，不能恢复原状的，按照损害程度给付相应的赔偿金；应当返还的财产灭失的，给付相应的赔偿金。

3. 财产已经拍卖的，给付拍卖所得的价款。

4. 吊销许可证和执照、责令停产停业的，赔偿停产停业期间必要的经常性费用开支。

5. 对财产权造成其他损害的，按照直接损失给予赔偿。

主要参考文献及书目

1. 崔卓兰主编:《新编行政法学》,科学出版社 2004 年版。
2. 罗豪才主编:《行政法学》,北京大学出版社 2001 年重排本。
3. 杨海坤、章志远著:《中国行政法基本理论研究》,北京大学出版社 2004 年版。
4. 朱新力、金伟峰、唐明良著:《行政法学》,清华大学出版社 2005 年版。
5. 应松年主编:《行政法学新论》,中国方正出版社 1998 年版。
6. 方世容著:《论行政相对人》,中国政法大学出版社 2000 年版。
7. 关保英著:《行政法的价值定位》,中国政法大学出版社 1997 年版。
8. 马怀德主编:《行政诉讼法学》,北京大学出版社 2004 年版。
9. 胡建淼主编:《行政诉讼法学》,复旦大学出版社 2003 年版。
10. 李步云主编:《人权法学》,高等教育出版社 2005 年版。
11. 王名扬著:《英国行政法》,中国政法大学出版社 1987 年版。
12. 王名扬著:《法国行政法》,北京大学出版社 2007 年版。
13. 王名扬著:《美国行政法》(上、下),中国法制出版社 1995 年版。
14. 沈宗灵主编:《法理学》,北京大学出版社 2000 年版。
15. 孙国华主编:《社会主义法治论》,法律出版社 2002 年版。
16. 高文英主编:《警察法学理论研究综述》,群众出版社 1998 年版。
17. 王景荣主编:《公安法制通论》,群众出版社 1994 年版。
18. 李文燕、左坚卫著:《警察执法与人权保障》,中国人民公安大学出版社 2004 年版。
19. 王鹰编著:《人民警察与公民权利保护》,中国人民公安大学出版社 2003 年版。
20. 方世荣主编:《治安管理处罚法新论》,中国政法大学出版社 1992 年版。
21. 杨小君著:《行政处罚研究》,法律出版社 2002 年版。
22. 石宗政主编:《治安行政处罚通论》,中国人民公安大学出版社 2002 年版。
23. 胡建淼主编:《行政强制措施》,法律出版社 2002 年版。
24. 傅士成著:《行政强制研究》,法律出版社 2001 年版。
25. 金伟峰主编:《中国行政强制法律制度》,法律出版社 2003 年版。
26. 章剑生主编:《中外行政强制法研究资料》,法律出版社 2003 年版。
27. 应松年、杨解君主编:《行政许可法的理论与制度解读》,北京大学出版社 2004 年版。
28. 汪永清主编:《中华人民共和国行政许可法教程》,中国法制出版社 2003 年版。
29. 马怀德主编:《中华人民共和国行政许可法释解》,中国法制出版社 2003 年版。
30. 本书编写组编:《公安、交通行政许可实务》,中国民主法制出版社 2005 年版。
31. 余凌云主编:《警察许可与行政许可法》,中国人民公安大学出版社 2003 年版。